◉形容動詞活用表

活用の種類	例語	語幹	未然形	連用形	終止形	連体形	已然形	命令形
ナリ活用	静かなり	しづか	なら	なり に	なり	なる	なれ	(なれ)
タリ活用	漫々たり	まんまん	(たら)	たり と	たり	たる	(たれ)	(たれ)

◉動詞の数が少ない活用の種類

- ナ行変格活用(二語)
  死ぬ・往《い》ぬ(去《い》ぬ)
- ラ行変格活用(四語)
  あり・居《を》り・侍《はべ》り
  いますがり(いまそかり)
- 下一段活用(一語)
  蹴《け》る
- 上一段活用(十数語)
  干《ひ》(乾)る・射《い》る・鋳《い》る・着る・似る
  煮る・見る・居《ゐ》る・率《ゐ》る　など
  「ひいきにみゐる。」と覚える
- カ行変格活用(一語)
  来《く》
- サ行変格活用(二語)
  す・おはす

◉その他の動詞の見分け方

①「下の語」の接続から「活用形」を割り出して判断する
②打消の助動詞「ず」をつけてみる
- ㋐段につく…四段活用
  書か(ka)+ず
- ㋑段につく…上二段活用
  起き(ki)+ず
- ㋓段につく…下二段活用
  受け(ke)+ず

◉形容詞のク活用とシク活用の識別

形容詞に「て」をつけてみる
- 「〜くて」となれば…ク活用
  よくて
- 「〜しくて」となれば…シク活用
  美しくて

JN269998

◉ジャンル別・出典略号一覧

ジャンルごとに、おおよそ成立順となるよう作品を配列した。

ジャンル	略号	作品名	時代
和歌	万葉	万葉集《まんようしゅう》	奈良
和歌	古今	古今和歌集《こきんわかしゅう》	平安
和歌	伊勢集	伊勢集《いせしゅう》	平安
和歌	後拾遺	後拾遺和歌集《ごしゅういわかしゅう》	平安
和歌	詞花	詞花和歌集《しかわかしゅう》	平安
和歌	山家集	山家集《さんかしゅう》	鎌倉
和歌	新古今	新古今和歌集《しんこきんわかしゅう》	鎌倉
和歌	金槐	金槐和歌集《きんかいわかしゅう》	鎌倉
和歌	建礼門院	建礼門院右京大夫集《けんれいもんいんうきょうのだいぶしゅう》	鎌倉
歌謡	梁塵	梁塵秘抄《りょうじんひしょう》	平安
俳文	野ざらし	野《の》ざらし紀行《きこう》	江戸
俳文	奥	奥《おく》の細道《ほそみち》	江戸
歌論	無名	無名抄《むみょうしょう》	鎌倉
日記	土佐	土佐日記《とさにっき》	平安
日記	蜻蛉	蜻蛉日記《かげろうにっき》	平安
日記	和泉	和泉式部日記《いずみしきぶにっき》	平安
日記	紫	紫式部日記《むらさきしきぶにっき》	平安
日記	更級	更級日記《さらしなにっき》	平安
日記	讃岐典侍	讃岐典侍日記《さぬきのすけにっき》	平安
日記	十六夜	十六夜日記《いざよいにっき》	鎌倉
日記	とはず	とはずがたり	鎌倉

ジャンル	略号	作品名	時代
物語	竹取	竹取物語《たけとりものがたり》	平安
物語	宇津保	宇津保物語《うつほものがたり》	平安
物語	落窪	落窪物語《おちくぼものがたり》	平安
物語	源氏	源氏物語《げんじものがたり》	平安
物語	浜松	浜松中納言物語《はままつちゅうなごんものがたり》	平安
物語	寝覚	夜《よる》の寝覚《ねざめ》	平安
物語	堤	堤中納言物語《つつみちゅうなごんものがたり》	平安
物語	狭衣	狭衣物語《さごろもものがたり》	平安
物語	松浦宮	松浦宮物語《まつらのみやものがたり》	鎌倉
物語	住吉	住吉物語《すみよしものがたり》	鎌倉
歌物語	伊勢	伊勢物語《いせものがたり》	平安
歌物語	大和	大和物語《やまとものがたり》	平安
歌物語	平中	平中物語《へいちゅうものがたり》	平安
歴史物語	栄花	栄花物語《えいがものがたり》	平安
歴史物語	大鏡	大鏡《おおかがみ》	平安
歴史物語	増鏡	増鏡《ますかがみ》	南北朝
随筆	枕	枕草子《まくらのそうし》	平安
随筆	方丈	方丈記《ほうじょうき》	鎌倉
随筆	徒然	徒然草《つれづれぐさ》	鎌倉
随筆	玉勝間	玉勝間《たまかつま》	江戸
随筆	小心録	胆大小心録《たんだいしょうしんろく》	江戸

ジャンル	略号	作品名	時代
説話	今昔	今昔物語集《こんじゃくものがたりしゅう》	平安
説話	宇治	宇治拾遺物語《うじしゅういものがたり》	鎌倉
説話	十訓	十訓抄《じっきんしょう》	鎌倉
説話	著聞集	古今著聞集《ここんちょもんじゅう》	鎌倉
説話	撰集	撰集抄《せんじゅうしょう》	鎌倉
説話	沙石	沙石集《しゃせきしゅう》	鎌倉
軍記物語	保元	保元物語《ほうげんものがたり》	鎌倉
軍記物語	平治	平治物語《へいじものがたり》	鎌倉
軍記物語	平家	平家物語《へいけものがたり》	鎌倉
軍記物語	源平	源平盛衰記《げんぺいじょうすいき》	鎌倉?
軍記物語	太平	太平記《たいへいき》	南北朝
軍記物語	曽我	曽我物語《そがものがたり》	南北朝
軍記物語	義経	義経記《ぎけいき》	室町
御伽草子	文正	文正草子《ぶんしょうぞうし》	室町
仮名草子	浮世	浮世物語《うきよものがたり》	江戸
浮世草子	永代蔵	日本永代蔵《にっぽんえいたいぐら》	江戸
浮世草子	胸算用	世間胸算用《せけんむねさんよう》	江戸
読本	雨月	雨月物語《うげつものがたり》	江戸
読本	椿説	椿説弓張月《ちんせつゆみはりづき》	江戸
読本	春雨	春雨物語《はるさめものがたり》	江戸

解法古文単語350

代々木ゼミナール講師
西村 雪野◉著

数研出版
http://www.chart.co.jp/

はしがき

こんにちは。あなたと出会えて、とても嬉しいです。

さて、質問です。勉強は好きですか？

私は、小さいときから大の勉強嫌いでした（笑）。外で遊んでばかりいたものです。

しかし、大学入試の受験勉強中、学べば学ぶほど、自分の精神が「自由」になっていくことに気がついたのです。国語、数学、歴史、英語、理科。どの教科でも、ルールを身につけ、人類の偉大な先輩たちの跡を追っていくと、今まで思いも寄らなかった世界、感じていたけれど言葉にできなかった世界へと踏み入っていく喜びを感じました。学ぶことは私たちの自由の翼を広げてくれること。決して失われない宝物を心に貯めていくことです。

そして、トップレベルの大学を目指すほど、高い山を登ることと同様、知識を越えた「自らの知力」を鍛えねばなりません。そのトレーニングは、キツく感じることもあるでしょう。だからこそ、乗り越えた喜びは「一生モノ」です。大学の入学試験という素晴らしいチャンスを通して、古文を学ぶことを楽しんでもらいたい。そして、「最高の結果」を出してもらいたい。本質的、かつ、点数がとれるテクニックも身につく単語集を届けよう。そのようなコンセプトで、この『解法古文単語３５０』ができました。

◎語源や、語の本質をおさえ、文脈に合わせて自分で訳文が作れる力

◎周囲の言葉の関係から、該当部分の意味を予想でき、難解な問題もこなせる力

◎作者と出題者の「伝えたいこと」を受け取り、自らの言葉で表現できる力

生き生きと柔軟な姿勢で、このような「入試をサバイバルしていく力」を一緒に養っていきましょう。この単語集を創るために、長期間に渡り、私と担当編集Nさんの二人三脚で泣き笑いしながらがんばってきました。イラストレーターのいずみ朔庵さん、山本篤さんが素敵なイラストをご提供くださり、トップレベルの高校の先生方からもアドバイスをいただきました。他にも多くの方の応援を受け、パワーがぎっしりつまった単語集になっています。

春は花　夏ほととぎす　秋は月　冬雪さえて冷《すず》しかりけり

かつてノーベル賞授賞式の講演で、川端康成は、この「本質的精神」を詠んだ道元禅師の歌を全世界に向けて発信しました。この心こそ、この国の古典の魅力そのもの。古文は難しくありません。先人たちの言霊《ことだま》にこめられた祈りは、人類普遍のものです。それは、「いのちと響き合い、より深く、より自由に生きたい」。背筋を伸ばして、顔を上げて。世界の豊かさ、美しさを見つけ続けて。あなただけの素晴らしい人生を創り上げていきましょう。

あなたの力は、無限です。

もくじ

第四章 ◎ 入試実戦語（84語）

第五章 ◎ 頻出慣用表現（21語）

第六章 ◎ 古典常識（付録）

前見返し

後見返し

本書の構成と使い方

038

むつかし

形：シク

A

❶わずらわしい・不快だ
❷気味が悪い

B

image
イライラ
不快※

C

D

「赤ちゃんがむずかる」と言うときの「むずかる」同様、「不快」という意味です。思い通りにならず、**イライラと不快なマイナス㊀の気分**を表します。

入試解法 **「難しい」と解釈してはいけません。** なお、古文で「難しい」を表す語は、032かたし〈難し〉です。

❶**世の中の腹立たしう、むつかしう、片時あるべき心地もせで、**〈枕〉

訳 世の中が腹立たしく、わずらわしく、片時も生きていられる心地もせず、

❷**遅桜、またすさまじ。虫のつきたるもむつかし。**〈徒然〉

訳 遅咲きの桜も、また興ざめだ。虫がついているのも気味が悪い。

E

関 □**むつかる**［動］①不快に思う

F

G

039

とし

疾し

形：ク

A

❶はやい

B

image
スパッ！と
はやい

C

D

刃物を「研《と》ぐ」の「と」と同語源です。**スパッと疾走するイメージ**で、スピードが「速い」、時間が「早い」の両方の意味で用いられます。

入試解法 「あなと（＝ああはやいこと）」と**「語幹用法」の訳を出題されるとわかりづらい**ので注意しましょう（▼p.98）。

❶**用ありて行きたりとも、そのこと果てなば、とく帰るべし。**〈徒然〉

訳（人の家に）用事があって行ったとしても、その用事が終わったら、はやく帰るのがよい。

❶**「あなと。」とほほゑみて、硯《すずり》召し出《い》づ。**〈紫〉

訳（紫式部が歌を詠むのが）「ああはやいこと。」とほほえんで、（道長様は）硯をお取り寄せになる。

E

❗特に連用形「とく（＝はやく）」という副詞的な用法で頻出です。ちなみに卒業式の定番『仰げば尊し』の一節「思えばいとしこの年月」は「思えばとてもはやい。この年月は。」という意味で、古語「とし」が使われていますよ。

G

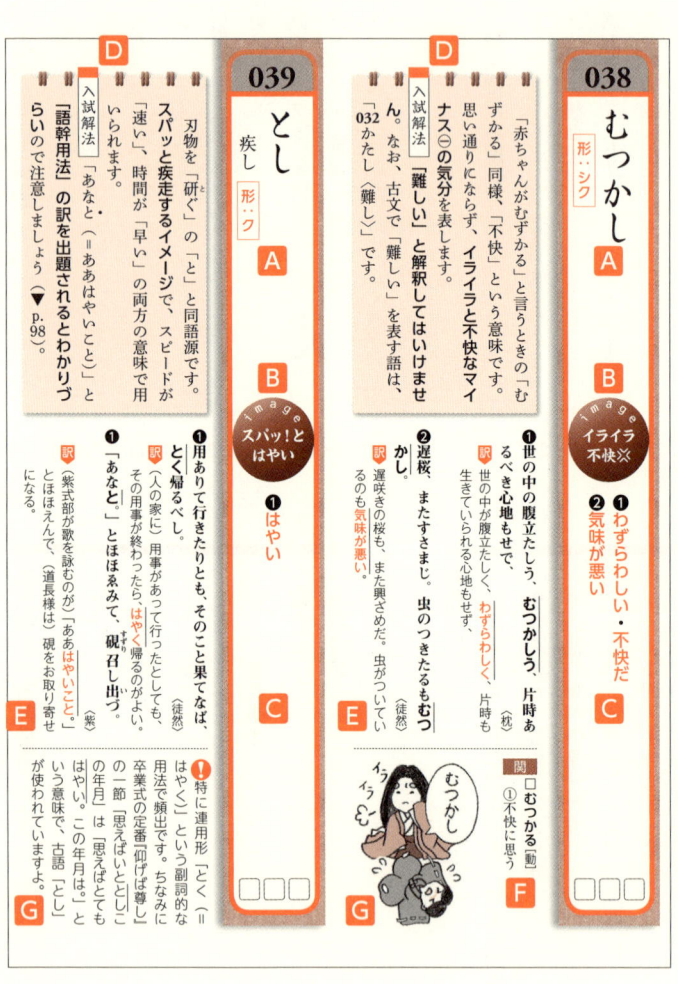

A　見出し語

▽歴史的仮名遣いで表記し、読みをカタカナで示しました。

▽見出し語の（　）内の文字は直前の文字と入れ替えられるもの、〔　〕内の文字はそこに補えるものを意味します。

例…181ひがこ（ご）と＝「ひがこと」または「ひがごと」
189よ〔も〕すがら＝「よすがら」または「よもすがら」

▽見出し語の左に代表的な漢字表記を示しました。その下に品詞と活用の種類を略号で示しました。

例…動：マ下二＝動詞：マ行下二段活用

B　image

▽見出し語の「基本義」を一言でズバッと表現しました。これをおさえれば、多義語もスムーズに覚えられます。

C　意味

▽特に重要な意味を赤字で示しました。

▽意味の下にはチェック欄を三つ設けました。

D　解説

▽語義・語誌解説では、単語の細かなニュアンスはもちろん、現代語とのつながり・違いなどにも言及し、わかりやすくおもしろく読めるように工夫しました。

▽「入試解法」では、見出し語が入試で出題される際の傾向や、訳す際の注意点などを解説しました。

E　例文・訳

▽例文は、見出し語の意味を確定しやすいものを有名古典作品から厳選して掲載しました。

▽見出し語に対応した訳語は赤字で表記し、付属の赤シートで隠せるようにしました。

▽❖マークは、例文の状況などを説明した文章です。

▽下段の関連語などの例文が入っている箇所もあります。

F　関連語・類義語・対義語

▽見出し語と関連のある語を、以下のように分類しました。

関…関連語。見出し語と語源的に同じ語や、見出し語が別の品詞として用いられた語。

類…類義語。見出し語と似た意味を持つ語。

対…対義語。見出し語と反対の意味を持つ語。

▽見出し語と関連のある語が、別に見出し語としてあげられている場合はその番号を示しました。また、見出し語にあげられていないものには意味を掲載しました。

G　ミニコラム・概念図・イラスト

▽！マークは、見出し語や例文に関するミニコラムです。

▽多義語の意味の派生状況や識別方法などは、概念図やチャートでわかりやすく解説しました。

▽語の意味を覚える一助となるよう、味わい深い線画によるイラストをふんだんに掲載しました。

◇◇◇◇◇◇◇◇◇◇◇◇◇◇◇◇◇ 入試設問頻出語分析 ◇◇◇◇◇◇◇◇◇◇◇◇◇◇◇◇◇

過去３年分の有名大学入試を精査し、**現代語訳や空欄補充などで実際に設問化された単語**トップ20を集計した。

順位	単語	ページ	出題傾向
1	だに［副助詞］	178	類推用法の出題が９割以上を占める。
2	いかで〔か〕［副詞］	174	意志や希望と呼応する「なんとかして」の出題が多い。反語表現「いかでか」も頻出。
3	おぼゆ［動詞］	28	「形容詞・形容動詞＋おぼゆ」の形で傍線部の中に含まれていることが多い。
4	やがて［副詞］	88	「そのまま」「すぐに」両方とも頻出。選択肢にこの二つが含まれることもある。
5	いみじ［形容詞］	48	プラスの意味、マイナスの意味、程度を強調する意味、いずれも頻出。
6	けしき［名詞］	78	「様子・風情・機嫌・意向・顔色」など、訳語のバリエーションが多いのが特徴。
7	きこゆ［動詞］	198	普通動詞と敬語動詞（謙譲語）があるが、敬語動詞の出題が多い。
8	な…そ［副詞＋終助詞］	171	国公立の現代語訳問題（記述）での出題が特に多い。
9	あやし［形容詞］	56	「変だ」「不思議だ」「粗末だ」などの意味があり、柔軟に訳せるかが問われる。
10	あさまし［形容詞］	62	「驚きあきれたことだ」の訳が最頻出。選択問題・記述問題ともに出題率は高い。
11	え…打消［副詞］	172	「打消」の語にまで気を配って訳す必要がある（特に助動詞「ず」「じ」「まじ」）。
12	ものす［動詞］	115	どの動詞の代わりに用いられているかを見抜いて具体的に訳す必要がある。
13	さらに…打消［副詞］	168	「さらにな…そ」「さらにえ…打消」など、他の呼応表現とセットになることもある。
14	なかなか［副詞］	90	現代語訳はもちろん、パラドックスを導く効果に着目した空欄補充問題なども出る。
15	もがな［終助詞］	179	終助詞ではNo.1の出題率。
16	ぐす［動詞］	42	自動詞・他動詞があるが、他動詞の出題率が高い。
17	おろかなり［形容動詞］	70	「おろそかだ・いいかげんだ」の意味の出題が圧倒的。
18	としごろ［名詞］	80	選択肢に「長年」と「ここ数年」が含まれるパターンがあり、文脈把握能力が問われる。
19	ばや［終助詞］	179	終助詞ではNo.2の出題率。
20	かたはらいたし［形容詞］	136	主観的心情「きまりが悪い」の出題が多い。

①**副助詞・終助詞が３つランクイン**。特に「だに」は、文章中にあれば必ず狙われると言ってよいほど出題率が高い。

②**呼応表現も４つランクイン**（「いかで〔か〕」を含む）。記述の現代語訳で問われることが多いが、呼応表現の片方を空欄補充させる問題も出る。

③**「文脈に応じて多義語を適切に訳せるか／抽象語（「ものす」など）を具体的に訳せるか」を試す問題が頻出**。選択問題では、不正解の選択肢に「その意味もあるが、文脈を考えると不適当なもの」が並ぶことが多い。

さくいん

①配列は歴史的仮名遣いによった。
②見出し語（三五〇語）は**太字**で、関連語（三七二語）は細字で示した。
③ある単語が見出し語として掲載されているページは**太字**で、関連語として掲載されているページは細字で示した。
④同訓異義語などは、必要に応じて漢字表記を【　】で示した。
⑤品詞は略称とし、［　］で示した。（例［動］＝動詞／［感］＝感動詞）
⑥見出し語の意味のうち、主要なものを色文字で示した。

あ

□085 **あいぎやう**［名］……**85**
かわいらしさ・思いやり
□あいぎやうおくる［動］……85
□あいぎやうづく［動］……85
□127 **あいなし**［形］……**118**・119・135
気にくわない・無益だ
□あかし［形］……112
□あかず［連語］……37
□あかつき［名］……77
□165 **あからさまなり**［形動］……**145**・249
ほんのちょっと
□あからめす［動］……113
□あかる［動］……39
□あきらかなり［形動］……112
□117 **あきらむ**［動］……**112**
物事の事情を明らかにする
□268 **あきる**［動］……**228**
呆然とする
□015 **あく**［動］……**37**
満足する・嫌になる
□109 **あくがる**［動］……**107**
さまよい歩く・上の空になる
□あけぼの［名］……77
□109 **あこがる**［動］……**107**
さまよい歩く・上の空になる
□052 **あさまし**［形］……**62**
驚いたことだ・あきれたことだ
□あさましがる［動］……62・228
□あさましくなる［連語］……62・283
□あさむ［動］……62・228
□265 **あざる**［動］……**226**
ふざける
□058 **あし**［形］……**66**
悪い
□あした［名］……77
□227 **あそばす**［動］……149・**195**
なさる
□171 **あそび**［名］……**149**・195
詩歌管弦の宴
□あそぶ［動］……149・195
□あだあだし［形］……145
□あだごころ［名］……145
□あだごと［名］……145
□164 **あだなり**［形動］……73・**144**
無駄だ・浮気だ
□あたら［副・連体］……231

- □273 **あたらし【惜し】**〔形〕…… 230
  惜しい
- □あたらし【新し】〔形〕…… 231
- □153 **あぢきなし**〔形〕…… 118・135
  つまらない・不快だ
- □285 **あつし**〔形〕…… 238
  病気が重い
- □065 **あてなり**〔形動〕…… 56・57・72・117・140・141
  高貴だ・上品だ
- □あてはかなり〔形動〕…… 72
- □あてびと〔名〕…… 72
- □あてやかなり〔形動〕…… 72
- □327 **あな**〔感〕…… 264・272
  ああ
- □182 **あない**〔名〕…… 79・157
  訪問して取り次ぎを頼むこと
- □あないす〔動〕…… 157
- □あなかしこ〔連語〕…… 171・264
- □068 **あながちなり**〔形動〕…… 74・159
  強引だ・筋が通らない
- □330 **あなかま**〔連語〕…… 264・272
  しっ、静かに
- □あなや〔感〕…… 264
- □あはす〔動〕…… 35
- □あはれ〔名・感〕…… 70
- □あはれがる〔動〕…… 70
- □062 **あはれなり**〔形動〕…… 45・46・61・70
  しみじみと趣深い・しみじみと悲しい
- □あはれむ〔動〕…… 70
- □012 **あふ【会ふ】**〔動〕…… 35
  男女が親しく交際する
- □246 **あふ【敢ふ】**〔動〕…… 214
  耐える
- □あへなし〔形〕…… 135・214
- □あへなむ〔連語〕…… 214
- □094 **あまた**〔副〕…… 92・261
  たくさん
- □あまたたび〔副〕…… 92
- □043 **あやし**〔形〕…… 56・57・72・131
  不思議だ・不都合だ・粗末だ
- □290 **あやなし**〔形〕…… 50・241
  わけがわからない
- □あやにくがる〔動〕…… 249
- □300 **あやにくなり**〔形動〕…… 248
  意地が悪い
- □あやめもしらず〔連語〕…… 241
- □あゆむ〔動〕…… 103
- □あらたし〔形〕…… 231
- □331 **あらぬ**〔連語〕…… 42・272
  他の
- □317 **あらまし**〔名〕…… 259
  予期
- □あらましごと〔名〕…… 259
- □あらます〔動〕…… 259
- □279 **あらまほし**〔連語・形〕…… 234
  あってほしい・理想的だ
- □022 **あり**〔動〕…… 42・51・115
  生きている
- □ありありて〔連語〕…… 42
- □036 **ありがたし**〔形〕…… 51
  めったにない・生きていくのが難しい
- □102 **ありく**〔動〕…… 102
  歩き回る・…して回る
- □332 **ありし**〔連語〕…… 42・273
  昔の
- □333 **ありつる**〔連語〕…… 42・273
  さきほどの
- □ありとある〔連語〕…… 42
- □179 **あるじ**〔名〕…… 155
  人をもてなすこと
- □あるじす〔動〕…… 155
- □あるじまうけ〔名〕…… 155

□334 **あれか〔にもあらず〕**〔連語〕…… **274**
茫然自失
□あれかひとか〔連語〕…… 274

い

□157 **いうなり**〔形動〕…… 117 **140** 141
優美だ・優れている
□201 **いかが**〔副〕…… **174**
どのように・どうして…か、いや…ない
□いかがはせむ〔連語〕…… 175 242
□200 **いかで〔か〕**〔副〕…… **174**
どのように・どうして…か、いや…ない・なんとかして
□いかにもなる〔連語〕…… 283
□288 **いぎたなし**〔形〕…… **240**
寝坊だ
□329 **いざ**〔感〕…… **265** 274
さあ
□198 **いさ…〔知らず〕**〔副〕…… **172**
さあ…（知らない）
□335 **いざたまへ**〔連語〕…… 265 **274**
さあいらっしゃい
□いざとし〔形〕…… 240
□いさ（ざ）よひのつき〔名〕…… 223
□260 **いさ（ざ）よふ**〔動〕…… 221 **223**
ためらう
□いそぎ〔名〕…… 115
□122 **いそぐ**〔動〕…… 104 105 **115** 219
準備する
□192 **いたく…打消**〔副〕…… 52 **169**
あまり
□037 **いたし**〔形〕…… 48 **52** 120 132
苦痛だ・すばらしい
□いたつく〔動〕…… 216
□066 **いたづらなり**〔形動〕…… **72** 75 144
無駄だ・ひまだ
□いたづらになる〔連語〕…… 73 283
□いたづらびと〔名〕…… 73
□いたはし〔形〕…… 216
□いたはり〔名〕…… 216
□249 **いたはる**〔動〕…… 40 102 **216**
苦労する・病気で苦しむ
□いつく〔動〕…… 114 226
□202 **いつしか**〔副〕…… **175**
はやく
□328 **いで**〔感〕…… **265**
さあ
□いと〔副〕…… 93
□192 **いと…打消**〔副〕…… **169**
あまり
□いとしもなし〔連語〕…… 169
□096 **いとど**〔副〕…… **93**
ますます
□いとどし〔形〕…… 93
□053 **いとほし**〔形〕…… 58 **62** 123
気の毒だ
□いとほしがる〔動〕…… 63
□269 **いなぶ**〔動〕…… 106 **228**
断る
□いはく〔動〕…… 67
□060 **いはけなし**〔形〕…… 59 **67**
幼い
□いひしろふ〔動〕…… 106
□いぶかし〔形〕…… 56 235
□いふかひなくなる〔連語〕…… 283
□280 **いぶせし**〔形〕…… **235**
胸がふさがる・不愉快だ
□いふもおろかなり〔連語〕…… 71
□いふもさらなり〔連語〕…… 143
□いへばさらなり〔連語〕…… 143

□216 **います**[動]……188
いらっしゃる
□217 **います（そ）がり**[動]……189
いらっしゃる
□336 **いまはかぎり**[連語]……275
もはやこれまで
□いまはかく（う）[連語]……275
□いまはのとき[連語]……275
□031 **いみじ**[形]……**48** 52 120 132
すばらしい・ひどい
□いもぬ[動]……240
□044 **いやし**[形]……**56** 57 72
身分が低い・粗末だ
□099 **いらふ**[動]……101
答える
□いらへ[名]……101
□いをぬ[動]……240

う

□238 **うけたまはる**[動]……202
お聞きする・お受けする
□うさ[名]……55
□041 **うし**[形]……**54** 129
つらい・…しづらい
□035 **うしろめたし**[形]……49 **50** 117 134
不安だ
□033 **うしろやすし**[形]……**49** 51 117
安心だ
□うす[動]……283
□320 **うたて**[副]……260
いやだ・情けなく
□うたてあり[動]……261
□うたてし[形]……261
□080 **うち**[名]……82
宮中・帝
□299 **うちつけなり**[形動]……240 247 **248**
突然だ・軽率だ
□うちとく[動]……32
□025 **うつくし**[形]……**44** 47 58 116
かわいい・立派だ
□うつしごころ[名]……79
□うつしよ[名]……79
□076 **うつつ**[名]……79
現実・正気
□うつつなし[形]……79
□016 **うつろふ**[動]……38
色があせる・花が散る・心変わりする
□うとまし[形]……243
□うべうべし[形]……251
□304 **うべなり**[形動]……92 **251**
もっともだ・なるほど
□うまのはなむけ[名]……155
□291 **うらなし**[形]……241
心の隔てがない
□149 **うるさし**[形]……132
うっとうしい・わざとらしい
□277 **うるせし**[形]……233
利口だ・上手だ
□124 **うるはし**[形]……44 **116**
きちんとしている・仲がいい・端正で美しい

え

□197 **え…打消**[副]……172
…できない
□えさらず[連語]……172
□えならず[連語]……172
□えもいはず[連語]……172
□えんだつ[動]……141
□158 **えんなり**[形動]……117 **140**
華やかに美しい・しっとりとした趣がある

お

□247 **おきつ**[動] …… **214**
決める・命令する
□おきて[名] …… 148 215
□おくらす[動] …… 108
□110 **おくる**[動] …… **108**
死に後れる・劣る
□おこす[動] …… 30
□310 **おこたり**[名] …… 41 **255**
過失・謝罪
□おこたりぶみ[名] …… 41
□020 **おこたる**[動] …… **40** 102
病気が治る
□おこなひ[名] …… 39
□おこなひすます[動] …… 39
□018 **おこなふ**[動] …… **39** 283
仏道修行をする
□116 **おづ**[動] …… **112**
怖がる
□おとづる[動] …… 109
□おとな[名] …… 59
□047 **おとなし**[形] …… **58** 67
年輩だ・思慮分別がある
□おとなひ[名] …… 109
□112 **おとなふ**[動] …… **109**
音を立てる・訪問する
□おとなぶ[動] …… 114 225
□132 **おどろおどろし**[形] …… **121** 124 133 231
おおげさだ・気味が悪い
□005 **おどろく**[動] …… **30** 121
はっと気づく・目が覚める
□325 **おのがじし**[副] …… **263**
おのおの
□おのがどち[名] …… 263
□おのがよよ[名] …… 263
□091 **おのづから**[副] …… **90**
自然に・偶然に・万一
□215 **おはします**[動] …… **188**
いらっしゃる・…ていらっしゃる
□215 **おはす**[動] …… **188**
いらっしゃる・…ていらっしゃる
□173 **おぼえ**[名] …… 28 **150** 153
評判・寵愛
□おほかた…打消[副] …… 168
□281 **おほけなし**[形] …… **236**
身のほどをわきまえない・おそれ多い
□264 **おほしたつ**[動] …… 114 **226**
育て上げる
□222 **おぼしめす**[動] …… **192** 194
お思いになる
□220 **おほす**[動] …… **191** 192
おっしゃる
□222 **おぼす**[動] …… **192**
お思いになる
□220 **おほせらる**[動] …… **191** 192
おっしゃる
□151 **おぼつかなし**[形] …… 51 **134**
不安だ・待ち遠しい
□224 **おほとのごもる**[動] …… **193**
おやすみになる
□080 **おほやけ**[名] …… **82**
宮中・帝
□001 **おぼゆ**[動] …… **28**
思われる・思い出される・似ている
□おぼろけならず[連語] …… 250
□302 **おぼろけなり**[形動] …… **250**
普通だ・普通ではない
□026 **おもしろし**[形] …… **44** 46 61 70
趣がある
□おもだたし[形] …… 45 258

□315 **おもておこし**［名］…… **258**
光栄
□おもてぶ（ふ）せ［名］…… 258
□おもなし［形］…… 45
□おもはゆし［形］…… 45
□おもひやすらふ［動］…… 221
□おもひやる［動］…… 277
□おもほしめす［動］…… 192
□おもほす［動］…… 192
□263 **およす（ず）く（ぐ）**［動］…… 114・**225**
成長する・老成する
□063 **おろかなり**［形動］…… **70**・141
おろそかだ

か

□337 **かうしまゐる**［連語］…… 206・**275**
格子を上げて（下ろして）差し上げる
□かくる［動］…… 283
□071 **かげ**［名］…… **76**
光・姿・面影
□かけて…打消［副］…… 168
□かこちがほ［名］…… 225
□262 **かこつ**［動］…… **224**・256
嘆く

□311 **かごと**［名］…… 225・**256**
ぐち
□かごとがまし［形］…… 256
□かごとばかり［連語］…… 256
□かざりおろす［連語］…… 283
□213 **かし**［終助］…… **182**
…ね
□148 **かしこし**［形］…… 48・52・71・120・**132**・135
おそれ多い・優れている
□かしこまる［動］…… 132
□120 **かしづく**［動］…… **114**・226
大切に育てる
□かしらおろす［連語］…… 283
□かずなし［形］…… 276
□338 **かずならず**［連語］…… **276**
物の数にも入らない
□かずまふ［動］…… 276
□296 **かたくななり**［形動］…… 220・243・**246**
愚かだ・風流を理解しない
□032 **かたし**［形］…… **48**・51
難しい・…しにくい・めったにない
□かたじけなし［形］…… 236
□073 **かたち**［名］…… **77**
容貌

□かたちをかふ［連語］…… 283
□154 **かたはらいたし**［形］…… 123・126・**136**
みっともない・気の毒だ・きまりが悪い
□かたほなり［形動］…… 252
□185 **かたみに**［副］…… **159**
互いに
□007 **かたらふ**［動］…… **32**
男女が親しく交際する・互いに親しく交わる・説得して仲間に入れる
□180 **かち**［名］…… **156**
徒歩
□324 **かつがつ**［副］…… **263**
どうにかして・とりあえず
□098 **かづく【被く】**［動］…… **100**
かぶる・褒美をいただく・かぶせる・褒美を与える
□かづく【潜く】［動］…… 100
□かづけもの［名］…… 100
□323 **かつ（は）**［副］…… **262**・263
一方では
□かど［名］…… 153・237
□282 **かどかどし**［形］…… **236**
機転がきく・とげとげしい

□046 **かなし**［形］……44・47・58・63
かわいい・心ひかれる
□かなしうす［動］……58
□かひなくなる［連語］……66・283
□059 **かひなし**［形］……66・242
無駄だ
□かまし［形］……272
□かまびすし［形］……238
□104 **かまふ**［動］……104・105・115・170・219
組み立てる・準備する・たくらむ
□194 **かまへて**［副］……104・170
必ず・決して
□からくして［副］……263
□からし［形］……55
□かりそめなり［形動］……145
□かりのたより［名］……154
□017 **かる**［動］……39・107
離れる

き

□きえいる［動］……283
□177 **きこえ**［名］……153・198
評判
□232 **きこえさす**［動］……198
申し上げる・…申し上げる
□228 **きこしめす**［動］……194・196
お聞きになる・召し上がる
□231 **きこゆ**［動（敬語）］……153・198
申し上げる・…申し上げる
□きこゆ［動（普通）］……198
□086 **きは**［名］……86・150
身分・端・時・限り
□きびはなり［形動］……67
□きゆ［動］……283
□きよげなり［形動］……143
□きよし［形］……143
□161 **きよらなり**［形動］……44・143
清らかで美しい

く

□023 **ぐす**［動］……42
ついていく・連れていく
□くすし［形］……56
□272 **くちをし**［形］……230
残念だ・物足りない・情けない
□くま［名］……125
□くまぐまし［形］……125
□137 **くまなし**［形］……124
曇りがない・行き届かないところがない
□081 **くもゐ**［名］……82
空・宮中
□くやし［形］……230
□くるし［形］……129
□270 **くんず**［動］……229
ふさぎこむ

け

□235 **けいす**［動］……200
申し上げる
□けうとし［形］……243
□けうなり［形動］……51
□161 **けうらなり**［形動］……44・143
清らかで美しい
□146 **けし**［形］……56・130
異様だ
□けしうはあらず［連語］……131
□けしからず［連語］……131
□074 **けしき**［名］……78
様子・機嫌・顔色
□けしきおぼゆ［連語］……78
□けしきだつ［動］……78

□けしきばかり〔連語〕…… 78
□けしきばむ〔動〕…… 78
□けに〔副〕…… 131
□095 **げに**〔副〕…… **92** 251
本当に
□げにげにし〔形〕…… 92
□けはひ〔名〕…… 78
□147 **けやけし**〔形〕…… 127 **131** 232
はっきりしている・異様だ

こ

□こうず〔動〕…… 229
□こけのころも〔名〕…… 283
□こけのたもと〔名〕…… 283
□ここだ〔副〕…… 261
□ここだく〔副〕…… 261
□ここのへ〔名〕…… 82
□321 **ここら**〔副〕…… 92 **261**
たくさん
□255 **こころあり**〔動〕…… 83 **220**
情趣や美を理解する・思いやりがある・ものの道理がわかる
□135 **こころぐるし**〔形〕…… **123**
気の毒だ
□175 **こころざし**〔名〕…… **152** 254
愛情・お礼
□048 **こころづきなし**〔形〕…… **59** 61
気にくわない
□314 **こころづくし**〔名〕…… **257**
物思いの限りをつくすこと
□こころなし〔形〕…… 83 220 243 246
□286 **こころにくし**〔形〕…… 63 67 **239**
優れている
□339 **こころのやみ**〔名〕…… **276**
心の迷い
□312 **こころばせ**〔名〕…… **256**
機転・気だて
□313 **こころばへ**〔名〕…… **257**
気だて・趣
□こころもとながる〔動〕…… 60
□049 **こころもとなし**〔形〕…… 51 **60** 134
じれったい・不安だ・ぼんやりしている
□126 **こころやすし**〔形〕…… 49 51 **117**
安心だ・親しい
□こころやまし〔形〕…… 59 235
□こころやり〔名〕…… 277
□こころゆく〔動〕…… 37
□340 **こころをやる**〔連語〕…… 30 **277**
気を晴らす
□こしらふ〔動〕…… 32
□ごせ〔名〕…… 283
□こたふ〔動〕…… 101
□295 **こちごちし**〔形〕…… 220 **243** 246
無風流だ
□274 **こちたし**〔形〕…… 121 124 133 **231**
おおげさだ
□こちなし〔形〕…… 243 246
□077 **こと**〔名〕…… **80**
言葉・他の・特に
□150 **ことごとし**〔形〕…… 121 124 **133** 231
おおげさだ
□こととふ〔動〕…… 109
□ことわり〔名〕…… 50 105
□ことわりなり〔形動〕…… 50 105
□105 **ことわる**〔動〕…… **104**
物事を判断する・筋道を立てて説明する
□このかみ〔名〕…… 157
□266 **こぼ（ほ）つ**〔動〕…… **227**
壊す
□こぼ（ほ）る〔動〕…… 227
□こまやかなり〔形動〕…… 141

□140 **こよなし**［形］……**126**
格段に優れている・格段に劣っている
□223 **ごらんず**［動］……**193**
ご覧になる
□ごらんぜさす［動］……193
□ごらんぜらる［動］……193

さ

□さ［副］……170
□さいはう［名］……283
□155 **さうざうし**［形］……75 **136**
寂しい
□145 **さうなし**［形］……**130**
比べるものがない・ためらわない
□245 **さうらふ**［動］……**209**
お仕えする・あります・…です
□176 **ざえ**［名］……**152**
学問・芸能
□ざえざえし［形］……153 237
□さが［名］……234
□152 **さかし**［形］……71 132 **134**
賢い・こざかしい
□さかしがる［動］……135
□さかしだつ［動］……135
□さかしら［名］……135
□278 **さがなし**［形］……**234**
意地悪だ・いたずらだ
□さがなめ［名］……234
□さがなもの［名］……234
□さきのよ［名］……283
□193 **さしたる…打消**［連体］……**170**
たいした
□さして…打消［副］……170
□さすがなり［形動］……91
□093 **さすがに**［副］……**91**
そうはいうもののやはり
□193 **させる…打消**［連体］……**170**
たいした
□169 **さた**［名］……**148** 153
評定・処置・命令・うわさ
□さと［名］……255
□341 **さながら**［連語］……**277**
そのまま・全部
□100 **さはる**［動］……**101**
妨げられる
□342 **さは（ば）れ**［連語］……**278**
どうにでもなれ
□245 **さぶらふ**［動］……**209**
お仕えする・あります・…です
□209 **さへ**［副助］……**180**
…までも
□さまあし［形］……137
□さまをかふ［連語］……283
□さもあらばあれ［連語］……278
□さもあらばれ［連語］……278
□さやけし［形］……127 131
□162 **さらなり**［形動］……**143**
言うまでもない
□190 **さらに…打消・禁止**［副］……143 **168**
少しも
□さらにもあらず［連語］……143
□さらにもいはず［連語］……143
□346 **さらぬわかれ**［連語］……**280**
死別
□さりとて［接］……260
□さりとも［接］……260
□さる［連体］……260 278
□さ（ざ）る［動］……226
□319 **さるは**［接］……**260**
それというのも実は・それなのに

□343 **さるべき**［連語］……278
立派な・そうなるはずの前世の因縁の
□344 **さるものにて**［連語］……279
言うまでもなく・それはそれとして
□さるを［接］……260
□されど［接］……260・280
□されば［接］……260・280
□345 **さればこそ**［連語］……280
やっぱり
□345 **さればよ**［連語］……280
やっぱり

し

□しか［し］ながら［連語］……277
□343 **しかるべき**［連語］……278
立派な・そうなるはずの前世の因縁の
□253 **したたむ**［動］……104・105・115・218
用意する・片付ける
□しどけなし［形］……116
□172 **しな**［名］……86・150
身分・品性
□008 **しのぶ**［動］……32・103
じっと我慢する・人目を避ける・懐かしむ
□しひて［副］……74・159
□しほたる［動］……281
□しらす［動］……197
□114 **しる**［動］……110・197
治める
□141 **しるし**［形］……127・131・232
はっきりしている
□168 **しるし**［名］……147
効き目・前兆
□229 **しろ（ら）しめす**［動］……111・194・196
ご存じだ・お治めになる

す

□すき［名］……217
□すきずきし［形］……217
□250 **すく**［動］……216
風流の道に熱心だ・色好みだ
□040 **すごし**［形］……54・61
物寂しい・恐ろしい
□すさび［名］……215
□すさびごと［名］……215
□248 **すさぶ**［動］……61・215
勢いが激しくなる・心のおもむくままに…する
□050 **すさまじ**［形］……45・60
興ざめだ・殺風景だ
□すさまじげなり［形動］……61
□すずろく［動］……142
□すずろごと［名］……142
□160 **すずろなり**［形動］……142
あてもない・むやみやたらだ・思いがけない・関係ない
□すずろはし［形］……142
□すずろぶ［動］……142
□251 **すだく**［動］……217
集まる
□292 **ずちなし**［形］……66・242
どうしようもない
□089 **すなはち**［副・接］……88
すぐに・そこで
□すべて…打消［副］……168
□107 **すまふ**［動］……106・228
抵抗する・辞退する
□すみぞめ［名］……283
□014 **すむ**［動］……36
通う

せ

□075 **せうそこ**［名］…… 78・154・157
挨拶すること・手紙
□せうと［名］…… 157
□067 **せちなり**［形動］…… 73
切実だ・大切だ
□せむかたなし［形］…… 66・242
□186 **せめて**［副］…… 74・159
無理に・切実に
□ぜんぜ［名］…… 283
□ぜんちしき［名］…… 283
□せんなし［形］…… 66・242

そ

□234 **そうす**［動］…… 200
申し上げる
□ぞかし［連語］…… 183
□そこばく［副］…… 261
□そこら［副］…… 92・261
□160 **そぞろなり**［形動］…… 142
あてもない・むやみやたらだ・思いがけない・関係ない
□347 **そでをしぼる**［連語］…… 281
涙を流す

た

□218 **たうぶ**［動］…… 190
お与えになる・…なさる
□たえいる［動］…… 283
□たえて…打消［副］…… 168
□348 **ただならず**［連語］…… 281
妊娠している
□たちやすらふ［動］…… 221
□316 **たづき**［名］…… 151・154・258
手段
□たづきなし［形］…… 258
□243 **たてまつる**［動］…… 207
差し上げる・…申し上げる・召し上がる・お乗りになる
□206 **だに**［副助］…… 178
…さえ・せめて…だけでも
□108 **たのむ**［動］…… 106
あてにする・あてにさせる
□たのもし［形］…… 107
□たふ［動］…… 33・103
□218 **たぶ**［動］…… 190
お与えになる・…なさる
□219 **たまはす**［動］…… 190
お与えになる
□230 **たまはる**［動］…… 197
いただく
□241 **たまふ**［動］…… 204・274
お与えになる・…なさる・…です
□ためらふ［動］…… 221・223
□たゆ［動］…… 283
□178 **たより**［名］…… 79・151・154・258
手段・よるべ・機会・配置・訪れ

ち

□ちからなし［形］…… 242
□167 **ちぎり**［名］…… 146
約束・夫婦の縁
□ちぎる［動］…… 35・147

つ

□ついで［名］…… 154
□237 **つか〔う〕まつる**［動］…… 202
お仕えする・して差し上げる
□226 **つかはす**［動］…… 195
おやりになる・お与えになる
□つかへまつる［動］…… 202

□つきごろ［名］……81
□051 **つきづきし**［形］……59・**61**
似つかわしい
□つきなし［形］……59・61
□つつまし［形］……113
□118 **つつむ**［動］……**113**
遠慮する
□つとに［副］……77
□つとむ［動］……39
□072 **つとめて**［名］……**76**
早朝・翌朝
□つやつや…打消［副］……168
□つゆ…打消［副］……168
□つゆけし［形］……281
□042 **つらし**［形］……**55**
薄情だ
□つれづれ［名］……75
□つれづれと［副］……75
□070 **つれづれなり**［形動］……73・**75**・137
退屈だ・物寂しい
□133 **つれなし**［形］……**122**
変化がない・平気だ・冷淡だ

て

□083 **て**［名］……**84**
文字・曲・傷
□211 **てしがな**［終助］……**181**
…たい
□てづから［副］……90

と

□ときにあふ［連語］……110
□ときめかす［動］……110
□113 **ときめく**［動］……**110**
時にあって栄える・寵愛される
□ところおく［動］……113
□136 **ところせし**［形］……121・**124**・231
狭い・気づまりだ・おおげさだ
□039 **とし**［形］……**53**
はやい
□078 **としごろ**［名］……**80**・81
長年
□111 **とふ**［動］……**108**
訪ねる
□とぶらふ［動］……109
□298 **とみなり**［形動］……240・**247**・248
急だ
□ともかくもなる［連語］……283

な

□195 **な…そ**［副＋終助］……**171**
…しないでください
□092 **なかなか**［副・感］……**90**
中途半端に・かえって
□なかなかなり［形動］……91
□006 **ながむ**［動］……**31**・113
ぼんやりと見る・詩歌を吟じる
□ながめ［名］……31
□082 **なさけ**［名］……**83**
風流心
□なさけおくる［動］……83
□なさけなし［形］……83
□061 **なつかし**［形］……63・**67**・239
心ひかれる
□259 **なづさふ**［動］……**222**
慣れる
□258 **なづむ**［動］……**222**・223
こだわる・悩み苦しむ
□203 **なでふ**［副・連体］……**176**
どうして・どうして…か、いや…ない・なんという
□なでふことかあらむ［連語］……176

□204 **など〔か〕**[副] …… **176**
どうして・どうして…か、いや…ない
□なのめならず[連語] …… 251
□303 **なのめなり**[形動] …… **250**
普通だ
□187 **なべて**[副] …… **160**
一面に・普通
□なべてならず[連語] …… 160
□090 **なほ**[副] …… **89**
やはり
□なほざりなり[形動] …… 71 141
□125 **なまめかし**[形] …… **116** 140 141
若々しい・優美だ
□なまめく[動] …… 117
□210 **なむ（ん）**[終助] …… **180**
…てほしい
□027 **なめし**[形] …… **45**
無礼だ
□なやまし[形] …… 40
□なやみ[名] …… 40
□019 **なやむ**[動] …… **40** 102 216
病気になる
□ならひ[名] …… 218
□252 **ならふ**[動] …… **218**
慣れる・親しむ
□203 **なんでふ**[副・連体] …… **176**
どうして・どうして…か、いや…ない・なんという

に

□211 **にしがな**[終助] …… **181**
…たい
□になし[形] …… 130
□にはかなり[形動] …… 240 247 248
□にほひ[名] …… 29
□にほひやかなり[形動] …… 29
□002 **にほふ**[動] …… **28**
美しく照り輝く

ね

□276 **ねたし**[形] …… **232** 239
しゃくにさわる・妬ましいほど立派だ
□ねびまさる[動] …… 114
□121 **ねぶ**[動] …… **114** 225
年をとる
□159 **ねんごろなり**[形動] …… **141**
丁寧だ・親しい
□103 **ねんず**[動] …… 33 **103**
祈る・我慢する

の

□のたうぶ[動] …… 192
□のたぶ[動] …… 192
□221 **のたまはす**[動] …… 191 **192**
おっしゃる
□221 **のたまふ**[動] …… 191 **192**
おっしゃる
□のちのよ[名] …… 283
□003 **ののしる**[動] …… **29**
大声で騒ぐ・有名だ

は

□はかなくなる[連語] …… 128 283
□はかなげなり[形動] …… 128
□142 **はかなし**[形] …… **128** 232
つまらない・ちょっとした
□はかなぶ[動] …… 128
□275 **はかばかし**[形] …… 127 128 131 **232**
てきぱきしている・はっきりしている・しっかりしている
□はぐくむ[動] …… 114 226

□139 はしたなし［形］……126・136・137
きまりが悪い・みっともない
□184 はた［副］……158
もしかしたら・また・とはいうものの
□はちすのうえ［名］……283
□はつ［動］……283
□131 はづかし［形］……120・123
優れている
□301 はつかなり［形動］……249
ほんの少しだ
□244 はべり［動］……208
お仕えする・あります・…です
□207 ばや［終助］……179
…たい
□205 はや〔く・う〕…けり［副＋助動］……177
なんとまあ…だったことよ
□183 はらから［名］……157
兄弟姉妹

ひ

□181 ひがこ（ご）と［名］……156
まちがい
□ひがひがし［形］……156
□ひがむ［動］……156
□188 ひぐらし［名・副］……160・161
一日中
□079 ひごろ［名］……81
ここ数日
□ひとのくに［名］……259
□ひとひ［名］……161
□ひとやり［名］……282
□349 ひとやりならず［連語］……282
自分の意志ですることだ
□156 ひとわろし［形］……126・137
体裁が悪い
□318 ひな［名］……259
田舎
□ひなぶ［動］……259
□188 ひねもす［名・副］……160・161
一日中
□びろうなり［形動］……71
□143 びんなし［形］……128・242
不都合だ・感心しない

ふ

□ふびんなり［形動］……123・129
□ふみ［名］……79・154
□ふりはふ［動］……264
□326 ふりはへて［副］……264
わざわざ
□309 ふるさと［名］……254
旧都・昔なじみの土地

ほ

□170 ほい［名］……149
本来の志
□ほいなし［形］……149
□306 ほだし［名］……252・283
障害
□ほだす［動］……253
□087 ほど［名］……86・87・150
間・距離・身分
□ほどに［連語］……87
□ほどほど［名］……87

ま

□106 まうく［動］……104・105・115・219
準備する・手に入れる
□まうけ［名］……105
□まうけのきみ［名］……105
□233 まうす［動］……199
申し上げる・…申し上げる

□239 **まうづ**［動］……**203**
参上する
□240 **まかづ**［動］……**204**
退出する・参ります
□まかりいづ［動］……204
□240 **まかる**［動］……**204**
退出する・参ります
□まことのみち［名］……283
□293 **まさなし**［形］……**242**
正しくない
□まします［動］……189
□ます［動］……189
□まどはす［動］……41
□021 **まどふ**［動］……**41**
途方に暮れる・ひどく…する
□115 **まねぶ**［動］……**111**
口まねする・学ぶ
□まばゆし［形］……136
□305 **まほなり**［形動］……**252**
完全だ
□まめごと［名］……144
□まめだつ［動］……144
□163 **まめなり**［形動］……**144** 145
まじめだ・実用的だ

□まめびと［形動］……144
□まめまめし［形］……144
□119 **まもる**［動］……31 **113**
見守る
□まらうと（ど）［名］……155
□まらうと（ど）ざね［名］……155
□236 **まゐらす**［動］……**201**
差し上げる・…申し上げる
□242 **まゐる**［動］……**206**
参上する・差し上げる・して差し上げる・召し上がる・なさる

み

□みぐしおろす［連語］……283
□みす［動］……34
□未然形＋ばこそあらめ、～［連語］……42
□みそかごころ［名］……75
□069 **みそかなり**［形動］……**75** 262
ひそかに
□みだりがはし［形］……238
□みにくし［形］……137
□みまかる［動］……204 283
□011 **みゆ**［動］……**34**
見られる・女が男の妻になる

□010 **みる**［動］……**34**
会う・男が女を妻にする

む

□287 **むくつけし**［形］……**239**
気味が悪い
□むくつけなし［形］……239
□むくむくし［形］……239
□むくめく［動］……239
□297 **むげなり**［形動］……**246**
ひどい
□254 **むすぶ**［動］……**219**
手ですくい上げる・作る
□038 **むつかし**［形］……**52** 59 133 135 235
わずらわしい・気味が悪い
□むつかる［動］……53
□むなしくなる［連語］……283
□304 **むべなり**［形動］……92 **251**
もっともだ・なるほど
□むべむべし［形］……251

め

□128 **めざまし**［形］……**118**
気にくわない

□めしあぐ［動］…… 194
□めしいづ［動］…… 194
□めしぐす［動］…… 194
□めしよす［動］…… 194
□225 **めす**［動］…… **194**
お呼びになる・召し上がる・お乗りになる
□めづ［動］…… 47・119
□めづらかなり［形動］…… 119
□129 **めづらし**［形］…… 51・**119**
心ひかれる
□029 **めでたし**［形］…… **46**・119
すばらしい・立派だ
□138 **めやすし**［形］…… **125**・137
感じがよい

も

□208 **もがな**［終助］…… **179**
…が（で）あればいいなあ
□214 **もこそ**［連語］…… **183**
…たら大変だ
□…もしるく［連語］…… 127
□214 **もぞ**［連語］…… **183**
…たら大変だ
□261 **もだす**［動］…… **224**
黙る・見捨てておく
□もとどりきる［連語］…… 283
□307 **ものがたり**［名］…… **253**
世間話
□ものから［接助］…… 182
□294 **ものし**［形］…… 115・**243**
不気味だ
□123 **ものす**［動］…… **115**
…をする
□ものの［接助］…… 182
□ものものし［形］…… 121・124・133
□ものゆゑ［接助］…… 182
□212 **ものを**［接助・終助］…… **182**
…のに・…のになあ

や

□097 **やうやう**［副］…… **93**
だんだん
□088 **やがて**［副］…… **88**・89
そのまま・すぐに
□134 **やさし**［形］…… 117・121・**122**・140・141
つらい・優美だ
□やすし［形］…… 49
□257 **やすらふ**［動］…… **221**・223
たたずむ
□267 **やつす**［動］…… **227**・283
地味な格好にする
□やつる［動］…… 227
□322 **やはら**［副］…… 75・**262**
そっと
□やまとだましひ［名］…… 153
□024 **やむ**［動］…… **43**
終わる・死ぬ
□045 **やむごとなし**［形］…… 56・**57**・72
大切だ・高貴だ
□004 **やる【遣る】**［動］…… **30**
行かせる・遠く…する
□やる【破る】［動］…… 227
□322 **やをら**［副］…… 75・**262**
そっと

ゆ

□054 **ゆかし**［形］…… **63**・67・239
行きたい・心ひかれる
□ゆかしがる［動］…… 63
□ゆかしげなり［形動］…… 63
□ゆかり［名］…… 151

□289 **ゆくりなし**[形] …… **240** 247 248
突然だ
□196 **ゆめ…禁止**[副] …… **171**
決して
□196 **ゆめゆめ…禁止**[副] …… **171**
決して
□130 **ゆゆし**[形] …… 48 52 **120** 132
不吉だ・優れている

よ

□084 **よ**[名] …… **84**
男女の仲
□よがれ[名] …… 39
□055 **よし【良し】**[形] …… **64**
よい・身分が高い
□166 **よし【由】**[名] …… **146**
理由・由緒・事情
□よしなし[形] …… 50 146 241
□よしなしごと[名] …… 146
□174 **よすが**[名] …… **151** 154 258
縁者・手段
□256 **よそふ**[動] …… **220**
準備する・たとえる
□よそほし[形] …… 221
□よに…打消[副] …… 168
□084 **よのなか**[名] …… **84**
男女の仲
□009 **よばふ**[動] …… **33**
言い寄る
□よひとよ[副] …… 161
□よみ[名] …… 283
□199 **よも…じ**[副+助動] …… **173**
まさか…ないだろう
□189 **よ〔も〕すがら**[副] …… **161**
一晩中
□よるべ[名] …… 151
□308 **よろこび**[名] …… 152 **254**
お礼・国司などの任官
□よろこびまうし[名] …… 254
□056 **よろし**[形] …… **64**
悪くない・普通だ
□よをいとふ[連語] …… 283
□よをすつ[連語] …… 283
□よをそむく[連語] …… 283
□よをのがる[連語] …… 283
□よをはなる[連語] …… 283

ら

□らうあり[動] …… 237
□284 **らうがはし**[形] …… **238**
乱雑だ
□らうたがる[動] …… 47
□らうたげなり[形動] …… 47
□030 **らうたし**[形] …… 44 **47** 58
かわいい
□283 **らうらうじ**[形] …… **237**
物慣れている

れ

□れいならず[連語] …… 281 282
□350 **れいの**[連語] …… **282**
いつものように
□連体形＋ままに[連語] …… 89
□連体形＋より[格助] …… 89

わ

□わざと[副] …… 264
□わたす[動] …… 36
□わたり[名] …… 36

□013 **わたる**［動］……**36**・103
行く・ずっと…する
□わづかなり［形動］……249
□101 **わづらふ**［動］……40・**102**・216
思い悩む・…しかねる
□144 **わびし**［形］……55・**129**
つらい
□わぶ［動］……129
□034 **わりなし**［形］……**50**・241
理屈が通らない・つらい
□われか〔のけしき〕［連語］……274
□057 **わろし**［形］……**65**・242
よくない

ゐ

□271 **ゐざる**［動］……**229**
座ったまま膝で進む
□ゐる［動］……43

を

□028 **をかし**［形］……45・**46**・61・70
趣深い・美しい
□をかしげなり［形動］……46
□をこがまし［形］……71

□064 **をこなり**［形動］……**71**・132・135
愚かだ
□191 **をさをさ…打消**［副］……**169**
ほとんど
□をさをさし［形］……59・169
□をぢなし［形］……112

古文を読解するための基本となる頻出97語を集めました。これらを確実におさえれば、文章の大意をつかみやすくなります。古今異義語や多義語も多く含まれていますので、語の基本義から派生させて覚えていきましょう！

第１章

読解基本語

97語

CONTENTS

001

おぼゆ

覚ゆ

動：ヤ下二

image
「思ふ」＋
自発・受身

❶思われる・感じられる
❷思い出される・思い出す
❸似ている
④（人から）思われる

□□□

入試解法

「ゆ」は受身・自発・可能を表す奈良時代の助動詞。❶❷の「ゆ」は、自然と思われる＝自発。「あの人を見ていると自然と○○に思われる」から❸が生まれました。

「あはれにおぼえければ」（東京大・現代語訳）など、**「形容詞・形容動詞＋『おぼゆ』など心情動詞」**は**「…だと思われる」**と訳すとスッキリします。「ものおぼゆ（＝意識がはっきりする・物心がつく）」もあわせて覚えましょう。

❶**身軽くおぼゆ。歩みて行かん。**〈沙石〉

訳 体が軽いと思われる。歩いて行こう。

❷**ただ今おぼえむ古きこと一つづつ書け。**〈枕〉

訳 今思い出されるような古歌を一つずつ書け。

❸**故院の児《ちご》生《お》ひにも、まみなどおぼえ給へり。**〈増鏡〉

訳 亡くなった院の幼いときの様子にも、目つきなどが似ていらっしゃる。

④**世の中に手書くとおぼえたる上中下《かみなかしも》の人々にも、**〈源氏〉

訳 世の中で（美しい）字を書くと思われている上中下の身分の人々にも、

関 □173 おぼえ［名］

思ふ＋ゆ

ゆ＝受身 → ④（人から）思われる

ゆ＝自発 → ❶思われる ❷思い出される → ❸似ている

002

にほ《オ》ふ《ウ》

匂ふ

動：ハ四

image
内から
輝く✦

❶美しく照り輝く・色づく
②香る

□□□

「にほふ」とは、もともと「に〈丹〉（＝赤い色）」が、「ほ〈穂〉」が出るようにパーッとあふれ出してくること。だから原義は、嗅覚《きゅうかく》でなく**視覚的に内部から美しい色がにじみ出てくる様子**だったのです。旬の女優さんは、単なるかわいさ、美しさを超えたオーラで輝いていますよね。その状態が「にほふ」です。

❶**春は藤波を見る。紫雲のごとくして、西方《さいはう》ににほふ。**〈方丈〉

訳 春は波のように咲く藤の花を見る。（仏様が乗る）紫雲のようで、西（＝極楽浄土）の方角に美しく照り輝く。

②**うち吹く風に、えならずにほひたる御簾《みす》のうちの香りも吹き合はせて、**〈源氏〉

訳 ふと吹く風に、言いようもなく香っている御簾の内側の香りも合わせて吹いて、

関

□**にほひ**［名］
①美しさ

□**にほひやかなり**［形動］
①美しい様子だ

003

ののしる

罵る・喧る

動：ラ四

image 騒ぐくらい有名

❶大声で騒ぐ
❷有名だ・評判が高い

□□□

現代語では「非難する」というマイナスの意味ですが、古語ではマイナス⊖はありません。みんなが❶**「大声で騒ぐ」**ほど❷**「有名だ」**という意味になります。

入試解法 「笑ひののしる（＝大声で笑い騒ぐ）」など**複合語でもよく登場**します。

❶**大路《おほち》の見物の者ども、おびたたしくののしる。**〈宇治〉

訳 大路の野次馬たちは、はなはだしく大声で騒ぐ。

❷**この世にののしり給ふ光源氏、かかるついでに見奉り給はむや。**〈源氏〉

訳 この世で有名でいらっしゃる光源氏を、このような機会に拝見なさいませんか。

004 やる
遣る

動：ラ四

image ポンと進める

❶ 行かせる・送る
❷ 〈動詞の連用形について〉遠く…する
❸ 〈動詞の連用形＋「(も)やらず」で〉…しきらない

入試解法

この「やる」は、「破《や》る」という動詞とは違う語で、**現状から先に向かって、何かをポンと進める**動詞。現代語でも「人をやる」などと言いますね。また、「動詞の連用形＋やる」で複合動詞を作ります(例「見やる(＝はるかに遠く見る)」など)。

❸の**「動詞の連用形＋(も)やらず」**と、固まった心をポンと違う状態にする**「心をやる(＝気を晴らす)」**というイディオムが頻出です。

❶ **文を書いてやれども、返り事もせず。** 〈竹取〉
訳 手紙を書いて送るけれども、返事もしない。

❷ **海の方《かた》をはるばると見やり給ひて、心細く思すこと限りなし。** 〈住吉〉
訳 (姫君は)海の方をはるばると遠く見なさって、心細いと思いなさることこの上ない。

❸ **十二月《しはす》二十七日の辰《たつ》の刻、昨日雪降りて消えやらず、庭上に朝日さし、** 〈平治〉
訳 十二月二十七日の八時頃、昨日雪が降って消えきらず、庭の上に朝日がさし、

関 □340 こころをやる［連語］
対 □おこす［動］ ①よこす

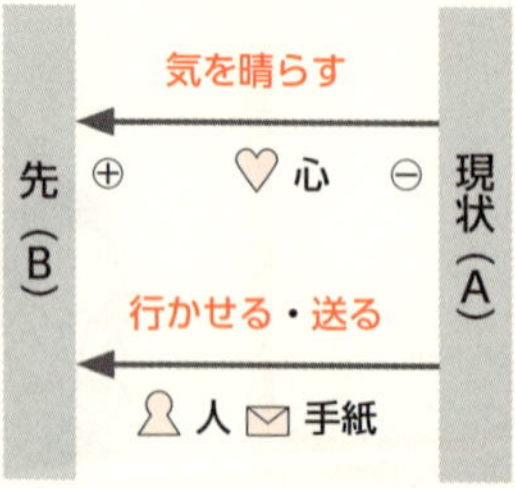

005 おどろく
驚く

動：カ四

image ハッ!!

❶ はっと気づく
❷ 目が覚める

「おどろ」はもともと刺激的な物音に対して「ハッとする」という意味です（▼132おどろおどろし）。そこから、❶**「はっと気づく」**、❷**「はっと目が覚める」**という意味になりました。**「おどろかす」**は、「おどろく＋す**【使役】**」なので、**「はっとさせる」「起こす」**という意味になります。

❶**秋来《き》ぬと目にはさやかに見えねども風の音にぞおどろかれぬる**〈古今〉

訳 秋が来たと、目にははっきり見えないが、風の音で思わずはっと気づいたことだ。

❷**忠信《ただのぶ》、敵の声におどろき起き上がり、太刀取り直し、**〈義経〉

訳 忠信は、敵の声で目が覚め起き上がって、太刀を取り直し、

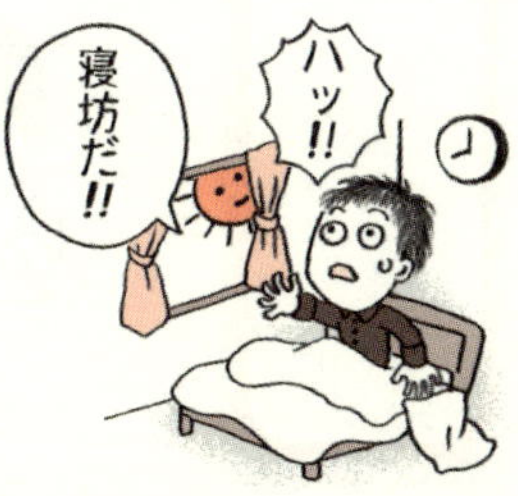

006

ながむ

一 眺む 二 詠む

動：マ下二

image 物思い、歌う

❶ 一 ぼんやりと見る・物思いにふける

❷ 二 詩歌を吟じる

□□□

一「眺む」は、ぼんやり見ているとつい**「物思いにふける」**ので、マイナス⊖な状況にもよく使われます。二「詠む」は、詩歌を**「節をつけて歌う」**という意味です。

入試解法 漢字が二種類あるので、**文脈から意味を判断して漢字をあてる問題**も出題されます。

❶**常よりもあはれにおぼえて、ながめてぞありける。**〈和泉〉

訳 いつもよりもしみじみ悲しいと思われて、物思いにふけって過ごしていた。

❷**「こぼれてにほふ花桜かな」とながめければ、その声を院聞かせ給ひて、**〈今昔〉

訳 「こぼれてにほふ花桜かな」と吟じたところ、その声を女院がお聞きになって、

関

□**ながめ**［名］

①ぼんやり見ること

②詩歌を吟じること

＊和歌では「長雨」との掛詞で用いられることが多い。

類 □119 **まもる**［動］

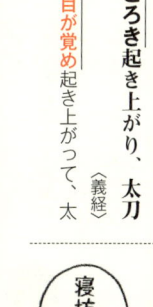

007

かたら《（ロ）》ふ《ウ》

語らふ

動：ハ四

image
ずっと語る仲♥

❶男女が親しく交際する・結婚の約束をする
❷互いに親しく交わる（主に同性同士）
❸説得して仲間に入れる

「語る」と「ふ」が接続した語です。**接尾辞「ふ」は「継続・反復」**を表すので、原義は**「ずっと・何度も語る」**。つまり、それほど**「仲がよい」**ことを表します。親しく話す男女は特別な仲なので、❶の意味になりました。**同性同士の場合は❷**の意味になります。**「語り続ける→相手を説得する」**という❸の意味とほぼ同義語で**「こしらふ」**という動詞がありますので、セットで覚えてください。

❶**宮仕へしける女を語らひ侍りけるに、**〈新古今〉

訳 宮仕えをしていた女と親しく交際しましたときに、

❷**女どちも、契り深くて語らふ人の、末まで仲よき人かたし。**〈枕〉

訳 女同士でも、約束が深くて互いに親しく交わる人で、将来まで仲のよい人はめったにない。

❸**義経《よしつね》、武蔵坊《むさしばう》といふ兵《つはもの》を語らひて、平家を狙ふといふ聞こえありけり。**〈義経〉

訳 義経が、武蔵坊という勇士を説得して仲間に入れて、平家を狙うといううわさがあった。

類
□**うちとく**［動］①溶ける ②親しく交わる
□**こしらふ**［動］①作る ②説得する

008

しのぶ

一 忍ぶ 二 偲ぶ

動：バ上二（バ四）

image
ガマンして慕う

❶一 じっと我慢する
❷一 人目を避ける・隠す
❸二 懐かしむ・思い慕う

奈良時代まで、「しのぶ」は、**一**上二段活用、**二**四段活用で別の語でしたが、次第に混同されるようになり、**一****二**とも平安時代には両方の意味で用いられるようになりました。

入試解法 **活用の種類が二種類ある**ことを意識していればよいでしょう（下段参照）。また、文脈から意味に合う漢字を選べるようにしましょう。

❶**ねたく心憂く思ふを、しのぶるになむありける。**〈大和〉

訳 憎らしくつらいと思っているが、じっと我慢するのであった。

❷**女房の局《つぼね》へしのびて入りにけり。**〈著聞集〉

訳 女房の部屋に人目を避けて入ってしまった。

❸**浅茅《あさぢ》が宿に昔をしのぶこそ、色好むとは言はめ。**〈徒然〉

訳 荒れ果てた宿で昔を懐かしむことこそ、恋愛の情趣を理解していると言うのだろう。

類

□103 **ねんず**［動］

□**たふ**［動］ ①我慢する ②能力がある

《上二段活用》

しの｛び・び・ぶ・ぶる・ぶれ・びよ｝

《四段活用》

しの｛ば・び・ぶ・ぶ・べ・べ｝

009

よばふ《ウ》

呼ばふ

動：ハ四

image

しつこく呼ぶ

❶言い寄る・求婚する

「よばふ」＝「呼ぶ」＋「ふ【継続・反復】」（▼007かたらふ）です。**「何度も・ずっとしつこく呼ぶ」**が原義。転じて**「男が女に求婚する・言い寄る」**という意味になりました。名詞は「よばひ（＝求婚）」です。

❶**今は昔、男二人して女一人をよばひけり。**〈平中〉

訳 今となっては昔のことだが、男が二人で女一人に言い寄った。

！男性が女性に言い寄る手段は、まず和歌です。例文で、女に求婚した二人は、高い官職の男と低い官職の男でした。さて女は、和歌の魅力か、何と低い官職の男を選んだのです。

010 みる

見る

動：マ上一

見る＝所有・理解

❶会う・見る
❷男が女を妻にする・結婚する

「見ること・知ること」は「所有・理解」を表しました。高貴な女性は、扇・几帳《きちょう》、御簾《みす》と何重にも顔を隠しており、男性が顔を見るのは、彼女を「所有する」とき＝「結婚する」ときでした。ですので「見る」は、❶「会う」という意味に加え、男性側からの❷「結婚する」という意味も持つのです。

入試解法 「視覚＝理解」なので、視覚的助動詞「めり（ようだ）」と同様、実際見るのではなく「思う」と訳す場合もあります。

❶隔てなく慣れぬる人も、程へて見るは、恥づかしからぬかは。〈徒然〉

訳 分け隔てなく慣れ親しんだ人も、しばらく時間がたって会うのは、恥ずかしくないだろうか、いや恥ずかしい。

❷うち語らひて、心のままに教へおほしたてて見ばやと思す。〈源氏〉

訳 （垣間見した幼い姫君・若紫と）親しく交際して、思い通りに教え育て上げて結婚したいと（源氏は）お思いになる。

❖「若紫」は後の源氏最愛の妻「紫の上」の幼少期の呼び名です。

関

□みす 動
①見せる
②結婚させる

011 みゆ

見ゆ

動：ヤ下二

見られる

❶見られる（「ゆ」＝受身）・見せる（「ゆ」＝受身）・見える（「ゆ」＝自発・可能）
❷女が男の妻になる・結婚する・嫁ぐ

「みゆ」＝**「見る」**＋**「ゆ【受身・自発・可能】」**なので、「見られる・見せる・見える」が原義。**男性に見られる（受身）→女性側からの「結婚する」**の意になりました。

入試解法
「見え参らす」など、❶＋謙譲語の場合、**「見ていただく」**と訳すとスッキリします。

❶**いと恐ろしくおぼえけれど、臆したるさま見えじと念ぜさせ給ひて、**〈大鏡〉
訳 たいそう恐ろしいと思われたが、怖がっている様子を**見られ（見せ）**まいと我慢なさり、

❷**かかる異様《ことやう》のもの、人に見ゆべきにあらず。**〈徒然〉
訳 このような変わり者は、人と**結婚し**ないほうがよい。

012

あふ《ウ》

会ふ・合ふ・逢ふ

動：ハ四

image
一つになる

❶**男女が親しく交際する・結婚する**

「二つ以上のものが一つになる動き」が「あふ」なので、現代語と同じ「会う」「合う」という意味です。男女の関係の場合、**男性が女性と会う**のは、軽い意味ではなく**すでに恋人としてつきあっている**という意味になりました。

❶**昔、男、大和《やまと》にある女を見て、よばひてあひにけり。**〈伊勢〉
訳 昔、男が、大和の国にいる女を見て、言い寄って**結婚し**た。

❖「大和」とは現在の奈良県にあたる地名です。

関
□**あはす**［動］
①結婚させる

類
□**ちぎる**［動］
①約束する
②夫婦の縁を結ぶ

013 わたる

渡る

動：ラ四

image
A ➡ B

❶行く・来る・渡る
②時を過ごす　③生計を立てる
❹〈下に尊敬語がついて〉いらっしゃる
❺〈動詞の連用形について〉ずっと…する（時間）・一面に…する（空間）

□□□

「わたる」は、現代語の「橋をわたる」というときの意味と同じで、もともと**「A→B」と移動すること**です。「時」が移動するなら②になり、世間の中でうまく移動していくなら③になります。

入試解法　❹は「給ふ・せ給ふ」とセットで使用して、**「あり（＝ある・生きている）」「行く」「来」**の尊敬語として用います。❺**は時間と空間で訳し分けましょう。**

❶**船に乗るべき所へ渡る。**〈土佐〉
訳　船に乗るはずの場所へ行く。

②**かくて月日をへ、年を渡りて、**〈春雨〉
訳　このようにして月日を経、年を過ごして、

③**餅《もち》を売りて世を渡りけり。**〈沙石〉
訳　餅を売って生計を立てていた。

❹**日暮れかかる程に、上渡らせ給ふ。**〈栄花〉
訳　日が暮れかかる頃に、帝がいらっしゃる。

❺**蓮《はちす》の花の咲き渡れるに、**〈源氏〉
訳　蓮《はす》の花が一面に咲いている中に、

関
□**わたり【渡り】**［名］
①来訪・移動
□**わたす**［動］
①移動させる
②〈動詞の連用形について〉ずっと…する

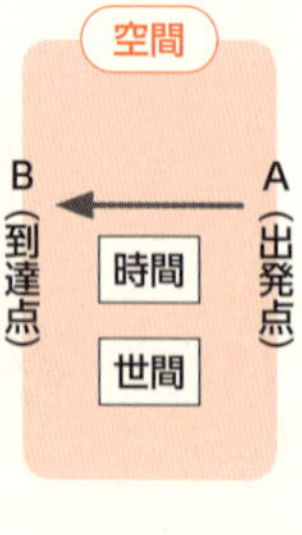

014 すむ

住む

動：マ四

image
愛の巣に住む

①住む
❷（夫として妻のもとに）通う

□□□

「澄み」「巣」が語源と言われ、**「落ちついて巣にいるイメージ」**です。平安時代には「住む」の他、「男が（安定した関係として）女性のもとに通う」という意味でも使われます。

入試解法 **内容把握・主語判定にもヒントになる**ことが多い語です。

①**国々の民、あるいは地を棄《す》てて境を出《い》で、あるいは家を忘れて山にすむ。** 〈方丈〉

訳 諸国の民は、ある者は土地を捨てて国境を脱出し、ある者は家を忘れて山に住む。

❷**この男、親近江《あふみ》なる人に、いとしのびてすみけり。** 〈平中〉

訳 この男は、親が近江守《おうみのかみ》である女のところに、たいそう隠れて通っていた。

015 あく

飽く

動・カ四

image 嫌になるほど満足

❶ 満足する（プラス⊕の意味）

❷ 嫌になる（マイナス⊖の意味）

□□□

活用の種類が**四段活用**であることに注意しましょう（現代語の感覚で上二段にしないこと！「飽きず」は×）。現代語はマイナス⊖の意しかありませんが、古語は**プラス⊕・マイナス⊖両方の意味**があります。

入試解法 **否定表現と一緒に用いる形（下段）が頻出。**前後から⊕⊖を判断しましょう。

❶**飽かず、惜しと思はば、千年《ちとせ》を過ぐすとも、一夜の夢の心地こそせめ。** 〈徒然〉

訳 満足せず、心残りだと思うならば、千年を過ごしたとしても、一夜の夢のような気持ちがするだろう。

❷**魚《いを》は水に飽かず。魚にあらざればその心を知らず。** 〈方丈〉

訳 魚は水が嫌にならない。（だが）魚ではないのでその気持ちを理解できない。

関

□**あかず** [連語]
①満足しない・物足りない⊖
②嫌にならない・名残惜しい⊕

類

□**こころゆく** [動]
①満足する

016

うつろふ《ウ》

移ろふ

動・ハ四

image 変化する

①場所を変える・移り住む
❷色があせる・色がつく
❸花が散る・植物が枯れる
❹（男が）心変わりする

□□□

語源は「**移る＋ふ【継続・反復】**」。「AからBの状態にだんだんと移っていく＝変化していく」という意味です。しかも、よい変化より、鮮やかな色があせたり、満開の花が散ったり、ラブラブの気持ちがなくなったり、そのような「**寂しい変化**」を表す言葉です。

入試解法 花が主語の場合は、❷❸のどちらかの意味になりますが、「**桜**」**はパッと散る❸の意味**で用いられます。また、**花びらを散らす風は**「**非情**」**な存在**として描かれることが多いです。また、「白菊」は盛りを過ぎると赤っぽく変色しますが、それを「二度咲く花」として賞美することもありました。

①**十月《かんなづき》になりて、京にうつろふ。**〈更級〉

訳 十月になって、京に移り住む。

❷**例よりはひきつくろひて書きて、うつろひたる菊に挿したり。**〈蜻蛉〉

訳 （他の女性と浮気した夫に）いつもよりは改まって（手紙を）書いて、色があせた菊に挿して送った。

❸**桜ははかなきものにて、かく程なくうつろひ候ふなり。**〈宇治〉

訳 桜ははかないもので、このように間もなく散るのです。

❹**なごりなううつろふ心の、いと軽《かろ》きぞや。**〈源氏〉

訳 あとかたもなく心変わりする気持ちの、なんと軽いことよ。

❗例文❷のように、「花の色があせること」が「恋人の心変わり」と重ねられるのは、よくあるパターンですので要チェック！

017

かる

離る

動：ラ下二

「わかる（＝別れる）」の「かる」＝**「離れる」**と覚えます。「あかる」も同義です。

入試解法 **「枯る」と掛詞になる**ことが多いので注意。「離る」「枯る」ともに悲しいイメージで、**男女の別れの場面に頻出！**

image わかれる

❶**離れる**

❶**あひ思はでかれぬる人をとどめかねわが身は今ぞ消え果てぬめる** 〈伊勢〉

訳 互いに愛し合わず**離れ**てしまった人を引きとめられず、わが身は今消え果ててしまうようだ。

関 □**よがれ**［名］①夫が妻のもとに通わなくなること

類 □**あかる**［動］①離れる

018

おこな《ノ》ふ《ウ》

行ふ

動：ハ四

「おこ」は、儀式・仏道修行などの決まった動作。**「なふ」は「…する」という意味**なので、「おこなふ」で「決まった動作をする」という意味になりますが、**仏道修行に限って用いられる**ようになりました。

image 修行する

❶**仏道修行をする・勤行する**

❶**昔、愛宕《あたご》の山に、久しくおこなふ聖《ひじり》ありけり。** 〈宇治〉

訳 昔、愛宕山に、長く**仏道修行をする**聖がいた。

❖京都の愛宕山は、神仏習合の霊地として、比叡《ひえい》山《ざん》と並んで信仰されました。

関 □**おこなひ**［名］①仏道修行 □**おこなひすます**［動］①仏道修行に専念する

類 □**つとむ**［動］①仏道修行をする

019

なやむ

悩む

動：マ四

image 心身が弱る

❶病気になる

②悩み苦しむ

「くた～っとなる」という意味の「なゆ（＝萎《な》える）」からできた語で、現代語のように**「心」が弱ること**だけでなく、**「体」が弱ること**も表します。昔の人は心と体は密接に結びついていたことを知っていたのでしょう。

入試解法　「マイナス㊀の気分や体調」を表す「心地」とともに用いられることも多いです。本当の病気ではなく**「懐妊（によるつわり）」を表す場合もある**ので注意。

❶**三条の太政大臣《おほきおとど》、いみじう悩ませ給ひて、二十六日失《う》せ給ひぬ。**〈栄花〉

訳 三条の太政大臣は、重く病気になりなさって、二十六日にお亡くなりになった。

②**今日、川尻に船入りたちて、漕ぎ上るに、川の水干《ひ》て、悩みわづらふ。**〈土佐〉

訳 今日、河口に船が入り進んで、漕いで上るが、川の水が干上がって、悩み苦しみ難儀する。

関 **御心地も悩ましければ、人に目も見合はせ給はず。**〈源氏〉

訳 ご気分も具合が悪いので、人と目も見合わせなさらない。

関

□**なやみ**［名］　①病気

□**なやまし**［形］　①病気だ・具合が悪い

類

□101 **わづらふ**［動］

□249 **いたはる**［動］

対

□020 **おこたる**［動］

020

おこたる

怠る

動：ラ四

image 病魔が怠ける

❶病気が治る

②油断する・過失を犯す・怠ける

現代語と同じ②「怠ける」の意味もありますが、入試ではほぼ出題されません。❶の意味が頻出！**「病気の原因である悪霊が怠ける」→「病気が治る」**と覚えましょう。ちなみに、昔の病気治療では、医師《くすし》による治療の他、僧侶や陰陽師が悪霊・邪気を祓《はら》う「加持祈祷《かじきとう》」も行われました。

❶**この宮の御心地、さらにおこたらせ給はず。**〈栄花〉

訳 この宮のご病気は、まったくお治りにならない。

②**若くより法華経を読誦《どくじゅ》して、老いに至るまでおこたることなかりけり。**〈今昔〉

訳 若い頃から法華経を読み唱えて、老齢になるまで怠けることがなかった。

関
- □ 310 **おこたり** [名]
- □ **おこたりぶみ** [名] ①謝罪の手紙

021 まどふ ウ

惑ふ　動・ハ四

image バタバタあわてる

❶**途方に暮れる・あわてる**

❷〈動詞の連用形について〉**ひどく…する**

□□□

現代語の「まどう」と同じ、マイナス㊀イメージの「惑ふ」という漢字があたります。現代語よりもっと**バタバタあわてて、途方に暮れる動作**です。一方「まよふ」は心の中で判断がつかない状態を表します。

入試解法 ❷は、**副詞的に「程度が激しい意」を表すなら、文脈に合わせて訳してOK。**

❶**酒宴ことさめて、いかがはせんとまどひけり。**〈徒然〉

訳 酒宴の興がさめて、どうしたらよいだろうかと途方に暮れた。

❷**若き人々は怖ぢまどひければ、**〈堤〉

訳 若い女房たちは（毛虫を）ひどく怖がったので、

関
- □ **まどはす** [動] ①迷わす

022

あり

有り・在り

動：ラ変

image
存在・生

❶存在する・生きている
②言う・行う
③時間が経つ

「**生きている**」**という意味が大変重要**です（▼036ありがたし〈＝生きにくい〉）。よって、「あり」の意味を持つ敬語、「215おはす・おはします」「244はべり」なども「生きている」を表す意味があることに注意してください。

入試解法　構文「**未然形＋…ばこそあらめ、〜**」や、派生した「**あり＋助動詞**」のイディオム類も頻出なのでチェックしてください（下段参照）。

❶**世の中こそ、あるにつけてもあぢきなきものなりけれ。**〈源氏〉

訳 世の中は、生きているにつけてもつまらないものだなあ。

②**よき童《わらは》出《い》で来て、「こなたに入らせ給へ。」とあれば、入り給ひぬ。**〈宇津保〉

訳 上品な女童が出てきて、「こちらにお入りください。」と言うので、お入りになった。

③**三日ばかりありて、漕ぎ帰り給ひぬ。**〈竹取〉

訳 三日ほど経って、（船を）漕いで帰りなさった。

関

□331**あらぬ**〔連語〕
□332**ありし**〔連語〕
□333**ありつる**〔連語〕
□**ありありて**〔連語〕
①生き長らえて
□**ありとある**〔連語〕
①すべての
□**未然形＋…ばこそあらめ、〜**〔連語〕
①…ならよい（悪い）だろうが、〜・…ならともかく、〜

023

ぐす

具す

動：サ変

image
ついてく
つれてく

❶〈自動詞〉ついていく・備わる
❷〈他動詞〉（…を）連れていく・持っていく

「備わること」という意味の漢語「具」＋「す（サ変）」＝「具す」の原義は、**「備わっている」**です。そこから派生した意味は二系統。❶**「ついていく」（自動詞）**か、❷**「（…を）連れていく」（他動詞）**です。

入試解法 **主語や対象が、人か事物かとらえ、**文脈に合うよう具体的に訳しましょう。

❶**この僧に具して、山寺などへ往《い》なんと思ふ心つきぬ。**〈宇治〉

訳 この僧についていって、山寺などへ行ってしまおうと思う心が出てきた。

❷**二百人の軍兵を具して、その国にぞ住みける。**〈宇治〉

訳 二百人の兵士を連れていって、その国に住んだ。

類

□ゐる【率る】［動］

①連れていく

024

やむ

止む

動：マ四

image 自然に終わる

❶終わる

❷死ぬ

□□□

動作主体が自然と消え去るイメージです。四段活用なら自動詞、下二段活用なら「止める」と他動詞です。「命が止む」＝❷「死ぬ」の意になります。

入試解法 現代語訳の出題が意外と多いので、「終わる」を核に、**「動作主体（命・自然現象・病など）」に合わせて訳しましょう。**

❶**あなゆかしのわざや。今日の返り事は見でやみぬるこそ口惜しけれ。**〈落窪〉

訳 ああ見たいことだよ。今日の返事を見ないで終わってしまったのは残念だ。

❷**朽木《くちき》などのやうにて、人に見捨てられてやみなむ。**〈源氏〉

訳 腐った木などのように、人に見捨てられて死んでしまおう。

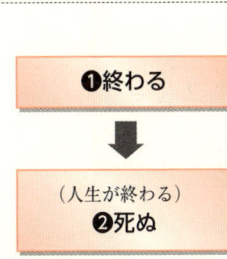

❶終わる

↓

（人生が終わる）
❷死ぬ

025

うつくし

美し・愛し

形：シク

image
カワイイ〜

① いとしい
❷ かわいい
❸ 立派だ

「斎《いっ》く（＝大切にする）」が語源とも言われています。「大切にしたい」という**主観的な気持ちを表す**①（奈良時代の用法）から、平安時代には**対象を評価する**❷❸の意味が登場しました。清少納言は、『枕草子』の中で「小さきものはみなうつくし」と言っていますよ。

入試解法 **「美しい」という意味ではない**ので注意しましょう！ ❸も頻出です。何でも「カワイイ〜」にしないように。

①**父母を見れば尊し妻子《めこ》見ればめぐしうつくし**〈万葉〉

訳 父母を見ると尊い。妻子を見るとかわいらしくいとしい。

❷**三寸ばかりなる人、いとうつくしうてゐたり。**〈竹取〉

訳 三寸（＝約九センチ）くらいの人が、とてもかわいい姿で座っていた。

❸**色濃く咲きたる木の、様態うつくしきが侍りしを、**〈大鏡〉

訳 色濃く咲いている（梅の）木で、枝ぶりが立派な木がありましたのを、

類

□ 030 らうたし［形］
□ 046 かなし［形］
□ 124 うるはし［形］
□ 161 きよらなり・けうらなり［形動］

026

おもしろし

面白し

形：ク

image
パッと晴れ晴れ

❶ 趣がある・美しい
② 楽しい・おもしろい（＝主に中世以降の用法）

「おも」は「おもて〈面〉＝顔」。**「顔がパッと白く輝く感じ」**です。自然の美について言うことが多いのですが、人の気持ちが明るくなるような様子として、現代語と同じ②の意味が生まれたのです。

入試解法 頻出の❶は、**「すばらしい」「風情がある」**などと訳されることもあります。

❶**おもしろき雪かな。いづかたへか向かふべき。**〈著聞集〉

訳 趣がある雪だなあ。どこへ（雪見に）向かうのがよいだろうか。

②**御物語のあまりにおもしろくおぼゆるに、まず引き出物申さん。**〈太平〉

訳 お話があまりにおもしろいと思われたので、まず贈り物を差し上げよう。

関
□**おもだたし**[形] ①光栄だ
□**おもなし**[形] ①あつかましい
□**おもはゆし**[形] ①きまりが悪い

類
□028 **をかし**[形]
□062 **あはれなり**[形動]

対
□050 **すさまじ**[形]

027

なめし

無礼し 形・ク

image ナメた態度

❶無礼だ

□□□

漢字をあてると**「無（な）＋礼（め）し」**、そのまま**「無礼」**という意味になります。現代語の「相手をなめてかかる」「俺をなめるな！」といった言葉はスラング（俗語）のように思えますが、何とこの古語からできた由緒正しい（？）言葉だそうです。意外ですね。

❶**文ことばなめき人こそ、いと憎けれ。世をなのめに書き流したることばの憎きこそ。**〈枕〉

訳 手紙の言葉遣いが無礼な人は、たいそう気に入らない。世の中をいいかげんに（見て）書き流している言葉が憎らしい。

028

を《オ》かし

形：シク

image
カモン！ナイス！

❶ 趣深い・興味深い
❷ 美しい・かわいい
③ おかしい

□□□

「をく〈招く〉」が語源とも言われています。**ぱっと心が開いて「カモン！」とこちらに招きたい感じ**です。「062 あはれなり」のような湿気がなく、カラッとした興味で、「ステキ！」「ナイス！」というニュアンスの言葉です。

入試解法 **『枕草子』は「をかし」の文学**と言われること、**『源氏物語』のテーマが「もののあはれ」**であることは、文学史問題で頻出です。

❶ **四月《うづき》、祭の頃いとをかし。**〈枕〉

訳 四月、祭の頃はたいそう趣深い。

❷ **人は、見目をかしきことをこそ好むなれ。**〈堤〉

訳 世間の人々は、見た目が美しいものを好むのである。

③ **をかしきことを申されければ、君も臣も大いに笑はせ給ひ、**〈平治〉

訳 おかしいことを申し上げなさったので、帝も家臣も大笑いなさり、

関 □**をかしげなり**［形動］
①趣深い様子だ
②かわいらしい様子だ

類 □026 **おもしろし**［形］
□062 **あはれなり**［形動］

! 単に「祭」と言えば今の京都三大祭の一つ、葵《あおい》祭《まつり》のこと。現在は毎年五月十五日に行われますが、これは旧暦の四月にあたります。

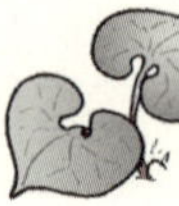

▲葵の葉

029

めでたし

愛で甚し

形：ク

image
MAX ほめたい

❶ すばらしい
❷ 立派だ
③ 祝うべきだ（＝中世以降の用法）

□□□

「愛《め》づ（＝ほめる・好む）」という動詞が語源。現代語でも「梅を愛でる」などと使いますね。形容詞化した「めでたし」は、**「とてもほめたい感じ」という最高の評価**を表す語です。現代語の「めでたいお正月」のような③の意味は中世以降出現しましたが、入試ではほぼ問われません。

❶**十月《かんなづき》ばかりに、木立おほかる所の庭はいとめでたし。**〈枕〉

訳 十月頃に、木立が多い家の庭はたいそうすばらしい。

❷**丹《たん》波《ば》に出《いづ》雲《も》といふ所あり。大《おほ》社《やしろ》をうつして、めでたく造れり。**〈徒然〉

訳 丹波に出雲という所がある。出雲大社を移して、立派に造っていた。

関

□**めづ**［動］

①ほめる・愛する

030 らう《ロウ》たし

労甚し

形：ク

image ラブリー

❶**かわいい**

□□□

「苦労」＋「…甚《いた》し（＝とても）」。とても苦労するけれど、その**苦労が構わないくらい愛さずにいられない気持ち**を表します。「らうたし」は主観的な気持ち、同じ「かわいい」という意味を持つ「**025**うつくし」は客観的な小ささが軸になっています。

❶**子は誰《たれ》とも言はでつきたればこそ、らうたけれ。**〈宇津保〉

訳 子供は誰とも言わないで（＝誰にでも）なつくからこそ、かわいい。

関 **夏虫、いとをかしうらうたげなり。**〈枕〉

訳 夏の虫は、たいそう趣深くかわいらしい様子だ。

関

□**らうたがる**［動］

①かわいがる

□**らうたげなり**［形動］

①かわいらしい様子だ

類

□**025 うつくし**［形］

□**046 かなし**［形］

031

いみじ

忌みじ

形：シク

image パワー強！

❶**すばらしい・立派だ**（などプラス⊕の意味）

❷**ひどい・恐ろしい・不吉だ**（などマイナス⊖の意味）

❸〈連用形「いみじく（う）」で〉**たいそう・とても**

□□□

「忌」とは、**「霊」的パワーが濃い状態。**神社のようなプラス⊕のパワー、幽霊などの"ぞわ〜っ"とするマイナス⊖のパワー、どちらにせよ**「極端」な状態**です。

入試解法 「いみじ」の修飾するものが、**プラス⊕・マイナス⊖どちらを感じる対象か**まずチェックします。次に「かかっている語（被修飾語）」に合わせ、訳を自分で考えましょう。**あまり限定的な訳にならないように注意！**

❶**世の人、いみじき孝子なりとて、世のおぼえ、ことのほかなり。**〈十訓〉

訳 世間の人は、すばらしい親孝行者だと言って、世間の評判は、格別である。

❷**あないみじ。犬を蔵人《くらうど》二人して打ち給ふ。死ぬべし。**〈枕〉

訳 ああひどい。犬を蔵人二人でお打ちになる。死ぬだろう。

❸**浜のさまも、寄せかへる波のけしきも、いみじうおもしろし。**〈更級〉

訳 浜辺の様子も、寄せては返る波の様子も、たいそう趣がある。

いみじ

⊕すばらしい 立派だ ／ ⊖恐ろしい 不吉だ

連用形 ⊕⊖たいそう

類

□037 いたし［形］

□130 ゆゆし［形］

□148 かしこし［形］

032

かたし

難し

形：ク

image ハード

❶**難しい**

❷〈連用形＋「かたし」で〉**…しにくい・…できない**

❸**めったにない・珍しい**

□□□

「かたし」はもともと「型がキッチリしていて、入り込むのが難しい」状態を表したので、現代語と同じ「固い」の意もありますが、❶「**難しい**」の意味が頻出です。また「**連用形＋かたし**」で❷「**…しにくい**」という意味の複合形容詞ができます。

入試解法　「かたし」など「難しい」を意味する語は、「**…できない**」**という否定語としてとらえる**とスッキリ読解できます。

❶**鞠《まり》も、かたき所を蹴《け》出《い》だしてのち、やすく思へば、必ず落つと侍るやらん。**〈徒然〉

訳 蹴鞠も、難しい所を蹴り上げた後、簡単だと思うと、必ず落ちるというようです。

❷**西日もさしかかり、暑く耐へがたしとはおろかなり。**〈大鏡〉

訳 西日もさしかかって、暑く耐えにくい（耐えられない）とは言うまでもない。

❸**才は花、智は実、花実相そなへし人かたし。**〈小心録〉

訳 才能は花、知能は実、花と実をともに備えた人はめったにないよ。

対

□**やすし**［形］　①簡単だ　②安心だ

▲蹴鞠

033 うしろやすし

後ろ安し　形：ク

image　後ろが安らか

❶**安心だ**

「**後ろ安し**」という漢字表記から明らかなように、「**後ろ（背後）に対して安らかな気持ち**」＝「**安心だ**」という意味です。ちなみに、「やすし」＝「安し（安心）」「易し（簡単）」は「休む」が語源なのですよ。

❶**大将を後見《うしろみ》にておはしまさましかば、行く末の御ためどもに、いかにうしろやすからまし。**〈狭衣〉

訳 大将が後見人でいらっしゃったならば、（子供たちの）将来のために、どんなに安心だろう。

類 □126 **こころやすし**［形］

対 □035 **うしろめたし**［形］

❗女性や子供が幸せに暮らせるか否かは、後ろ盾となる男性「後見」の権力の強さにかかっていました。

034

わりなし

理無し　形：ク

image　理屈が無い

❶ **理屈が通らない・無理だ・どうしようもない**
❷ **つらい**
❸ 〈連用形「わりなく（う）」で〉**ひどく**

語源の「理《ことわり》（＝理屈）」が「無い」から、「**理屈が通らない・無理だ**」の意味❶が出現。人は、理屈に合わなくてもプラス⊕のことは気にしませんが、マイナス⊖のことは「理不尽だ！」→❷「**つらい**」と感じます。❸は「**道理が通らないほど→ひどく**」と、程度を強調する働きをします。

入試解法　❶❷の連用形と❸は形が同じになりますが、**他の形容詞・形容動詞などを修飾していれば**❸と判断できます。

❶**心をぞわりなきものと思ひぬる見るものから や恋しかるべき**〈古今〉

訳　心は理屈が通らないものだと思った。（そうでなければ恋人と）会っているのに恋しいということがあろうか、いやない。

❷**ならはぬつれづれのわりなくおぼゆるに、**〈和泉〉

訳　慣れない退屈がつらいと思われるので、

❸**女君はわりなう苦しと思ひ、臥《ふ》し給へり。**〈落窪〉

訳　女君はひどくつらいと思い、横になっていらっしゃる。

関　□**ことわり**［名］　①道理

類　□290 **あやなし**［形］
□**よしなし**［形］　①理由・手段・風情がない　②つまらない

対　□**ことわりなり**［形動］　①当然だ・理屈に合う

035

うしろめたし

後ろ目痛し　形：ク

image　後ろが怖い

❶ **不安だ・気がかりだ**
② **うしろぐらい**（＝現代語）

「後ろ」とは、自分には見えない背中側ですから、人間の弱い部分ですよね。「後ろに誰かいるか気がかりだ（状態）」「将来大丈夫かと心配だ（未来）」などと、**見えないものや状態、見えない未来に対する不安な気持ち**を表す語です。現代語の「良心がとがめる」という意味の「うしろめたい」は②の意味です。

❶**小式部の君、若き人なればうしろめたし。**〈栄花〉

訳 小式部の君は、若い女房なので不安だ。

②**義時《よしとき》、君の御ためにうしろめたき心やはある。**〈増鏡〉

訳 （私）義時は、上皇に対してうしろぐらい気持ちがあるだろうか、いやない。

類
□049 こころもとなし［形］
□151 おぼつかなし［形］

対
□033 うしろやすし［形］
□126 こころやすし［形］

036 ありがたし

有り難し　形：ク

image 存在・生難しい

❶めったにない・すばらしい（プラス⊕の意味）

❷生きていくのが難しい（マイナス⊖の意味）

□□□

「有ることが難しい」ということから、**「めったにないほどすばらしい」という「奇跡」**を表します。「022 あり」には「生きている」という意味があるので、❷の意味も出現しました。

❶**ありがたきもの。舅《しうと》にほめらるる婿。**〈枕〉

訳 めったにないもの。妻の父にほめられる婿。

❷**世の中は、ありがたくむつかしげなるものかな。**〈源氏〉

訳 世の中は、生きていくのが難しくわずらわしいものだなあ。

関
□022 あり［動］
□032 かたし［形］

類
□129 めづらし［形］
□ けうなり［形動］ ①めったにない

037

いたし

甚し・痛し

形：ク

image
イタイ！
スゴイ！

❶ **苦痛だ・ひどい**（などマイナス⊖の意味）

❷ **すばらしい・立派だ・いとしい**（などプラス⊕の意味）

❸ 〈連用形「いたく（う）」で〉**ひどく・とても**

プラス⊕・マイナス⊖どちらの文脈でも使います。**「痛し」**と置き換えられるときは❶、**「甚し」**と置き換えられるときは❷❸の意味です。「030らうたし」「274こちたし」のように、**接尾辞「たし」**として使われるときは❸の意味になります。

入試解法 **「いといたく(う)」**という形が出た場合、「いと」も「いたく」も似た意味ですが、**「たいそうひどく⊖（はなはだしく⊕）」など二語とも訳します。**

❶ **「胸のいたく侍れば。」と息の下に言ふ。**〈落窪〉

訳 「胸が苦しいものですから。」と息も絶え絶えに言う。

❷ **いにしへのこと知り給へるこそ、いたきわざなれ。**〈増鏡〉

訳 昔のことをご存じでいらっしゃるのは、すばらしいことです。

❸ **后《きさい》の宮もいといたう泣き給ふ。**〈大和〉

訳 后の宮もたいそうひどく泣きなさる。

関 □192 いたく…打消［副］

類 □031 いみじ［形］ □130 ゆゆし［形］ □148 かしこし［形］

痛《いた》し → ❶苦痛だ

甚《いた》し → ❷すばらしい ❸（連用形）とても

038

むつかし

形：シク

image
イライラ
不快

❶ **わずらわしい・不快だ**

❷ **気味が悪い**

「赤ちゃんがむずかる」と言うときの「むずかる」同様、「不快」という意味です。思い通りにならず、**イライラと不快なマイナス㊀の気分**を表します。

入試解法 **「難しい」と解釈してはいけません。**なお、古文で「難しい」を表す語は、**032**「かたし〈難し〉」です。

❶**世の中の腹立たしう、むつかしう、片時あるべき心地もせで、**〈枕〉

訳 世の中が腹立たしく、わずらわしく、片時も生きていられる心地もせず、

❷**遅桜、またすさまじ。虫のつきたるもむつかし。**〈徒然〉

訳 遅咲きの桜も、また興ざめだ。虫がついているのも気味が悪い。

関 □**むつかる**［動］ ①不快に思う

039 とし

疾し

形：ク

image スパッ！とはやい

❶はやい

刃物を「研《と》ぐ」の「と」と同語源です。**スパッと疾走するイメージ**で、スピードが「速い」、時間が「早い」の両方の意味で用いられます。

入試解法 「あなと（＝ああはやいこと）」と**「語幹用法」の訳を出題されるとわかりづらい**ので注意しましょう（▼ p.98）。

❶**用ありて行きたりとも、そのこと果てなば、とく帰るべし。**〈徒然〉

訳（人の家に）用事があって行ったとしても、その用事が終わったら、はやく帰るのがよい。

❶**「あなと。」とほほゑみて、硯《すずり》召し出《い》づ。**〈紫〉

訳（紫式部が歌を詠むのが）「ああはやいこと。」とほほえんで、（道長様は）硯をお取り寄せになる。

！特に連用形「とく（＝はやく）」という副詞的な用法で頻出です。ちなみに卒業式の定番『仰げば尊し』の一節「思えばいととしこの年月」は「思えばとてもはやい。この年月は。」という意味で、古語「とし」が使われていますよ。

040 すごし

凄し　形・ク

image ゾッとする

❶ 物寂しい（マイナス⊖の意味）
❷ 恐ろしい・気味が悪い（マイナス⊖の意味）
③ すばらしい（プラス⊕の意味）

「すごし」は、もともと**「寒くてゾッとするような感じ」**を表しました。現代語と同じようにプラス⊕・マイナス⊖両方で使う語ですが、現代語ではプラス⊕の意味で多く用いられるのに対して、**古語ではマイナス⊖の意味が頻出**です。プラス⊕の③も「(ゾッとするほど)すばらしい」というニュアンスで用いられます。

入試解法　現代語との意味のズレが大きい❶❷がよく狙われます。

❶**琴《きん》を少しかき鳴らし給へるが、我ながらいとすごう聞こゆれば、**〈源氏〉

訳 琴を少しかき鳴らしなさったのが、我ながらたいそう物寂しく聞こえるので、

❷**霰《あられ》降り荒れて、すごき夜のさまなり。**〈源氏〉

訳 霰が降り荒れて、恐ろしい夜の様子だ。

③**おもしろき折にあひて、あはれすごう、これも世になく聞こゆ。**〈宇津保〉

訳 (笛の音が)趣深い時節にあって、しみじみとした趣がすばらしく、これもこの上なく聞こえる。

❗「すごし」のように、本来マイナス⊖の言葉がプラス⊕の意味を持つことは、古語に限った現象ではありません。例えば「ヤバい」は、本来マイナス⊖の状況を表す俗語でしたが、近頃プラス⊕の意味でも使いますよね。「恐ろしい」という意味の英語〈awesome〉も、アメリカの若者の間で「ヤバい⊕」という意味で使われています。

041 うし

憂し　形・ク

image うんざり・憂鬱

❶ つらい・情けない
❷ 〈動詞の連用形について〉…しづらい・…するのがいやだ

「倦《う》む（=うんざりする）」が語源とも言われ、自分の思い通りにならず、**〈主観的〉に憂鬱でつらい気持ち**を表します。「**042**つらし」は、他人の言動などが薄情だという〈客観的〉な評価になることが多い語です。

入試解法 「つらい・情けない・いやだ」など、**前後に合わせて柔軟に訳しましょう。**

❶**さまざまに思ひ乱るるにも、身のうきこと限りなし。**〈源氏〉

訳 さまざまに思い乱れるにつけても、わが身のつらいことはこの上ない。

❷**風いと涼しくて、帰りうく若き人々は思ひたり。**〈源氏〉

訳 風がたいそう涼しくて（気持ちがよく）、帰るのがいやだと若い人々は思っている。

関 □**うさ**［名］ ①つらさ

類 □**144わびし**［形］ □**からし**［形］ ①つらい

! 「ものうし」「こころうし」など、接頭辞がついた形も頻出です。

042 つらし

辛し 形・ク

image つらいほど薄情

❶**薄情だ**
②**つらい**

まず**主観的に「つらい」**という思いがあり、自分にその思いをさせる対象に対して、**客観的に❶「薄情だ」**と評価する意を主に用いるようになりました。

入試解法 「**041**うし」にも「つらい」という主観的な意味がありますが、**「つらし」は❶の客観的意味が狙われます。**

❶**わがためにつらき人をばおきながら何の罪なき世をば恨みむ**〈詞花〉

訳 私に対して薄情なあなたを差し置いて、どうして罪もない世の中を恨もうか。

②**いみじうつらくて涙の落ちぬべきを、人目につつめば強ひて紛らはして、**〈源氏〉

訳 とてもつらくて涙が落ちてしまいそうなのを、人目を遠慮するので無理に紛らわして、

043 あやし

怪し・賤し・奇し

形：シク

image ヘン

❶ 不思議だ・変だ
❷ 不都合だ・けしからん
❸ 粗末だ・見苦しい・身分が低い

❶は現代語「怪しい」とほぼ同じ意味ですね。**変なものは不都合**なので❷の意味が派生しました。また、言葉の意味は、ハイクラスの人によって決められることが多いのですが、お上品な人は**「粗末なもの」**に**「変だ」と違和感を感じる**ことから、現代語にない❸の意味も生まれました。

入試解法 ❸の意味の出題率が最も高く、「あやしの衣《きぬ》」「あやしの家」など、**語幹用法**（▼p.98）でもよく用いられます。

❶ **盗人あやしと思ひて、連子《れんじ》よりのぞきければ、**〈今昔〉

訳 盗人は不思議だと思って、格子窓からのぞいたところ、

❷ **遣戸《やりど》を荒く立て開くるも、いとあやし。**〈枕〉

訳 引き戸を荒っぽく開けるのも、たいそうけしからん。

❸ **あやしき家の見所もなき梅の木などには、かしがましきまでぞ鳴く。**〈枕〉

訳 （ウグイスは）粗末な家の見所もない梅の木などでは、うるさいほど鳴く。

類

- □ 044 いやし［形］
- □ 146 けし［形］
- □ いぶかし［形］ ①気がかりだ ②不審だ
- □ くすし［形］ ①（神秘的で）不思議だ

対

- □ 045 やむごとなし［形］
- □ 065 あてなり［形動］

□□□

044 いやし

卑し・賤し

形：シク

image 低俗

❶ 身分が低い
❷ 粗末だ・みすぼらしい

□□□

古語の「いやし」はもともと**身分についてのマイナス**⊖を表し、❶「**身分が低い**」という意味の語です。身分が低い人の所有物は❷「**みすぼらしい**」ものでした。後に現代語の「いやしい」(「くいしんぼう」や「下品」のニュアンス)が派生しましたが、この意味は出題されません。

❶**高きもいやしきも、肝魂《きもだましひ》を失つて、四方へ皆退散す。**〈平家〉

訳 身分が高い人も身分が低い人も、正気を失って、あちこちに皆逃げ散る。

❷**たけ高き童《わらは》の痩せたるが、いやしき布衣《ほい》一つを着て、**〈今昔〉

訳 背の高い童で痩せている童が、みすぼらしい衣を一枚着て、

対
□ 045 やむごとなし [形]
□ 065 あてなり [形動]

045 やむ《ン》ごとなし

止む事無し

形:ク

image
敬意が止まない

❶大切だ・貴重だ
❷高貴だ・尊い

□□□

「やんごとなし」と表記されることもあります。漢字をあてると「止む事無し」。**敬意を注ぐことを止められないほど対象がプラス**⊕だという際に用いる語。しかも、「第一級のプラス⊕」を表す語です。

入試解法 **身分がとてもプラス**⊕という意味で用いる❷が頻出です。

❶**よろづにその道を知れる者は、やむごとなきものなり。**〈徒然〉

訳 どのようなことでもその道を熟知している者は、貴重なものである。

❷**やむごとなき人の隠れ給へるも、あまた聞こゆ。**〈方丈〉

訳 高貴なお方がお亡くなりになったということも、多く伝わってくる。

対
□ 043 あやし [形]
□ 044 いやし [形]

046 かなし

愛し・悲し

形：シク

image 哀しさは愛しさ

❶ かわいい・いとしい（プラス⊕の意味）
❷ 心ひかれる（プラス⊕の意味）
③ 悲しい・かわいそうだ（＝現代語・マイナス⊖の意味）

□□□

「自分ではどうしようもないほどの切なさ」を表す語です。相手の幸せを願うと、自分の思い通りにいかず悲しいこともある、それが本当に「いとしい」ということ…。古語って深いですね。

入試解法 入試問題では❶が最頻出ですが、③も文中では多く使用されます。「かわいがる」という意味の動詞「かなしうす」「かなしがる」も狙われますので、注意してください。

❶ **父母にもあひ見ず、かなしき妻子《めこ》の顔をも見で、死ぬべきこと。**〈源氏〉

訳 父母にも会わず、かわいい妻子の顔をも見ないで、死なねばならないことよ。

❷ **みちのくはいづくはあれど塩釜《しほがま》の浦こぐ舟の綱手かなしも**〈古今〉

訳 陸奥では、他の場所はともかく、特にこの塩釜の浦を漕ぐ舟の綱手（を引いていく光景）に心ひかれるよ。

③ **たえがたくかなしくて、しくしくと泣くよりほかのことぞなき。**〈建礼門院〉

訳 我慢できないほど悲しくて、しくしくと泣く以外のことはない。

関
□かなしうす 動
①かわいがる

類
□025 うつくし 形
□030 らうたし 形
□053 いとほし 形

047 おとなし

大人し

形：シク

image 外面・内面が大人

❶ 年輩だ（外面的）
❷ 思慮分別がある・ものの心得がある（内面的・プラス⊕の意味）

□□□

外面的な「実際に大人である→❶年輩だ」という意味と、内面的な「大人にふさわしい性質を持っている→❷思慮分別がある」という意味の二つの系統があります。❷のような人は、たいてい無駄なことを言わないので、現代語の「おとなしい」が生まれました。

❶**おとなしく物知りぬべき顔したる神官を呼びて、**〈徒然〉

訳 **年輩で**物事に通じていそうな顔をしている神官を呼んで、

❷**おとなしく静やかなるけはひにて、ものなど言ふ、くちをしからざなり。**〈更級〉

訳 **思慮分別があり**静かな雰囲気で、ものなどを言う（様子は）、好ましい。

関
□**おとな**［名］
①成人式（元服♂・裳着♀）が済んだ人
②古参の女房・長老

類
□**をさをさし**［形］
①大人びている
②思慮分別がある

対
□060**いはけなし**［形］

048

こころづきなし

心付き無し　形・ク

image ピタッとこない

❶**気にくわない・不愉快だ**（マイナス⊖の意味）

□□□

「心付き無し」という漢字のごとしで、**「心にピタッとこない」**という意味です。「付き」の「ぴったり付く」というイメージをとらえると、「051つきづきし（とてもピタッと付く）」→「似つかわしい」、「つきなし（ピタッと付かない）」→「似つかわしくない」と派生させて意味を覚えていけます。

❶**黄ばみたる単衣《ひとへ》など着たる人は、いみじう心づきなし。**〈枕〉

訳 黄ばんでいる単衣などを着ている人は、たいそう**気にくわない**。

❖平安時代、貴族は下着として一番下に一枚仕立ての単衣（ひとえ）、その上に衵（あこめ）を着ました。

関
□051**つきづきし**［形］
□**つきなし**［形］
①似つかわしくない

類
□038**むつかし**［形］
□**こころやまし**［形］
①不愉快だ

049

こころもとなし

心許無し

形：ク

image 心ここにあらず

❶じれったい・待ち遠しい（プラス⊕の意味）
❷不安だ（マイナス⊖の意味）
❸ぼんやりしている

落ち着かずにドキドキして、**「心の中心（もと）がここにない感じ」**を表す言葉です。初めてのデート→「彼女来るかな？」ウロウロ→❶**「じれったい」**。受験の結果待ち→「早く決まってほしい！」ソワソワ…→❷**「不安だ」**など、「気持ちがコントロールできずに揺れ動く」ときに使います。

入試解法 ❶と❷が頻出です。**プラス⊕の文脈では❶、マイナス⊖の文脈では❷**を選ぶとよいでしょう。

❶**年ごとにたまはる足利《あしかが》の染物、心もとなく候ふ。**〈徒然〉

訳 毎年いただく足利の染め織物が、待ち遠しいことです。

❷**心もとなき日数重なるままに、白河の関にかかりて、旅心定まりぬ。**〈奥〉

訳 不安な日々が続くうちに、白河の関にさしかかり、旅に徹する心が定まった。

❸**花びらの端に、をかしき匂ひこそ、心もとなうつきためれ。**〈枕〉

訳（梨の花は）花びらの端に、趣深い色つやが、ぼんやりとついているようだ。

関 □**こころもとながる**［動］
①じれったく思う

❗例文❸の「ためれ」は もともと「たるめれ」。「たんめれ」と撥音便化し、さらに撥音「ん」が無表記となったものです。

050

すさまじ

凄まじ・す冷まじ

形：シク

image 心が冷める

❶興ざめだ・しらける
❷殺風景だ・荒涼としている

「心や場がす〜っと冷めてしらける＝**興ざめする気持ち**」を表す語です。期待はずれだったりしっくりこなかったときの不快感を表します。

入試解法　おおむね**心情は❶**、**風景は❷**で訳せます。現代語と同じ「すさまじい・激しい」の意ではほとんど用いられません。

❶**法師のむげに能なきは、檀那《だんな》すさまじく思ふべし。**〈徒然〉

訳　法師でまったく芸がない者は、施主が**興ざめだ**と思うだろう。

❷**影すさまじき暁月夜《あかつきづきよ》に、雪はやうやう降り積む。**〈源氏〉

訳　光が**荒涼としている**夜明け前の月景色に、雪はだんだん降り積もっていく。

関　□248 **すさぶ**［動］
□**すさまじげなり**［形動］　①興ざめに見える

類　□040 **すごし**［形］

対　□026 **おもしろし**［形］
□028 **をかし**［形］
□062 **あはれなり**［形動］

051 つきづきし

付き付きし　形：シク

image ピッタリ！

❶**似つかわしい・ふさわしい**（プラス⊕の意味）

□□□

「〇〇し」と同じ要素が二つ重なる形容詞は、「**とても〇」というニュアンス**です。漢字をあてると類推しやすいので、「つき」に「付き」と漢字をあててみると、「**とても付いている**」→「**ピッタリ！**」というイメージが湧きます。「似つかわしい・ふさわしい」など、対象に合わせて訳します。

❶**霜のいと白きも、またさらでも、いと寒きに、火など急ぎおこして、炭持て渡るも、いとつきづきし。**〈枕〉

訳　（冬の早朝）霜がたいそう白いのも、またそうでなくても、とても寒いときに、火などを急いでおこして、炭を持って行くのも、たいそう**似つかわしい**。

関　□048 **こころづきなし**［形］
□**つきなし**［形］　①似つかわしくない

052

あさまし

浅まし

形：シク

image
お口
アングリ！

❶ **驚いたことだ**（主にマイナス⊖の意味）

❷ **あきれたことだ・情けない**

❸ 〈連用形「あさましく（う）」で〉**ひどく・とても**

入試解法

「事の意外さに驚きあきれる」という意味の動詞「あさむ」が語源。**口をアングリ開けてしまうようなマイナス⊖のイメージ**の言葉です。相手に対して、**「浅いねぇ！」と見下げるときに使う**ので、たいていはあまりよい驚きではありません。

多く**「驚きあきれたことだ」**と訳す語ですが、「驚いたことだ」と「あきれたことだ」を判別させる問題も（中央大）。文脈のプラス⊕・マイナス⊖に着目！

❶ **かかる人の、撰集《せんじふ》承りておはするは、あさましきことかな。**〈宇治〉

訳 このような（未熟な）人が、勅撰集の編集をお受けしていらっしゃるとは、驚いたことだなあ。

❷ **もののあはれも知らずなりゆくなん、あさましき。**〈徒然〉

訳 物事の情趣もわからなくなっていくのは、情けない。

❸ **あさましく対面せで月日の経にけること。**〈伊勢〉

訳 ひどく（長い間）会わずに月日が経ってしまったことよ。

関

□**あさましがる・あさむ**［動］

①驚きあきれる

□**あさましくなる**［連語］

①死ぬ

053

いとほ《オ》し

厭ほし

形：シク

image
かわいそう
（涙）

❶ **気の毒だ・かわいそうだ**（マイナス⊖の意味）

② **かわいい**（＝現代語・プラス⊕の意味）

他人に同情して気の毒がる❶（㊀）から②（㊉）に派生しました。ちなみに「哀れみは恋に似ている（Pity is akin to love.）」という英文を、夏目漱石は「可哀想だた惚《ほ》れたって事よ」と訳しました（『三四郎』）。「いとほし」の意味の変遷（❶→②）そのままの名訳ではありませんか。

❶**見るに、打《ちやう》ぜんこといとほしくおぼえければ、**〈宇治〉

訳（老人を）見ると、打ちたたくことが気の毒だと思われたので、

②**去りがたき妻《め》、いとほしき子を振り捨てて、**〈撰集〉

訳 離縁しがたい妻や、かわいい子供を振り捨てて、

関 □**いとほしがる**［動］ ①気の毒がる

類 □046 **かなし**［形］

054 ゆかし

行かし・床し

形：シク

image 行きたい！

❶**行きたい・見たい・聞きたい・知りたい**
❷**心ひかれる**

□□□

人だかりがして楽しそうな雰囲気があると、そちらに行きたいですよね。「ゆかし」の語源「行かし」は、よいことがありそうだから、そちらに❶**「行きたい」**。また、それほど❷**「心ひかれる」**という意味です。

入試解法 ❶は対象によって**「見る・聞く・知る」などを考えて訳す**必要があります。

❶**「いかなる人の、かく弾きゐたるらむ。」と、わりなくゆかしけれど、**〈堤〉

訳「どのような人が、このように（琴を）弾いていたのだろう。」と、ひどく知りたいけれど、

❷**山路来て何やらゆかしすみれ草**〈野ざらし〉

訳 山道を歩いてきて、何となく心ひかれるすみれの花だよ。

関 □**ゆかしがる**［動］ ①…したがる
□**ゆかしげなり**［形動］ ①…したそうだ

類 □061 **なつかし**［形］
□286 **こころにくし**［形］

055

よし

良し・好し・善し

形：ク

image

絶対的によい

❶**よい・優れている**

❷**身分が高い・教養がある**

入試解法

「よし」は**絶対的評価**を表す語で**「最高」**を意味します。**「056よろし」との違い**をおさえましょう。

❷の意味は、**「身分」「教養」**など、どんな点でよいのかはっきりする文脈で出題されるので、**前後関係に注意して具体的に訳す**ことが求められます。

❶**夜は、きららかに華やかなる装束、いとよし。**〈徒然〉

訳 夜は、きらびやかで華やかな衣服が、たいそう**よい**。

❷**中ごろは、よき人々、市に行きてなむ色好むわざはしける。**〈大和〉

訳 そう遠くない昔は、**身分が高い**人々も、市に出かけて色好みな行いをした。

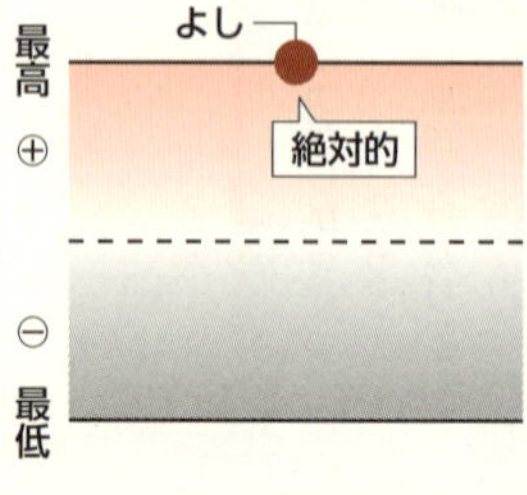

056

よろし

宜し

形：シク

image

相対的によい

❶**悪くない**（などのプラス⊕の意味）

❷**普通だ・ありふれている**（などのマイナス⊖の意味）

「よろし」は**相対的評価**を表す語です。たいてい**プラス⊕の意味❶**になりますが、現代語の「悪くない（＝まあまあだ）」という言葉と同じように、場合によっては**マイナス⊖の意味❷**になることもあります。

入試解法 **前後の文脈からプラス⊕・マイナス⊖をつかんで解釈**しましょう。

❶**よろしき姿したる者、ひたすらに家ごとに乞《こ》ひ歩く。**〈方丈〉

訳 悪くない身なりをした者が、（飢えて）ひたすら一軒ずつ（食糧を）乞うて回る。

❷**春ごとに咲くとて、桜をよろしう思ふ人やはある。**〈枕〉

訳 毎年春に咲くからといって、桜を普通だと思う人がいるだろうか、いやいない。

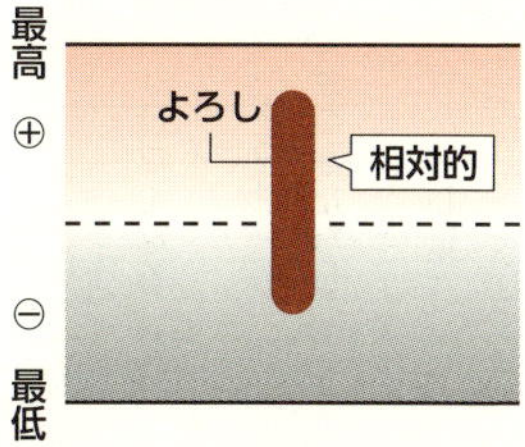

057 わろし

悪し

形：ク

image 相対的に悪い

❶よくない

「わろし」も**相対的評価**を表す語です。「悪い」と訳すと、絶対的に「悪い」という「058あし」の意味でとらえられてしまいます。**「よくない」と訳す**ように気をつけましょう。

❶**九月《ながつき》ばかりの頃なれば、このごろ鳥の味はひ、いとわろし。**〈宇治〉

訳 九月頃の時節なので、このごろ鳥の味わいが、たいそうよくない。

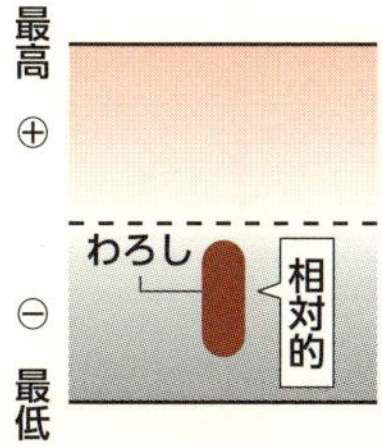

058

あし

悪し

形：シク

image

絶対的に悪い

❶ **悪い**

「あし」は**絶対的評価**を表す語で**「最低」**を意味します。現代語でも「あしき前例を作る」などと使いますね。**「055よし」と対になる**ことと、**「057わろし」との違い**についておさえておきましょう。

❶**わが子をしも、かく情けなく踏むは、いとあしきことなり。**〈宇治〉

訳 わが子を、このように情け容赦なく踏むのは、たいそう悪いことである。

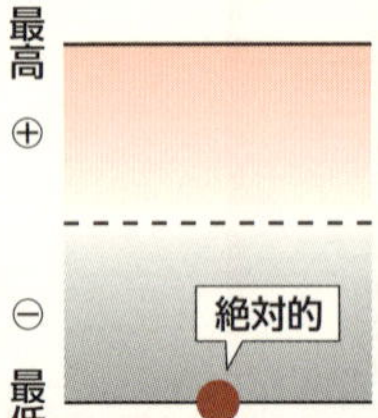

059

かひ《イ》なし

甲斐無し

形：ク

image

価値なし

❶ **無駄だ・どうしようもない**

「かひ」とは、「替ふ・交ふ」から生まれた言葉で、**「交換する価値」**のこと。つまり、**「かひなし」**とは、ずばり**「価値がない」**。現代語「甲斐がない」の「甲斐」という漢字は中世以後にあてるようになりました。

❶**泣き顔作り、けしき異《こと》になせど、いとかひなし。**〈枕〉

訳 泣き顔を作って、様子もただならないようにするけれど、まったく無駄だ。

関

□**かひなくなる**［連語］

①死ぬ

類

□292**ずちなし**［形］

□**せむかたなし**［形］

①どうしようもない

□**せんなし**［形］

①どうしようもない

060 いは《ワ》けなし

稚け甚し

形：ク

image 幼稚

❶ 幼い

「いはけ・いとけ・いとき（幼少）＋甚し」＝「幼い」。いろいろな形で出てきますが、ざっくりまとめて覚えておきましょう。「いはく」という動詞（カ行下二段）も、「子供っぽい」の意味だと類推できますね。

❶**いはけなきほどより、学問に心を入れて侍りしに、**〈源氏〉

訳 幼い頃から、漢学に熱心に打ち込んでおりましたが、

関 □**いはく**［動］ ①子供っぽい

類 □**きびはなり**［形動］ ①幼い

対 □047 **おとなし**［形］

□□□

061 なつかし

懐かし

形：シク

image なつきたい

❶ 心ひかれる・好ましい

動詞「なつく」を形容詞化した語で**「自然に心がひかれてしまう状態」**を表します。そのように「心が引き寄せられてしまう魅力的なもの」に対して使う語です。**「懐かしい」という意味では使わない**ので注意。

❶**御前近き橘《たちばな》の香のなつかしきに、ほととぎすの二声ばかり鳴きて渡る。**〈源氏〉

訳 お庭先に近い橘の香りが心ひかれる折に、ほととぎすが二度ほど鳴いて飛んでいく。

❖橘の花の香りは、「昔の恋人を思い出させるもの」という和歌的常識がありました。

類 □054 **ゆかし**［形］ □286 **こころにくし**［形］

▶橘とホトトギス

□□□

問一　傍線部の現代語訳として最も適当なものを選びなさい。

基①仏は御法をならひ**おこなふ**をこそ、本意とはおほせられためれ。〈南山大／閑居友〉

ア 勤行する　**イ** 実行する　**ウ** 旅行する
エ 催行する　**オ** 運行する

基②おのれが**あやしのいほり**に、このごろ花おもしろく侍るを、御覧ぜさせに御迎へに参りたる。〈中央大／浜松中納言物語〉

ア 驚くほど立派な隠居所　**イ** おごそかな山荘
ウ 人目につかない隠れ家　**エ** 粗末な仮小屋

問二　傍線部を現代語に訳しなさい。

基③夢のうちにもいみじうかしこまり申すと思すに、**おどろき**たまひて、〈立教大／大鏡〉

基④こまかにうつくしき面様《おもやう》の、化粧をいみじくしたらむやうに、赤く**にほひたり**。〈山口大／源氏物語〉

標⑤女は**いみじき**心ありければ、諸天の加護を蒙《かうぶ》りて、すなはち国主の妻室となりぬ。〈愛媛大／源平盛衰記《げんぺいじょうすいき》〉

標⑥見もしらぬ草のあやしきをば、**名もゆかしくて**問ふに、〈京都府立大／山家記《さんかき》〉

標⑦冬の夜の月は、昔より**すさまじきもののためし**にひかれてはべりけるに、〈千葉大／更級日記〉

難⑧《夫が女性と一緒に旅先から京に戻ってくると聞いた妻の言葉》「**殿の人を具して上らせ給ふなるに**、御まうけせよ。」〈鹿児島大／鑑草《かがみぐさ》〉

入試解法

① 【018 **おこなふ**】「仏」「御法」という言葉から「仏道修行」＝「勤行」とつかめます。「仏」とは、この場合は、仏像やお釈迦さまのことではなく、「悟りを開いた人」という意味です。「法」は「法律」という意味ではなく、仏教語で「仏教・仏法・仏事」などの意味で用いられます。

② 【043 **あやし**】この「あやし」はシク活用形容詞の「語幹」（p.98）です。シク活用の語幹は終止形と同形なので要注意。「語幹＋の」で、体言を修飾し、連体形と同じ働きをします。「いほり（庵）」にかかっているので「みすぼらしい」と解釈しましょう。大臣が、自らの豪邸を卑下して、「粗末な仮小屋」と言うシーンです。

③ 【005 **おどろく**】「夢」という語があるので、「目を覚ます」の意。「おどろく」に着目すると「夢」が終わったことがわかります。「夢」の内容は【　】に入れて、範囲を明らかにしましょう。また「夢」は「非現実の出来事でありながら、現実に起きることに対しての解釈になる」性質があることは、読解のヒントになります。

④ 【002 **にほふ**】「うつくし」「化粧」「赤く」から、「にほふ」が視覚的な美しさを表しているとつかみましょう。

問三　空欄Xに入る最も適当な語を選びなさい。

難⑨《中納言が美しい后を物陰からこっそり見つめている場面》

后《きさき》、御簾《みす》をおろして入り給ひぬ。［X］なかなかに、半ばなる月を見る心地するに、

〈早稲田大／浜松中納言物語〉

ア あかず　**イ** うれしく　**ウ** あはれに

エ なつかしく　**オ** つきづきしく

現代語訳・解答

①悟りを開いた人は仏法を学びァ**勤行する**ことを、本来の志とおっしゃったようだ。

②私のェ**粗末な仮小屋**に、最近花が美しく咲いていますので、お目にかけようとお迎えに参りました。

③夢の中でもたいそう恐縮し申し上げているとお思いになったときに、**目を覚まし**なさって、

④繊細でかわいらしい顔だちが、化粧を念入りにしたように、赤く**美しく照り輝いている**。

⑤女は**立派な**心があったので、天上界の神々のご加護を身に受けて、すぐに国主の妻となった。

⑥見知らぬ草で不思議な草を、**名前も知りたくて**（人に）尋ねると、

⑦冬の夜の月は、昔から**興ざめなものの例**として引用されておりますので、

⑧「**殿が人を連れて上京なさるそうなので**、ご準備をしなさい。」

⑨后は、御簾を下ろして（中に）お入りになってしまった。（中納言は）ァ**満ち足りず**、半分欠けた月を見る思いがするので、

---

⑤【031 **いみじ**】接続助詞「ば」は「順接（↓）」で、前後に矛盾がありません。「ば」の後ろに「加護」「国主の妻室となりぬ」とプラス⊕の記述があるので、「いみじ」もプラス⊕だとわかります。そのような結果につながる原因となるよう、「立派な」「殊勝な」などと訳します。

⑥【054 **ゆかし**】「名も」につながるように「知りたい」と訳します。

⑦【050 **すさまじ**】「すさまじ」は「スッと冷めてしまう感じ」なので、「興ざめだ」と訳します。「ためし」は「例」という意味です。

⑧【023 **ぐす**】「具す」は自動詞・他動詞の区別をつけましょう。「を」があるので、「連れていく」になります。「殿の」の「の」は主格で、「せ給ふ」は最高敬語（p.185）ですが、会話文ではさほど高位でない人物に対しても使用します。「なる」は、接続からは断定・伝聞のどちらでもとれますが、《　》内の状況から、夫の帰京を人から聞いたことがわかるので、「伝聞」で訳します。

⑨【015 **あく**】「美しい后⊕」を見ているのに「かえって（なかなかに）」「半分の月⊖」を見るように感じられるという文章なので、「満足できない」という意味の「あかず」が入ります。

062

あは《ワ》れなり

形動：ナリ

image
しみじみ感動

❶しみじみと趣深い（などのプラス⊕の意味）

❷しみじみと悲しい（などのマイナス⊖の意味）

入試解法

「ああ、はれ」という**「しみじみとした感動」**を表す言葉が語源で、人の優しさ、夕日の美しさ、失恋の悲しさなどが胸にしみる気持ちです。**⊕⊖をチェック**することと**「しみじみ」をつける**のがポイント！「かわいい」「いとしい」「気の毒だ」「哀れだ」など文脈に応じて、柔軟に訳します。江戸時代の国学者・本居宣長によって**『源氏物語』**のテーマが**「もののあはれ」**だと提唱されたことも必須知識です。

❶**月のいと明かきおもてに薄き雲、あはれなり。**〈枕〉

訳 月のたいそう明るい面に薄い雲（がかかっているのは）、しみじみと趣深い。

❷**中納言悩みて失《う》せぬ。いといとほしうあはれなり。**〈増鏡〉

訳 中納言が病気になって亡くなった。たいそう気の毒でしみじみと悲しい。

関 **若葉の、梢《こずゑ》涼しげに茂りゆくほどこそ、世のあはれも、人の恋しさもまされ。**〈徒然〉

訳 若葉が、梢が涼しそうに茂っていく頃は、この世のしみじみとした感動も、人の恋しさも強まっていく。

関

□**あはれ**［名・感］ ①しみじみとした感動・悲しみ ②ああ

□**あはれがる**［動］ ①感心する ②気の毒がる

□**あはれむ**［動］ ①めでる ②気の毒に思う

類

□026 **おもしろし**［形］

□028 **をかし**［形］

063

おろかなり

疎かなり

形動：ナリ

image
スキマが多い

❶おろそかだ・いいかげんだ

②愚かだ（＝現代語）

064

を《オ》こなり

痴なり

形動：ナリ

image
おバカ

❶愚かだ

人口が少ないという意味の「過疎」という言葉がありますが、「疎《おろ》か」はそのように**スキマが多くバラバラな感じ**を表す語です。「行動・心」にスキマが多いなら❶**「おろそかだ」**の意味になりますし、「脳みそ」にスキマが多いなら現代語と同じ②**「愚かだ」**という意味になります。

「をこ」は**「痴」**＝**「愚かなこと」**で、マイナス⊖の意味です。ちなみに「尾籠」と書くこともあり、それを「びろう」と読むようになって、「無礼だ・汚い」という意味で今も使います。「びろうな話で恐縮ですが…」と切り出されれば、「あまり聞きたくない話が来るな～」と予想できますよ。

❶**帝の御使ひを、いかでか<u>おろかに</u>せむ。**〈竹取〉

訳 帝のご使者を、どうして<u>おろそかに</u>もてなそうか、いやしない。

②**至りて<u>おろかなる</u>人は、たまたま賢《けん》なる人を見て、これを憎む。**〈徒然〉

訳 きわめて<u>愚かな</u>人は、たまたま賢い人に会うと、この人を憎む。

❶**君達《きむだち》は元輔《もとすけ》がこの馬から落ちて、冠落としたるをば<u>をこなり</u>とや思ひ給ふ。**〈今昔〉

訳 あなた方は（私）元輔がこの馬から落ちて、冠を落としたのを<u>愚かだ</u>と思いなさるのか。

❖「元輔」とは清原元輔のこと。『後撰《ごせん》和歌集』の撰者グループ「梨壺《なしつぼ》の五人」の一人にも選ばれた有名歌人で、清少納言の父でもあります。

関

□**いふもおろかなり** [連語]

①言うまでもない

＊「Xといふもおろかなり」＝「とてもXだ」とパラフレーズすると、文脈がスッキリします。

類

□**なほざりなり** [形動]

①いいかげんだ

関

□**をこがまし** [形]

①馬鹿らしい

類

□**びろうなり** [形動]

①無礼だ

②馬鹿げている

対

□148 **かしこし** [形]

□152 **さかし** [形]

□□□

065

あてなり

貴なり

形動：ナリ

image

高貴で上品

❶ 高貴だ
❷ 上品だ・優雅だ

□□□

「あて」＝「貴」 と覚えると、派生語がたくさんあるので便利です。**「高貴な」身分の人は、** 振る舞いやしぐさが **「上品」で「優雅」** なので、❷の意味が派生しました。「あてなり」は「045 やむごとなし」ほど高級な身分でなくても使います。

入試解法 関連語 **「あてやかなり・あてはかなり」** も出題されます。「…やか」「…はか」は「…な様子だ」という意の接尾辞。現代語でも「きらびやか」などと使いますね。

❶ **あてなる女の尼になりて、世の中を思ひうんじて、京にもあらず、はるかなる山里に住みけり。** 〈伊勢〉

訳 高貴な女が尼になって、世の中をいやに思って、京にもいず、はるか遠い山里に住んだ。

❷ **髪のかかり給へるそば目、言ひ知らずあてにらうたげなり。** 〈源氏〉

訳 髪がおかかりになっている横顔は、言いようもなく上品でかわいらしい様子である。

関
□ あてやかなり・あてはかなり［形動］
①高貴だ
②上品だ
□ あてびと［名］
①高貴な人

類
□ 045 やむごとなし［形］

対
□ 043 あやし［形］
□ 044 いやし［形］

066

いたづらなり

徒らなり

形動：ナリ

image

ムダでヒマ

❶ 無駄だ・無益だ
❷ ひまだ

□□□

067 せちなり

切なり

形動：ナリ

image 切実！

❶ 切実だ
❷ 大切だ

現代語の「(子供が)いたずらだ」という意味ではなく、**何の効果もなく無駄でひまな感じ**を表す語です。現代語でも「いたずらに(＝無益に)時を過ごす」と言いますね。「いたづら」「あだ」「つれづれ」のように、**「徒」**を語源にもつ語は、**「ふわふわと実が入っていない感じ」**を表します。

感情がキューッと胸にこみ上げる、切ない様子を表した語です。悲しみなどのマイナス⊖な感情に用いるときは、❶の意味になります。

入試解法

「せちなり」の形より、**「せちに」という副詞的な用法**で使われることが圧倒的に多い語です。

❶ **この庭のいたづらに広きこと、あさましく、あるべからぬことなり。**〈徒然〉

訳 この庭が無駄で広いことは、あきれたことで、あってはならないことだ。

❷ **船も出《い》ださでいたづらなれば、ある人の詠める、**〈土佐〉

訳 船も出さないでひまなので、ある人が詠んだ(歌)、

❶ **七月《ふみづき》十五日の月に出《い》でゐて、せちに物思へるけしきなり。**〈竹取〉

訳 七月十五日の月に(縁側に)出て座って、切実に物思いをしている様子である。

❷ **大納言、宰相もろともに、しのびてものし給へ。せちなること聞こえむ。**〈宇津保〉

訳 大納言や、宰相と一緒に、こっそりお越しください。大切なことを申し上げよう。

関

□ **いたづらになる**［連語］
①無駄になる
②死ぬ

□ **いたづらびと**［名］
①役に立たない人
②死んだ人

類

□ 070 **つれづれなり**［形動］

□ 164 **あだなり**［形動］

068

あながちなり

強ちなり

形動：ナリ

image 強引！

❶ **強引だ**
❷ **筋が通らない・度が過ぎている**
❸ 〈下に否定表現を伴って〉**必ずしも・決して**
❹ 〈連用形「あながちに」で〉**むやみに・しいて**

漢字「強」から**「強引・強硬・無理強い」**などの言葉をイメージしてください。この場合の「あな」とは「自分」のことで、「あな（自分）がち（勝ち）」とは、**「他者を強引に押しのけて自分が勝とう」という状態**です。❸の用法は、現代語でも「あながちそうとも言えない」など、語尾の「に」が脱落した形で残っています。

入試解法

「あながちに」という形で**副詞的に用いられる**ことが多い語です。たいていは「強引に」「無理やり」「むやみに」などの訳で対処できますが、**否定表現を伴う❸**の用法には要注意です。**下が打消なら「必ずしも（…ない）」**、**下が禁止なら「決して（…な）」**と訳すのが基本です。

❶**桜の散らんは、あながちにいかがせん、苦しからず。**〈宇治〉
訳 桜が散ることは、強引にどうにかすることもできないので、さしつかえない。

❷**春宮《とうぐう》の女御《にょうご》は、あながちなりと憎み聞こえ給ふ。**〈源氏〉
訳（源氏があまりに美しいので、帝が災難よけの経を僧に読ませるのを）春宮の女御は、度が過ぎていると非難申し上げなさる。

❸**盗人といふ者、あながちに外より来たりて物を取るばかりにはあらず。**〈浮世〉
訳 盗人という者は、必ずしも外から来て物を取るだけではない。

❹**この人々、あながちにこころざし見えありく。**〈竹取〉
訳（かぐや姫に求婚する）この人々は、むやみに愛情を見せて回る。

！基本的にはマイナス㊀の訳になりますが、❹を肯定的にとらえて「一生懸命に」「一途に」と訳した方が文脈に合致する場合もあります。（▼p.94「入試チェック②」）

類
□186 **せめて**［副］
□**しひて**［副］ ①無理に・しいて

069 みそかなり

密かなり

形動：ナリ

image ひそか

❶（人目を忍んで）ひそかに・こっそり

「みそか」は「密か」という漢字があたりますが、**現代語の「ひそか」とまったく同じ意味**です。「みそかはひそか♪」三回唱えてください。もう覚えたでしょう？

❶**親しき人のもとへ行き通ひけるほどに、娘を思ひかけて、みそかに通ひありきけり。**〈堤〉

訳（男が）親しい人のもとに通っていたうちに、娘に恋をして、ひそかに通い続けていた。

関 □**みそかごころ**［名］
①ひそかに恋する心

類 □322 **やはら・やをら**［副］

070 つれづれなり

徒然なり・連れ連れなり

形動：ナリ

image 退屈で寂しい

❶退屈だ・手持ちぶさただ
❷物寂しい

「つれづれ」の語源は「連れ連れ」。**ずっと同じ状況が続いて**（＝**連なって**）することがないので**実りがなく、物足りない気持ち**を表します。人は変化がないと「寂しい」ですよね。おおむね「一人で寂しい〈lonely〉」という意味にはならないので注意！

❶**雨いたう降りてつれづれなりとて、殿上人、上の御局《つぼね》に召して御遊びあり。**〈枕〉

訳 雨がひどく降って退屈だと言って、殿上人を、中宮のお部屋にお呼びになり管弦の宴がある。

❷**そこはかとなくつれづれに心細うのみ覚ゆるを、**〈源氏〉

訳 何となく物寂しく心細いとばかり思われるので、

関 □**つれづれ**［名］
①退屈なさま
②物寂しいさま
□**つれづれと**［副］
①手持ちぶさたで
②物寂しく

類 □066 **いたづらなり**［形動］
□155 **さうざうし**［形］

071

かげ

影

名

image チラチラ光

❶光
❷姿
❸面影・故人の威光

「かげ」は**「かがよふ（チラチラ光る）」が語源**です。ちなみに「かぐや姫」も、「光る姫」という意味です。「かげ」は、まず**❶光**、そして光が映し出す**❷姿**、さらに現代語の「影」の意味になりました。また、亡くなった人（影になった人）の**❸面影や恩恵**なども表すようになりました。

入試解法　現代語から遠い意味**❶が最も高出題率**です。特に「月のかげ」を「影」と誤って訳さないように注意！

❶板間より漏り来る月の影のみぞ、昔に変はらぬあはれなり。〈義経〉

訳 板屋根の間を通って漏れてくる月の光だけが、昔と変わらずしみじみと物寂しい。

❷虎つづまりゐて、物をうかがふ。その影、水にうつりたり。〈宇治〉

訳 虎がうずくまって座っていて、様子をうかがう。その姿が、水に映っている。

❸母御息所《みやすどころ》も、影だにおぼえ給はぬを、〈源氏〉

訳 （源氏は）母である御息所のことも、面影さえ覚えていらっしゃらないが、

❗例文❶「板間より」の「より」は「通過点」を表す格助詞です。「…を通って」と訳します。

072

つとめて

夙めて

名

image early morning

❶早朝
❷翌朝

「つとめて」は「早い」という意味で、まず❶の意味が生まれ、❷が派生しました。

入試解法 **どちらに訳すか文脈判断**させる場合が多いです。文章中で「夜の記述」→「つとめて」と、**直前に前夜の様子があれば❷**にします。男が女のもとへ行って夜を明かした後の「つとめて」は❷ですよ。

❶十五日の**つとめて**は、深草の法華堂に参りたるに、〈とはず〉

訳 十五日の早朝は、深草の法華堂にお参りしたところ、

❷ひと日ひと夜よろづのことを言ひ語らひて、**つとめて**舟に乗りぬ。〈大和〉

訳 一昼夜さまざまなことをずっと語り合って、翌朝舟に乗った。

関
□**つとに**［副］ ①朝早く
□**あかつき**［名］ ①夜明け前
□**あけぼの**［名］ ①明け方

類
□**あした**［名］ ①朝 ②翌朝

073 かたち

形・容・貌 名

image 顔かたち

❶容貌・顔立ち

「かた」は「型」です。外見を表す語ですが、古文の「かたち」は、**「顔かたち」という容姿を表す**語です。

入試解法 物語などでは、女性の顔形、髪の長さ・多さが詳述されます。物語内では**容姿と女性のランクはリンクする**ので、容姿描写から中心人物か否か見分けられます。

❶まみ口つき、いと愛敬づき、はなやかなる**かたち**なり。〈源氏〉

訳 目もとや口もとが、たいそうかわいらしさが備わり、華やかな容貌である。

▶平安美人

❗平安時代、女性は毛抜きで眉を抜き、眉墨で眉を描きました。髪は、黒く美しいこと、身長以上あることが理想だとされました。髪を切り落とすことは、性的存在であることから降りること＝出家することとなります。

074

けしき

気色 名

image 外面の様子

❶様子・風情
❷機嫌・意向
❸顔色・表情

入試解法

「気色」と書いて「けしき」。**読みに注意**してください。この「色」は「見てわかる様子」を表します。人や事物の❶**「様子・風情」**、人の❷**「機嫌・意向」**、❸**「顔色・表情」**などさまざまに訳される語です。

関連語**「けしきばむ」**に注意。「けしき」に「汗ばむ」などの「ばむ」がついて「気持ちが様子に表れる」の意ですが、文脈に応じて**「恋心をほのめかす・気取る・風流ぶる」**など具体的に訳します。

❶**「今日、風雲のけしきはなはだ悪《あ》し。」と言ひて、船出《い》ださずなりぬ。**〈土佐〉

訳 「今日は、風や雲の様子がたいそう悪い。」と言って、船を出さなくなった。

❷**帝の御けしき悪しくして、「さては臣《しん》が所《しょ》為《ゐ》か。」と仰せられければ、**〈十訓〉

訳 帝のご機嫌が悪くて、「さてはお前の仕業か。」とおっしゃったので、

❸**新大納言、けしき変はりて、さと立たれけるが、**〈平家〉

訳 新大納言は、顔色が変わって、(席を)さっとお立ちになったが、

関

□**けしきばむ・けしきだつ**[動]
①それらしい様子が見える
②気持ちが表れる

□**けしきばかり**[連語]
①ほんの少し

□**けしきおぼゆ**[連語]
①趣が感じられる
②不気味な感じがする

類

□**けはひ**[名]
①(見えないが漂っている)感じ

075

せう《ショウ》そこ

消息 名

image コンタクト

❶訪問して来意を告げること・挨拶すること
❷手紙(を書くこと)
③ありさま

「消」は「死」、「息」は「生」なので、「消息」とはもともと「生死など、その人の状態を知らせるために連絡《コンタクト》をとること」＝「挨拶」を意味します。❶**実際訪問して挨拶**、❷**手紙を通して挨拶**と、二つの意味のうちどちらかは、文脈ですぐ判断できます。③は現代語「消息《しょうそく》」に近い用法です。

❶**いで、御消息聞こえむ。**〈源氏〉
訳 さあ、（源氏の君に）ご挨拶を申し上げよう。

❷**「今日のうちに必ず来たれ。」といふ消息を書きて、**〈今昔〉
訳 「今日中に必ず来い。」という手紙を書いて、

③**かの一宿のあるじが荘《いへ》に立ち寄りて、僧が消息を尋ね給ふ。**〈雨月〉
訳 あの一晩泊まった主人の家に立ち寄って、僧のありさまをお尋ねになる。

類
- □178 **たより** [名]
- □182 **あない** [名]
- □**ふみ** [名]
  ①手紙・書物 ②漢学・漢詩

076 うつつ

現 名

image リアル

❶現実
❷正気

「うつつ」は、もともと「現実に顕れた世界」という意味で、それが重なって「うつうつ」→「うつつ」になりました。

入試解法 **「夢」の対義語を答えなさい**、という形式の設問が多い言葉です。**漢字をあてる問題も頻出。**

❶**夢かと思ひなさんとすればうつつなり。**〈平家〉
訳 夢かと思おうとすると現実である。

❷**うつつにも似ず、たけく厳《いか》きひたぶる心出《い》で来て、**〈源氏〉
訳 （物の怪に取りつかれた六条御息所《みやすどころ》は）正気にも似つかず、荒々しく激しい一途な心が生じて、

関
- □**うつしよ** [名]
  ①現実界
- □**うつしごころ** [名]
  ①正気
- □**うつつなし** [形]
  ①正気でない

077

こと

事・言・異・殊

名

image 4種の漢字

①**こと**【事】 ❷**言葉・和歌**【言】 ❸〈「こと＋体言」で〉**他の・違っている**【異】 ❹〈「ことに」で〉**特に**【殊】

古代は「言葉」＝「事実」でした。「もののけ」のように「もの」は境界がぼんやりしていますが、「こと」は明確です。

入試解法 **「こと」に漢字をあてる問題が頻出**で、特に**❸は意味も含めて最頻出**。また❹は形容動詞「ことなり〈殊なり〉」の語幹で、連用形「ことに」の形で出現しますが、**すべての「ことに」が❹とは限りません**。例えば「ことにつけても」の「こと」は①（「に」は格助詞）です。

❷**唐土《もろこし》とこの国とは、ことことなるものなれど、**〈土佐〉

訳 中国と日本とは、言葉は異なるものだけれど、

❸**またことところに、かぐや姫と申す人ぞおはすらむ。**〈竹取〉

訳 また他の場所に、かぐや姫と申し上げる方がいらっしゃるのだろう。

❹**行きて見るに、聖《ひじり》のさま、ことに尊くめでたし。**〈宇治〉

訳 行って見ると、聖の様子は、特に尊くすばらしい。

Q 傍線部の「こと」を漢字に直しなさい。

「詩は志のゆく所なり。心にあるを志とす。ことにあらはすを詩とす。」といへり。〈著聞集〉

A 「詩は志が現れたものである。心にあるものを志とする。（それを）言葉【言】に表すものを詩とする。」と（『詩経』で）言っている。

078

としごろ

年頃

名

image 年の積み重ね

❶**長年** ②**ここ数年・数年来**

現代語の「としごろの娘」のような「適齢」の意味ではありません。**過去から現在に至るまでに積もった年**を表します。

入試解法　学習院大・同志社大の入試で、選択肢に❶②両方を含む問題がありました。文脈に注意して意味を判断しましょう。なお、正解はどちらも❶でした。

❶ **昔、久しくおこなふ上人ありけり。五穀を断ちて年ごろになりぬ。**〈宇治〉

訳 昔、長い間仏道修行をする上人がいた。五穀を断って**長年**になった。

② **御息所《みやすどころ》は、ものをおぼし乱るること、年ごろよりも多く添ひにけり。**〈源氏〉

訳 六条御息所は、物事を思い悩みなさることが、**ここ数年**よりも多く加わった。

関
□ 079 **ひごろ**［名］
□ **つきごろ**［名］
①ここ数ヶ月

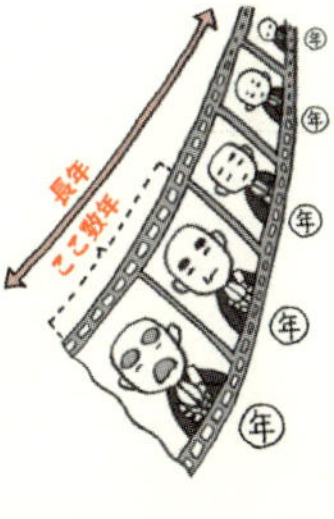

079

ひごろ

日頃　名

image　日の積み重ね

❶ **ここ数日・数日来**

② **普段**

□□□

「078としごろ」と同様、**過去から現在に至るまでに積もった日**を表す言葉です。「ここ数日」が続くと「普段」になるので、②の意味が派生しました。

入試解法　訳を求められる場合は、古今異義の❶がほとんどですが、文章中では②もよく見られます。

❶ **日ごろ長雨降りて、少し晴れ間見ゆるほど、**〈増鏡〉

訳 **ここ数日**長雨が降って、（その後）少し晴れ間が見える頃、

② **日ごろは何ともおぼえぬ鎧《よろひ》が、今日は重うなつたるぞや。**〈平家〉

訳 **普段**は何とも感じない鎧が、今日は重くなったことだなあ。

関
□ 078 **としごろ**［名］
□ **つきごろ**［名］
①ここ数ヶ月

080 うち・おほ《オ》やけ

内・内裏／公　名

image　大きな家と中の人

❶宮中・内裏・朝廷
❷帝・天皇
③〈「おほやけ」のみ〉公共的なこと・世間

□□□

入試解法

「うち」は「内側」という意味でも使用されますが、大切なのは❶**「宮中・内裏」**と、そこに居住している❷**「帝・天皇」**の意味です。**「おほやけ」**は「おほ〈大〉」+「やけ〈宅〉」で、**大きな家**のこと。大きな家に住んでいる方（❷帝）→住んでいる場所（❶宮中）→朝廷・政府→③**公共・世間**（オフィシャル）になりました。

「おほやけ」の**対義語**を問われたら**「わたくし〈私〉」**を答えましょう。

❶**季直《すゑなほ》少将といふ人ありけり。病つきて後、少しおこたりて内に参りたりけり。**〈宇治〉

訳 季直少将という人がいた。病気になった後、少しよくなって宮中に参上した。

❷**内の御悩みのことありて、いと世の中もの騒がし。**〈栄花〉

訳 帝のご病気のことがあって、たいそう世の中が騒がしい。

③**おほやけわたくしの大事を欠きて、わづらひとなる。**〈徒然〉

訳（酒を飲み過ぎると）公共的なこと私的なことの重要事を果たさず、迷惑になる。

類

□081 くもゐ　名

□ここのへ　名

①宮中

宮中に住む帝

081 くもゐ《イ》

雲居・雲井　名

image　遠い雲のかなた

❶空・天
❷宮中・都

□□□

「ゐ」は「居（＝座っている所）」「井（＝神の宿る聖所）」。雲がある❶「空・天」、心理的に隔たった高い所❷「宮中・都」という意味になりました。

入試解法 **和歌で❶と❷の意が掛けられる**こともあります。また、**単に「心理的・距離的に遠い所」を表す**こともあります。

❶**鶴はいとこちたきさまなれど、鳴く声雲居まで聞こゆる、いとめでたし。**〈枕〉

訳 鶴はとても仰々しい姿だが、鳴く声が天まで聞こえるというのが、とてもすばらしい。

❷**かからん世には、雲居に跡をとどめても何かはし候ふべき。**〈平家〉

訳 このような世の中では、宮中に残っても何になりましょうか、いやどうにもなりません。

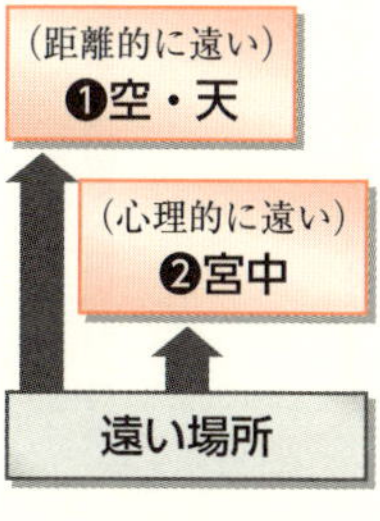

「宮中」とは、帝が居住する内裏《だいり》のことです。

082 なさけ

情け

名

image 共感

❶風流心・風情
②思いやり・同情心

「情け」を分析すると、「なす（＝何かをする）」＋け（＝様子）」。**「何かに対して心が動いてしまう」**というのがもともとの意味です。自然・美・他者に対する「シンパシー（共感能力）」と考えてよいでしょう。

入試解法 現代語は②の意味ですが、**入試で問われるのは❶**の方です。

❶**なさけある人にて、瓶《かめ》に花をさせり。**〈伊勢〉

訳 （在原行平《ありわらのゆきひら》は）風流心のある人で、瓶に花をさしていた。

②**よろづのことよりもなさけあるこそ、男はさらなり、女もめでたくおぼゆれ。**〈枕〉

訳 どんなことよりも思いやりがあるのが、男は言うまでもなく、女もすばらしいと思われる。

関

□**なさけなし**［形］
①風流心がない
②薄情だ

□**なさけおくる**［動］
①薄情だ

□255 **こころあり**［動］

□**こころなし**［形］
①風流心がない
②思いやりがない

083

て

手・手跡

名

image 手が生むもの

❶文字・筆跡
❷曲・演奏法
❸傷

古くは「た」と呼んだ「手」。「手《た》向ける」などと現在でも言うように、手は魂のありようを表現する身体部分です。**手が生み出した表現対象自体を「手」と呼びました。**「男手（＝真名・漢字）」「女手（＝平仮名）」「手すさび（＝手慰み）」「手習ひ（＝習字）」なども一緒に覚えましょう。

入試解法　入試問題で問われるときは、**❶「文字」の意が最頻出**。「手跡」と書いても「て」と読みますので注意してください。

❶**この子、大人になるままに、手をめでたく書けり。**〈宇治〉

訳 この子は、大人になるにつれて、**文字**を上手に書いた。

❷**琵琶《びは》、箏《さう》の琴《こと》、和琴《わごん》どもを、一《いっ》に調べ合はせて、おもしろき手を弾く。**〈宇津保〉

訳 琵琶、箏の琴、和琴などを、一つに調子を合わせて、すばらしい**曲**を弾く。

❸**平氏の軍兵、やにはに五百余騎討たれぬ。手負ふ者ども多かりけり。**〈平家〉

訳 平氏の軍兵は、たちまち五百騎余り討たれた。**傷**を負う者たちが多かった。

❗昔、弦楽器の「総称」を「琴《こと》」と呼び、「糸」を使って、神と人を結ぶ聖なる楽器と考えられていました。

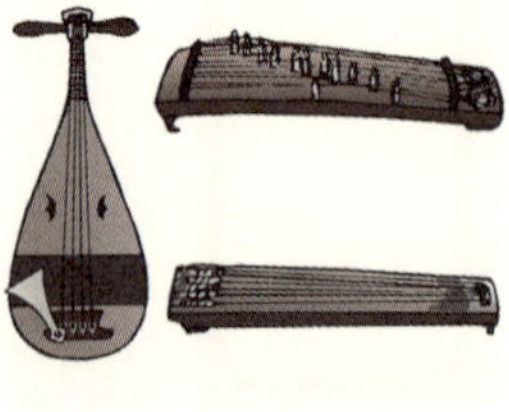

▲琵琶(左)・箏(右上)・和琴(右下)

084

よ・よのなか

世・世の中

名

image ふたりの世界

①世間・一生
❷男女の仲・夫婦仲

「世」には、「一世」などのように**「一生」**の意味や、現代語と同じ**「世の中・世間」**の意味①もありますが、**入試最頻出なのは❷**。ただし、必ず周囲の文脈で何がトピックになっているのか（恋愛・夫婦の話なのか、生死などの話か）を確認してから訳すように気をつけてくださいね。

①**これも鬼の仕業にやとぞ世の人おぢける。**〈著聞集〉

訳 これも鬼の仕業であろうかと世間の人々は怖がった。

❷**世の中心憂し。なほ男せじ。**〈大和〉

訳 男女の仲はつらい。やはり男と情を交わすまい。

085

あいぎやう《ギヨウ》

愛敬　名

image 愛らしさ

❶かわいらしさ（外面的）

❷思いやり（内面的）

□□□

古語の「愛敬」は「愛される性質」で、主に**❶の外面的な意味**で使いますが、**❷「内面的なかわいらしさ＝思いやり」**の意でも用いられます。現代語で「愛敬がある」というと「滑稽なかわいさがある〈funny〉」となり、ニュアンスが違ってしまうので注意しましょう。

❶**うち笑み給へる御愛敬、所せきまでこぼれぬべし。**〈源氏〉

訳 ふと笑いなさっているおかわいらしさが、あたりいっぱいにこぼれてしまいそうだ。

❷**愛敬ありて、言葉多からぬこそ、飽かず向かはまほしけれ。**〈徒然〉

訳 思いやりがあって、口数が多くない人こそ、嫌にならず向かい合っていたい。

関

□**あいぎやうづく**［動］
①かわいらしさが備わる

□**あいぎやうおくる**［動］
①かわいらしさが劣る

086

きは《ワ》

際

名

image 境目

❶身分 ❷端 ❸時 ❹限り

現代語でも「きわどかった」「せとぎわまで追い詰められた」などと言いますよね。そのイメージと同じ、**何かと何かを分ける「境目」**が「きは」。古文では、**人・時間・場所**などいろいろな場合に使います。例えば、「人」の場合は、当時**「身分」**という「境目」があったので、❶の意味となります。❷は空間的な外と内の境目で、「きは」に寄っている姫君が貴公子に垣間見られるという場面がよく描かれます。❸は時間の境目、❹は程度などの境目（限界）です。

入試解法 **入試最頻出の意味は❶**です。平安時代、身分は大切なファクターでした。「身分」を表す類義語「087ほど」「172しな」も合わせて覚えましょう。

❶いふかひなき際の人はまだ見ず。〈源氏〉

訳 取るに足りない身分の人とはまだ知り合ったことがない。

❷母屋《もや》の際にかけたる簾《すだれ》をば下ろして、簾のほかに火をばともしたり。〈宇治〉

訳 母屋の端にかけた簾を下ろして、簾の外側に火をともしている。

❸中納言あく際に、我もならむなど思して、〈大鏡〉

訳 中納言に欠員ができる時に、自分もなろうなどとお思いになって、

❹いと心恥づかしげに、際もなくあてなるさまし給へり。〈紫〉

訳 （宣旨の君という女房は）本当にこちらが恥ずかしくなるほど立派な様子で、限りもなく上品な様子をなさっている。

類
□087 ほど 名
□172 しな 名

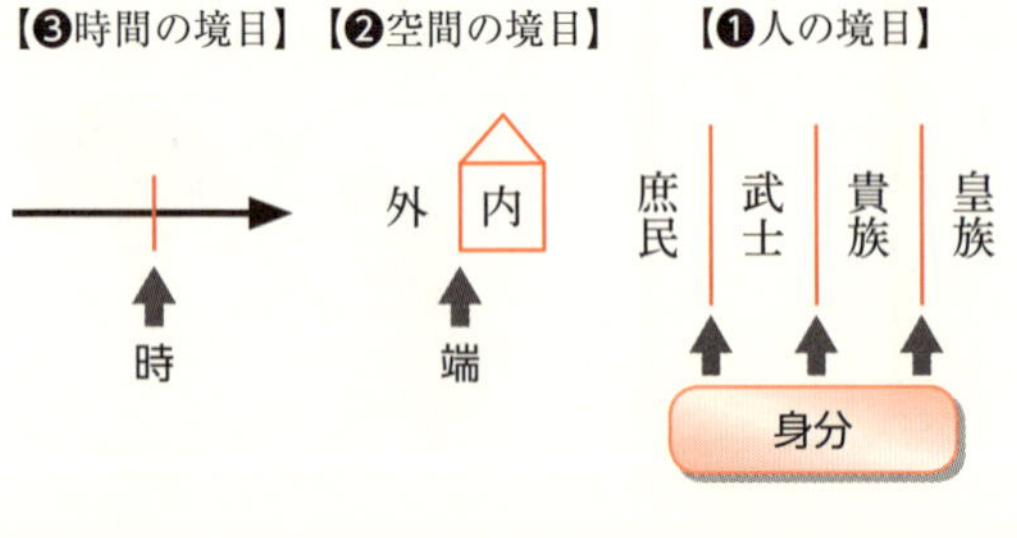

087 ほど

程

名

image 時空人の程度

❶〈時間〉間・頃・時・年齢

❷〈空間〉距離・広さ・あたり

❸〈人間〉身分

④程度

□□□

「ほど」は**「時間・空間・人間関係」**すべての程度において用いられます。❶時間なら、スパンのある**「間・頃」**、ピンポイントの**「時」**、人間にとっての時間である**「年齢」**とさまざまに使います。❷空間であれば、二次元的な**距離・広さ**に用いられます。❸人間関係の程度は「086きは」「172しな」と同様、**「身分」**の意味になります。

入試解法 **本文中に頻出の意味は❶**。「…ほどに（…ときに・…すると・…ので）」は接続詞的によく使われます。**設問では❸に注意**。「ほどほど」という関連語は「身分相応」という意味です。まず、「時空人」のどれにあたるかをざっくりつかみ、細かい意味を考えましょう。

❶**すなはち死する者あり、ほど経て死ぬる者もあり。**〈平家〉

訳 すぐに死ぬ者もおり、間が経って死ぬ者もいる。

❷**右近《うこん》が家は六条院近きわたりなりければ、ほど遠からで、**〈源氏〉

訳 右近の家は六条院に近いあたりだったので、距離は遠くなく、

❸**上達部《かんだちめ》、親王《みこ》たちには女の御装《よそ》ひ、それより下にほどにつけつつ賜ふ。**〈宇津保〉

訳 上達部や、親王たちには女のご装束を、それより下に身分に応じて（褒美を）くださる。

④**比叡《ひえ》の山を二十《はたち》ばかり重ね上げたらむほどして、**〈伊勢〉

訳 （富士山の高さは）比叡山を二十くらい重ね上げたような程度で、

関

□**ほどほど**［名］

①身分相応

□**ほどに**［連語］

①…ときに・…すると・…ので

【❶時間の程度】

【❷空間の程度】

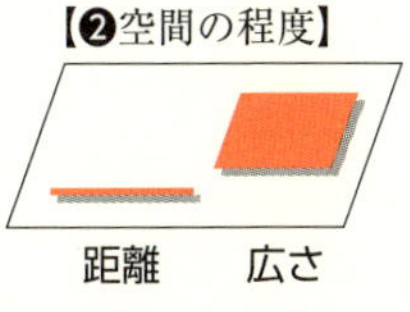

【❸人間の程度】

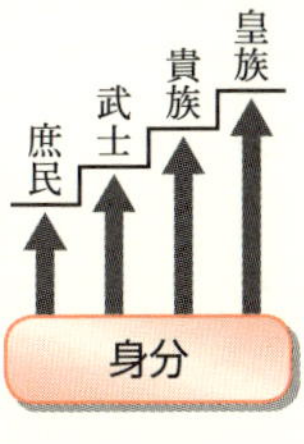

088

やがて

副

image
状態・動作の連続

❶ そのまま
❷ すぐに

「前後二つの状態・動作が離れていない＝ほぼ同じ」であるときに用いる語です。二つの**「状態」が同じときには❶**。二つの**「動作」が離れていないときには❷**の意味になります。

入試解法　選択問題の場合、**選択肢に❶❷の両方が含まれている**ことがあります（センター試験でもこのパターンで出題歴あり）。「状態」なのか「動作」なのかをクリアに考えましょう。

❶**薬も食はず、やがて起きも上がらで病み臥《ふ》せり。**〈竹取〉

訳 薬も飲まず、そのまま起き上がらないで病み臥せっている。

❷**名を聞くより、やがて面影はおしはからるる心地するを、見るときは、またかねて思ひつるままの顔したる人こそなけれ。**〈徒然〉

訳 名前を聞くやいなや、すぐに顔つきが推察できる気持ちがするのに、会ってみると、また前から思った通りの顔をしている人はいない。

！「やがて」の判別

❶
もとの状態
やがて＝そのまま
次の状態

❷
もとの動作
やがて＝すぐに
次の動作

089

すなは《ワ》ち

即ち・則ち・乃ち

副・接

image
即

❶〈副詞〉すぐに
❷〈接続詞〉そこで

090 なほ《オ》

猶・尚 副

副詞の❶**「すぐに」の意味が頻出**です。ほぼ同じ意味の表現として、「088やがて」「連体形＋より・ままに（…するやいなや）」があります。現代語では、「言い換えれば（A＝B）」の意味で使われますが、古文の接続詞としては、❷**「そこで」**という意味です。

image もとのまま

❶やはり

時間の経過などの変化があるにも関わらず、**「前後が同じ状況＝もとのまま」**のときに用いる語です。

入試解法 「AなほA」構造は空欄補充問題などで有効活用できます。**「□なほA」**という空欄を埋める場合は、**Aに類似した語・文を答えればよい**のです。

❶**少将言ふばかりなく泣き惑ひて、帰りてすなはち法師になりにけり。**〈宇津保〉

訳 少将は言いようもなく泣きうろたえて、帰ってすぐに法師になってしまった。

❷**おのづから短き運を悟りぬ。すなはち五十《いそち》の春を迎へて家を出《い》で、世を背けり。**〈方丈〉

訳 自然と運のなさを悟った。そこで五十歳の春を迎えて出家し、俗世から離れた。

❶**雨のいみじう降り暮らして、つとめてもなほいみじう降るに、ある人のがりやりし。**〈伊勢〉

訳 雨がひどく一日中降り続いて、翌朝もやはりひどく降るときに、ある人のところに詠み贈った（歌）。

類

□088**やがて** 副

□**連体形＋より** 格助

①…するやいなや

□**連体形＋ままに** 連語

①…するやいなや

❗❷「そこで」の意味は、漢文の「乃」を「すなはち」と訓読したことによって生まれました。

❗「なほ」で文脈理解

A なほ A

↓前後のAとAは同じ状況で、もとのまま。

＊例文❶も、「なほ」の前後で「雨がひどく降る」という状況は変わっていません。

□□□

091 おのづから

己づから・自ら

副

image ナチュラル

❶**自然に**

❷**偶然に**

❸**万一・もしも**

「おのづから」を分解すると、「おの〈己〉(=自分)」+「つ(=の)」+「から〈体〉(=生まれつき)」→「自然」。英語の nature (自然・本性) の語源も natal (=生まれの) で同じ考え方です。**「自然に」発生する「偶然」**と覚えましょう。

入試解法 **「AおのづからB」**という形をとったとき、**AとBが流れに沿っている場合❶**になります。**❷は予想外の場合**に使い、Bにはおおむね新情報がきます。

❶**母、物語など求めて見せ給ふに、げにおのづから慰みゆく。** 〈更級〉

訳 母が、物語などを探し求めてお見せになるので、なるほど**自然に**心が晴れていく。

❷**おのづから事のたよりありて、津の国の今の京に至れり。** 〈方丈〉

訳 **偶然に**何かの機会があって、摂津の国の新しい都に行った。

❸**おのづから我をたづぬる人もあらば野中の松よ見きと語るな** 〈金槐〉

訳 **万一**私を探す人がいたならば、野原の中の松よ、(私を) 見たと語らないでくれ。

関 □**てづから**〔副〕①自分の手で

❗例文❸の和歌の冒頭には、「屏風《びやうぶ》の絵に野中に松三本おひたる所を衣《きぬ》かづける女一人通りたり」という詞書《ことばがき》(=和歌の状況説明) があります。このように、屏風などに描かれた絵をテーマにして歌を詠むこともしばしばありました。

092 なかなか

中々

副・感

image パラドックス

❶**中途半端に**

❷**かえって**

③〈感動詞:狂言などで〉**そのとおり**

「なかなか」はもともと❶**「中途半端」**という意味で、そこから「中途半端にやるなら**かえって…**でない方がよい」という❷の意味が生じました。「彼女のことが好き⊕だ！　かえって憎らしい⊖ほどだ！」のように、**パラドックス（矛盾）を引き出します。**

❶**なかなかかひなきことは聞かじなど思して、出《い》で給ひにけるなめり。**〈堤〉

訳 中途半端に甲斐のないことは聞くまいなどとお思いになって、お帰りになったのだろう。

❷**心づきなきことあらん折は、なかなかその由《よし》をも言ひてん。**〈徒然〉

訳 気に入らないことがあるときは、かえってその理由を言ってしまう方がよい。

関

□**なかなかなり**［形動］
①中途半端だ
②かえって…しない方がよい

！「なかなか」で文脈理解

A **なかなか** B
→AとBは矛盾した内容。

093 さすがに

副

image 指示語＋逆接

❶そうはいうもののやはり

□□□

「さ」**は指示語**で、おおむね「前に書かれたこと」を指し、その指示内容に関わる設問も頻出です。**前後に矛盾する要素があり、「逆接」となる**点に着目しましょう。現代語の「さすが」とはまったく違う意味ですね。「さ」＝「しか」なので、「しかすがに」も同じ意味になります。

❶**消えも失《う》せばやと思へども、さすがに捨てがたくてぞ過ごし侍る。**〈住吉〉

訳（この世から）消え失せてしまいたいと思うけれども、そうはいうもののやはり捨てられずに過ごしています。

関 **軍《いくさ》の一度もせずして引つ返さんこともさすがなれば、**〈太平〉

訳 合戦を一度もせずに引き返すこともそうはいうもののそのままにしていられないので、

関

□**さすがなり**［形動］
①そうはいうもののそのままにしていられない

！「さすがに」で文脈理解

A **さすがに** B
→AとBは矛盾した内容。

094

あまた

数多

副

「たくさん」の意味です。副詞ですが「あまたたび（＝何度も）」などのように、**名詞を修飾する連体詞的な用法**や、「あまたが中に（＝たくさんの人の中に）」などのように**名詞的な用法**もあります。

image 数が多い

❶ たくさん

❶ **敵はあまたあり、そこにてつひに討たれにけり。**〈平家〉

訳 敵はたくさんおり、そこでとうとう討ち取られてしまった。

関 □**あまたたび**［副］①何度も

類 □321**ここら**［副］□**そこら**［副］①たくさん ②たいへん

095

げに

実に

副

「**前の内容を肯定する＝プラス⊕に評価する**」語です。評論文で、**例や他者の意見の後に「げに」**があると、**作者の主張と同じ**になることが多いので要チェック。この性質は空欄補充問題でも活用できます。

image 納得！

❶ 本当に・なるほど

❶ **物思ふ人の魂は、げにあくがるるものになむありける。**〈源氏〉

訳 物思いをする人の魂は、なるほど身から離れてさまようものなのだなあ。

関 □**げにげにし**［形］①納得できる ②もっともらしい ③まじめだ

類 □304**うべなり・むべなり**［形動］

096

いとど

副

image 「いと」×2

❶ ますます

「いと」が重なって「いといと」になり、そこから「いとど」という形になりました。「いとど」によって**前の状態〈A1〉と同じ状況〈A2〉が重なり、強められます**。空欄補充問題などで応用してみましょう。

❶**散ればこそいとど桜はめでたけれ憂き世に何か久しかるべき**〈伊勢〉

訳 散るからこそ、ますます桜はすばらしい。つらい世の中で何が久しく留まっていようか、いや久しく留まるものなどない。

関
□**いとどし**[形] ①ますます激しい
□**いと**[副] ①たいそう

097

やうやう《ヨウヨウ》

漸う 副

image ジワジワ

❶ だんだん

「やうやく」がウ音便化してできた語で、**時間の経過とともに変化するさま**を表しています。『枕草子』の冒頭部「やうやう白くなりゆく…」というフレーズでおなじみですね。

❶**男、うちおどろきて見れば、月もやうやう山の端《は》近くなりにたり。**〈堤〉

訳 男が、ふと目を覚まして見ると、月もだんだん山の端近くになっていた。

❖「山の端」とは、空に近い山のあたり。一方、山と接する空のあたりは「山際」です。

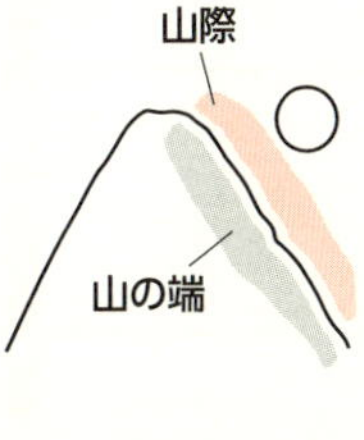

問一　傍線部の現代語訳として最も適当なものを選びなさい。

基①その夜は内裏《うち》に参り給ひて、えおはせず。**つとめて**御文あり。〈関西学院大／落窪物語〉

ア　一生懸命　**イ**　宿直先から　**ウ**　仏道修行の折
エ　努力して　**オ**　翌朝

問二　傍線部を現代語に訳しなさい。

基②この入道、**年ごろの**妻におくれて、三年になりけるが、〈愛媛大／沙石集〉

基③後世に「よむ」といへるぞ**やがて**往古の「うたふ」なるべき。〈東北大／新学《にいまなび》異見〉

標④今は昔、たよりなかりける女の、清水《きよみづ》に**あながちに**参るありけり。〈福岡女子大／宇治拾遺物語〉

標⑤四《よ》方《も》を見渡したれば、**このもかのも木立いとけしき有りて、**〈九州大／遊角筈《つのはず》別荘記〉

標⑥（親ガ子ノ話ヲ）涙を押しのごひつつ語り給ふに、**僧都おろかにおぼされむやは。**〈三重大／発心集〉

問三　空欄X～Zに共通して入る最も適当な語を選びなさい。

標⑦宮の内にうちこめられて、[X]年を送る女、

標⑧われをたのみて、[Y]年を送る。いとほしき事なり。

標⑨この身、[Z]して、月日を送る事を嘆きて、川のほとりにあそびき。〈⑦⑧⑨とも明治大／俊頼髄脳《としよりずいのう》〉

ア　あながちに　**イ**　つれづれに

入試解法

①【072つとめて】直前に「夜」の記述があるので、「翌朝」の意になります。

②【078としごろ】「おくる」は「死に後れる」の意ですので、「年ごろの妻」は、「妙齢の妻」ではなく、「長年連れ添った（先に亡くなった）妻」とつかみましょう。

③【088やがて】「やがて」は、二つの要素が離れずくっついているイメージです。この場合は、「後世の『よむ』＝往古の『うたふ』」と、状態を「イコール（＝）」で結ぶ働きをします。

④【068あながちなり】「あながち」は「強ち」という字があたるので、通常「無理に・むやみに」というマイナス㊀の意になりますが、ここは、「清水寺に参る」動作にかかっています。原義のニュアンスを残しながら、「たより」がない、つまり、財力や縁故がない女性が、ただひたすら「一生懸命に・一途に」お詣りしていた様子だと、プラス㊉に転換して訳しましょう。

⑤【074けしき】「けしき」は「内面が表れた外面の様子」を表します。「景色」と訳さないようにしましょう。また、単に「様子」と訳してしまうと、この文は意味をなしません。「けしきあり」は「風情がある」という意で用いられま

ウ いたづらに　エ はなやかに

問四　傍線部を漢字に直しなさい。

標 ⑩深き由《よし》あれば、この神の御ことは、**コト**によそならず覚え奉りて、
〈学習院大／菅笠《すがかさ》日記〉

現代語訳・解答

①その夜は内裏に参上しなさって、いらっしゃることができない。ォ**翌朝**お手紙がある。
②この入道は、**長年連れ添った**妻に先立たれて、三年になったが、
③後世に「よむ」と言っている言葉は**そのまま**大昔の「うたふ」（という言葉）であるはずだ。
④今となっては昔のことだが、よるべのない女で、清水寺に**一生懸命に**お参りする女がいた。
⑤四方を見渡したところ、**あちらこちらの木立が実に風情があって、**
⑥（親が子の話を）涙を押しぬぐいながら語りなさるので、（それを聞く）**僧都はおろそかに（お思いになるだろうか、いや）お思いにならない**。
⑦宮廷の中に閉じ込められて、ゥ**むなしく**年を送る女は、
⑧私をあてにして、ゥ**むなしく**年を送る。かわいそうなことである。
⑨わが身が、ゥ**むなしく**月日を送ることを嘆いて、川のほとりを散歩していた。
⑩深い理由があるので、この神様のことは、特に〔**殊に**〕身近に思われ申し上げて、

す。「このもかのも」は、漢字に直すと「此の面・彼の面」となり、「あちらこちら」という意味です。

⑥ **【063 おろかなり】**「やは・かは」は、文末に用いられると「反語」です。最初から「打消」にパラフレーズし、「親が泣きながら語る→僧都は○○だとお思いにならない」と外枠を作ります。○○に「おろか」の訳を考えて入れていきます。「おろそか・いいかげん・並一通り」などと訳しましょう。

⑦⑧⑨ **【066 いたづらなり】** 接続助詞「て」の前後は、必ずリンクさせます。「て」「して」の前後は、「同じ評価の語」か「矛盾のない一連の動作」が入るので、大きなヒントになります。⑦は「うちこめられて⊖」、⑨も「嘆き⊖」とあり、⑧は、「いとほし⊖」（かわいそうだ）とありますね。すべて「年（月日）を送る」にかかっていることから、選択肢の中で最もマイナス⊖の状態で「年を送る」状態を表している語、「いたづらに」を入れます。

⑩ **【077 こと】**「ことに」の形は、「に」が副詞的に下の用言にかかっていたら、「特に」の意の「殊に」と判断します。「に」が格助詞の場合、「事（言）に」となることもあるので要注意。

入試トライ①「パラドックス」に注目！（092「なかなか」）

☆次の文章を読んで、後の問に答えなさい。

《東山に住む未婚の女が、仲介者によって、たまたま一夜の契りを帝と結んだ。》

これ《＝帝とのご縁》も先の世を思へば、かたじけなかりけれども、さしあたりて、嘆きに恨みをそへて、心のうちはるるまもなし。《女は》かひなくありふれど、いまひとたびの、言の葉ばかりの御なさけだに待ちかねて、「よし、これゆゑそむくべきうき世なりけり」、と思ひ立ちて、ありし御心しり《＝仲介者》のもとへつかはしける。

「なかなかにとはぬも人のうれしきはうき世をいとふたよりなりけり」

とばかり心にくく、幼びれたる手にて、はなだの薄様《うすやう》に書きたるを、《仲介者が》折をうかがひて奏しければ、「まことにさることあり。たづねざりける心おくれこそ」、と御気色ありければ、《中略＝仲介者が慌てて女を探して天王寺を訪ねると》亀井のあたりに大人しき尼一人、女房二三人ある中に、いと若き尼のことにたどたどしげなるがあり。

〈上智大／今物語〉

入試解法

①引用文（会話文・心内文）にカギ括弧「　」をつける。

地の文と引用文（会話文・心内文）を見分けながら読むと、文章が格段に理解しやすくなります。手順としては、引用の助詞「と・とて・など」に閉じマーク（」）をつけてから、戻って始まり（「）をつける方が「　」をつけやすいです。（本文中の「　」。詳細はp.212を参照。）

②「パラドックス」を含む語は相反する要素両方をおさえる。

「092なかなか（なり）」は「矛盾」があることを提示する語です。「通常Aのことが今は（パラドキシカルに）Bである【A⇔B】」という、A・B両方の要素をしっかりおさえることが内容把握のカギです。

「とはぬ（帝の来訪がない）」ことについて
【通常】…A＝嘆き⊖・恨み⊖
⇕かえって
【女】……B＝うれしき⊕　←出家のきっかけとなるから

「なりけり」は「なり（断定）＋けり（詠嘆・気づき）」。「帝が訪ねて来ないのを【A】恨んだが、つらい世の中から出家するよい機会となって、かえって【B】うれしいことだなあ」ということです。解答にはこのA・B両方の要素を明示しましょう。

5つの霊獣アイテムを集めよう

Lucky item ①　青龍（せいりゅう）

東の守護神。五行思想では「木」をつかさどる。

＊東山…京都市内を南北に流れる鴨川より東に連なる丘陵。左京区から東山区の一帯を指し、清水寺もその一部に含まれる。
＊天王寺…大阪市天王寺区にある寺院。四天王寺のこと。浄土信仰で著名。　＊亀井…四天王寺境内にある霊水。

問　傍線部「なかなかにとはぬも人のうれしきはうき世をいとふたよりなりけり」の歌はどのような意味になるか。現代語に訳せ。

【訳】これ（＝帝とのご縁）も前世を思うと、おそれ多かったが、さしあたって、嘆きに恨みが加わって、心中が晴れるときもない。（女は）どうしようもなく年月を過ごすが、もう一度の、（帝の）言葉だけのご愛情さえも待つことができなくて、ままよ、これによって出家するはずのつらい世の中であるよ、と思い立って、あの知人（＝仲介者）のもとへ手紙を送った。

あの人が私を訪ねてくれないことを嘆いて恨みながらもかえってうれしいと思うことは、このつらい世の中を捨てて出家するきっかけだったのですね。

とだけ奥ゆかしく、幼児のような筆跡で、はなだ色の薄様の紙に書いたのを、（仲介者が）折を見て帝に申し上げたところ、本当にそのようなことがある。（女を）訪れなかったのは愚かだった、というご意向があったので、（中略＝仲介者が慌てて女を探して天王寺を訪ねると）亀井のあたりに年輩の尼が一人、女房が二三人がいる中に、たいそう若い尼で格別おぼつかない様子の尼がいる。

解答

あの人が私を訪ねてくれないことを嘆いて恨みながらもかえってうれしいと思うことは、このつらい世の中を捨てて出家するきっかけだったのですね。

◉入試問題攻略のツボ◉

「矛盾・パラドックス」を示す語は、相反する要素両方の内容を考えよう！

現代文であれ古文であれ、「彼女が好き⊕で、かえって憎いほどだ⊖」というように「矛盾・パラドックス」を表す文には注目しましょう。通常と違うからこそ、作者はそこをどうしても表現したい、つまり、他者と共有したいのです。この文章では「男性が来ないこと⊖」への「A恨み⊖」を言外に伝えつつ、「B出家のよい機会⊕」として行動した女性の潔さと誇りが伝わってきます。通常要素Aと、表現したい要素Bの双方をしっかりおさえましょう。

「今物語」は、藤原信実が編纂《へんさん》した鎌倉時代の説話集。和歌説話が多く、王朝的な優美さに重きをおいていることもあり、キーワードは、「やさし（優美だ・殊勝だ）」。オトコの訪れがないとみるや、「よいきっかけだわ」と優美な和歌を詠んで、若いのに出家してしまう女性に対しても「あはれにも、やさしくも、長き世の物語にぞなりぬる」と褒めています。

解法コラム① 単語の構成を知ろう

❖動詞の接尾辞

「001おぼゆ」の「ゆ」のような**「接尾辞」**を**意識**すると、単語の意味が覚えやすくなり、知らない意味も類推できます。

□**…ゆ**＝**受身（…れる・られる）・自発（自然と…れる）**
可能（…できる）
例 001おぼゆ・011みゆ・231きこゆ

□**…ふ**＝**継続（ずっと…する）・反復（何度も…する）**
例 007かたらふ・009よばふ

□**…なふ**＝**上の語に「…する」という意味を加える**
例 112おとなふ・あきなふ（秋＝収穫を得る→商う）

❖形容詞の接尾辞「…いたし・…なし〈甚し〉」

「…いたし・…なし〈甚し〉」は、英語の〈very〉のように、**「とても…」**とプラス⊕・マイナス⊖どちらの言葉でも「強調する」働きをします。

例 139はしたなし〈端甚し〉→「とても中途半端」
＝「中途半端だ・きまりが悪い・みっともない」

例 274こちたし〈言甚し〉→「とても言葉が多い」
＝「うるさい・おおげさだ」

※なお「…なし」には① **「甚し」（＝とても）**、② **「無し」（＝…がない）**の正反対の二系統があります。

例 060いはけなし〈稚け甚し①〉→「とても幼い」

例 127あいなし〈愛（合）無し②〉→「つまらない」

❖語幹について

「語幹」とは**「活用語で、形を変えない最大部分」**を指し、ク活用形容詞ならラストの「し」を除いた形、シク活用形容詞なら「…し」まで（終止形と同形）、形容動詞なら「なり」「たり」を除いた形です。次のような用法があります。

□**体言＋（を＋）語幹＋み**＝**「〜が…ので」**
例 瀬をはやみ

□**形容詞の語幹＋ながら**＝**「…だが（逆接）」**
例 身はいやしながら、母なむ宮なりける。

□**語幹＋さ**＝**名詞**　例 かなしさ

□**語幹＋がる**＝**動詞**　例 あはれがる

□**形容詞語幹＋げなり**＝**形容動詞**　例 あやしげなり

□**語幹＋の＋体言**＝**連体形＋体言**
例 をかしの髪＝をかしき髪（入試チェック①▼p.68）

現代語でもこの「語幹用法」を使い、ク活用形容詞ならラストの「い」を除いて「寒ッ」「マズッ」と「感嘆文」を作ります。また、「おいしい」「たのしい」などのシク活用形容詞では「おいしッ」「たのしッ」と「し」まで言います。

入試で直接的に意味が問われやすい単語を中心に収録しています。二種類の活用を持つ動詞や、「客観的評価」と「主観的心情」の両方を表す形容詞は特に出題率が高いので、解説を熟読してイメージを定着させましょう！

第2章

入試重要語

92語

CONTENTS

098

かづく

被く

動：一カ四　二カ下二

image
かぶる
かぶせる

❶一かぶる
❷一褒美をいただく
❸二かぶせる
❹二褒美を与える

□□□

もともと「かづく」は、海女《あま》さんが海に潜るように「潜《かづ》く（＝すっぽりかぶる）」という意味。**偉い人からの褒美の衣服などをかぶるように肩にかけた**ので**「いただく」**という意味になりました。**下二段**なら**「頭にかぶせる」→「与える」**になります。

入試解法　**「活用の種類」の違い**に要注意！

一 四段活用

語幹	未然形	連用形	終止形	連体形	已然形	命令形
かづ	か	き	く	く	け	け

▶例文❶❷

二 下二段活用

語幹	未然形	連用形	終止形	連体形	已然形	命令形
かづ	け	け	く	くる	くれ	けよ

▶例文❹　▶例文❸

❶**かづきたる衣《きぬ》をうちのけたるを見れば、尼になつてぞ出《い》で来たる。**〈平家〉

訳（女が）かぶっていた着物を払いのけたのを見ると、尼になって出てきたのだった。

❷**大将も物かづき、忠岑《ただみね》も禄《ろく》たまはりなどしけり。**〈大和〉

訳（左大臣から）大将も引出物をいただき、忠岑も褒美をいただくなどした。

❸**円居《まどゐ》する身に散りかかるもみぢ葉は風のかづくる錦なりけり**〈伊勢集〉

訳円座（して宴を）する身に散りかかる紅葉は、風がかぶせる錦であったよ。

❹**御使ひに、なべてならぬ玉裳《たまも》などかづけたり。**〈源氏〉

訳（源氏からの）ご使者に、（明石の入道は）並々でなく立派な女装束などを与えた。

関

□**かづく**【潜く】動

①潜る

□**かづけもの**名

①褒美として与える品物・衣服

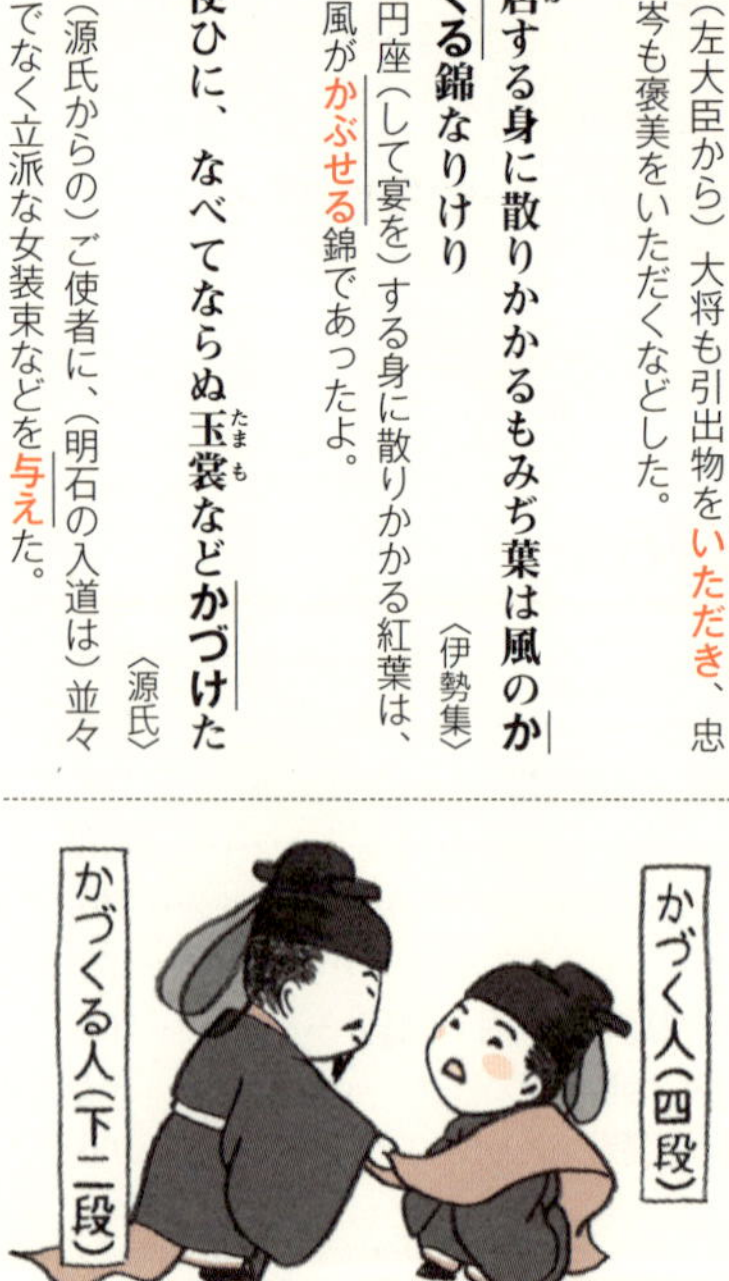

099

いら《(ロ)》ふ《ウ》

答ふ・応ふ

動：ハ下二

「こたふ〈答ふ〉」と同様**「答える」**の意味ですが、「いらふ」の場合は「勉強しなさい！」「ふぁ～い…」と、面倒くさそうに**一応返事をするときに多く用います。**名詞は「いらへ（＝返事）」です。

image
形式的な応答

❶答える

❶**奥のかたより、「何事ぞ。」といらふる声すなり。**〈宇治〉

訳（家の）奥の方から、「何事か。」と答える声がするようだ。

関
□**いらへ**［名］
①返事

類
□**こたふ**［動］
①答える
②反響する
③身にしみる

□□□

100

さは《ワ》る

障る

動：ラ四

「さはる」は「妨げられる」の意で、**「邪魔を受ける」側を主体にして用いる語**です。「触る」と混同しやすいので注意しましょう。逆に「遮《さえぎ》る」という意味の動詞は「さふ（障ふ・下二段）」です。

image
邪魔《ブロック》される

❶妨げられる・差し支える

❶**いとわりなき雨にさはりてわび侍り。**〈蜻蛉〉

訳まったくどうしようもない雨に妨げられて困っています。

❖雨が人を「さふ（下二段活用）」、雨によって人が「さはる（四段活用）」という関係です。

□□□

101

わづら《（ロ）》ふ《ウ》

煩ふ

動：ハ四

image
心身が苦しむ

①病気になる
❷思い悩む
❸〈動詞の連用形について〉…しかねる・…できない

入試解法

「わづらふ」は現代語の「恋煩い」や「思い煩う」という表現と同じく、**「困難によって気持ちが絡めとられて苦しむ」**意味です。精神的ストレスは体に悪影響を与えるので**「病気になる」**の意味が出現しました（現代語でも「長わずらい」と言います）。**心身どちらが苦しいのか**をおさえましょう。**補助動詞の用法❸**は意外と訳しにくいです。**「…するのに困る」**と解釈される場合もあります。

①**山の井の大納言、日ごろわづらひて、六月《みなづき》十一日に失《う》せ給ひぬ。**〈栄花〉

訳 山の井の大納言は、数日間病気になって、六月十一日にお亡くなりになった。

❷**鼻もたぐる人のなかりければ、「いかがせむとする。」などわづらふほどに、**〈今昔〉

訳 （長い）鼻を持ち上げる人がいなかったので、「どうしようか。」などと思い悩む折に、

❸**勢多《せた》の橋、みな崩れて渡りわづらふ。**〈更級〉

訳 勢多の橋は、みな壊れていて渡りかねる。

類 □019 なやむ［動］ □249 いたはる［動］

対 □020 おこたる［動］

102

ありく

歩く

動：カ四

image
動き回る

❶歩き回る・動き回る
❷〈動詞の連用形について〉…して回る

「あゆむ」のように、一歩一歩足を運んでただ歩く動作とは少し異なり、「歩く」に〈around〉な感じが加わり、**「アチコチ歩き回る」**という意味になります。

入試解法　舟や車が「ありく」と書かれている場合は**「動き回る」**と解釈します。**補助動詞❷の用法も頻出**です。

❶**など、かく寒きに出《い》でてはありくぞ。**〈宇津保〉

訳　どうして、こんなに寒いときに外出して歩き回るのか。

❷**蚊の細声にわびしげに名のりて、顔のほどに飛びありく。**〈枕〉

訳　蚊が細い声で心細そうな声で鳴いて、顔のあたりで飛び回る（のも憎らしい）。

類
□013 **わたる**［動］
□**あゆむ**［動］
①歩く

103 ねんず

念ず

動：サ変

image　ガマンして祈る

❶祈る
❷我慢する

もともと、現代語の「心をこめて念ずる」などと言うときと同じ**「祈る」**という意味でした。「何か強い念を実現したいときは、何かを**ガマン**しなくてはいけない」という考え方から❷の意味が出現しました。

入試解法　**頻出は❷**です！　ただし寺社や加《か》持《じ》祈《き》祷《とう》の場面などは❶も多いので注意。

❶**清水《きよみづ》の観音を念じ奉りても、すべなく思ひ惑ふ。**〈源氏〉

訳　清水寺の観音を祈り申し上げても、どうしようもなく途方に暮れる。

❷**いみじく心憂けれど、念じて物も言はず。**〈堤〉

訳　たいそうつらいが、我慢して物も言わない。

類
□008 **しのぶ**［動］
□**たふ**［動］
①我慢する
②能力がある

104

かま《(モ)》ふ《ウ》

構ふ

動：ハ下二

image

かみ合わせる

❶組み立てる
❷準備する
❸たくらむ・計画する

「かまふ」とは、もともと「噛《か》み合ふ」。この原義がわかると**「噛み合わせて→組み立てる」**という意味がすんなり理解できますよ。「何かに備えて組み立てる」から❷、「プランを組み立てる」から❸の意味が派生。現代語の「関係する」という意味（例「子供にかまってばかりいられないわ」）ではあまり用いられませんでした。

入試解法 **「かまへて」**の形で**副詞**としてもよく使われます（▼p.170）。

❶**西南に竹の吊《つ》り棚をかまへて、黒き皮籠《かはご》三合を置けり。**〈方丈〉

訳 （庵の）西南に竹の吊り棚を組み立てて、黒い皮張りの籠を三つ置いてある。

❷**まことに馬の草なんどをもかまへさせよ。**〈平家〉

訳 本当に馬の（エサになる）草なども準備させよ。

❸**朝廷《みかど》を傾け奉らむとかまふる罪によりて、大宰権帥《だざいごんのそち》になして流し遣はす。**〈栄花〉

訳 朝廷を傾け申し上げようとたくらむ罪によって、大宰権帥にして左遷する。

関 □194 **かまへて**［副］

類 □106 **まうく**［動］ □122 **いそぐ**［動］ □253 **したたむ**［動］

！例文❸は、時の右大臣・菅原道真に与えられた大宰府（今の福岡県太宰府市）左遷の命令の内容です。道真は優秀で帝の信頼が厚かったため、藤原氏に疎まれ、謀反の冤罪《えんざい》を着せられてしまいました。

□□□

105

ことわる

理る・断る

動：ラ四

image

道理で分ける

❶物事を判断する
❷筋道を立てて説明する

□□□

語源は「事割る」。「**割る**」ように「**物事を分けること**」が「**判断する**」ということ。「NO!＝断る」ことも判断であることから、現代語の「断る」という意味が生まれました。

入試解法 評論文で「**ことわりなり**（**＝理屈に合う**）」は基本的にプラス⊕の評価です。

❶**検使《けんし》みづから<u>ことわり</u>て、価《あたひ》を定めて売らせらる。** 〈太平〉

訳 （穀物の値段を）検非違使《けびいし》が自分で判断して、値段を決めて売らせなさった。

❷**にぎはひ豊かなれば、人には頼まるるぞかしと、<u>ことわら</u>れ侍りしこそ、** 〈徒然〉

訳 （東国の人は）富み栄えて豊かなので、人には頼りにされるのだよと、（高僧が）筋道を立てて説明しなさいましたのは、

関
□**ことわり**［名］ ①道理
□**ことわりなり**［形動］ ①当然だ・理屈に合う

！例文❶の「検非違使」とは、今の警察官と裁判官を兼ねる役職で、京都の治安維持にあたっていました。

106

まう《モウ》く

一 設く 二 儲く

動：カ下二

image 前もって用意する

❶一 準備する
❷二 手に入れる

「まうく」は、**将来の事態を見込んでそれに合わせ**「**準備する**」が原義。名詞「まうけ」は「準備」→「もてなし」（＝あるじまうけ）→「食物」と意味が派生しました。

入試解法 「**まうけの君**」とは「次の天皇になる準備がしてある人」、つまり「**皇太子**」です。「東宮《とうぐう》」「春宮《とうぐう》」「春の宮」も同義。

❶**かねて、と言はむ、かく言はむと<u>まうけ</u>し言葉をも忘れ、** 〈源氏〉

訳 あらかじめ、ああ言おう、こう言おうと準備した言葉も忘れ、

❷**正直にては、よき馬は<u>まうく</u>まじかりけり。** 〈源平〉

訳 正直者では、よい馬を手に入れることはできないのだなあ。

関
□**まうけ**［名］ ①準備 ②もてなし ③食物
□**まうけのきみ**［名］ ①皇太子

類
□104 **かまふ**［動］
□122 **いそぐ**［動］
□253 **したたむ**［動］

第二章

107

すま《（モ）》ふ《ウ》

㊀争ふ・辞ふ　㊁住まふ

動：八四

image
resist & refuse!

❶㊀抵抗する
❷㊀辞退する
③㊁ずっと住み続ける

㊀「すまふ」は**「争ふ・辞ふ」**で、❶**「抵抗する」**〈resist〉動作です。二人の男性が「抵抗し合うスポーツ」である日本の国技「相撲《すもう》」はこの言葉が語源です。「相撲」は昔「すまひ」（動詞連用形の名詞化）と言いました。「（相手の誘いに）抵抗する」→❷**「辞退する」**〈refuse〉という意味も。
㊁「すまふ」は**「住む＋ふ【継続・反復】」**なので、③**「ずっと住む」**という意味です。

入試解法　**入試頻出の意味は❶❷です。**

❶**女も卑しければ、すまふ力なし。**〈伊勢〉

訳　女も身分が低いので、（男の親に）抵抗する力がない。

❷**もとより歌のことは知らざりければ、すまひけれど、しひて詠ませければ、**〈伊勢〉

訳　もともと歌の詠み方は知らなかったので、辞退したけれど、無理に詠ませたので、

③**屏《びやう》風《ぶ》、障子の絵も見所ありてすまひたり。**〈枕〉

訳　屏風や、ふすま障子の絵も見所がある様子で（風流に）住み続けている。

類
□269いなぶ［動］
□いひしろふ［動］
①言い争う

「すもう」＝「すまふ」スポーツ

□□□

108

たのむ

頼む

動：㊀マ四　㊁マ下二

image
たより
たよらせ

❶㊀あてにする
❷㊁あてにさせる・約束する

□□□

「たのむ」は**四段・下二段の二つの活用**があり、それぞれ意味が違う動詞です。このような「双子動詞」の意味は、たいてい**「四段活用の意味＋使役（させる）＝下二段活用の意味」**（「098かづく」も同様）です。

入試解法 ❷は「あてにさせる」「約束する」両方が選択肢になっている問題もあります。

❶**主上軍《いくさ》に勝ち給はば、汝《なんぢ》を頼みて我は参らん。**〈保元〉

訳 帝が戦にお勝ちになったら、あなたを**あてにし**て私は参上しよう。

❷**我を頼めて来ぬ男、角三つ生《お》ひたる鬼になれ。**〈梁塵〉

訳 私を**あてにさせ**ておいて通って来ない男よ、角が三本生えた鬼になってしまえ。

関 □**たのもし**［形］ ①安心だ ②裕福だ

❗例文❶❷は両方「て」に接続しているので連用形です。語尾に注目すると、❶は四段活用、❷は下二段活用とわかります。

109

あくがる・あこがる

憧る・あく（こ）離る

動：ラ下二

image フワフワ さまよう

❶**さまよい歩く**
❷**上の空になる・魂が自分から離れる**

□□□

語源は**「あく（場所）」＋「離る」**で、**もとあった場所からフワフワ離れる**ようなニュアンスです。気持ちが離れて、外部の人や物に引き寄せられるということから、現代語の「あこがれる」が生まれました。

入試解法 **「物理的にさまよう」**❶か**「心がさまよう」**❷か、文脈で判断しましょう。

❶**人の言にうちなびき、この山里をあくがれ給ふな。**〈源氏〉

訳 人の言葉にふと誘われて、この山里を**さまよい歩き**なさってはいけない。

❷**いみじう心あくがれ、せむかたなし。**〈枕〉

訳 たいそう心が**上の空になり**、どうしようもない。

関 □017**かる**［動］

110

おくる

遅る・後る

動：ラ下二

image

あの世に遅れる

❶**死に後れる・先立たれる**
❷**劣る**

死後の世界に遅れる❶、**他人に後れをとる**❷の二つの意味があります。「比翼の鳥、連理の枝（半身ずつで合体して一羽になる鳥、木目がつながった木）」にたとえられるほどの仲良し夫婦がパートナーに「おくれ（＝先立たれ）」、悲しむ場面が、古文ではよく出てきます。

入試解法 ❶**の意味が頻出**です。「おくらす」は「おくる」＋「す【使役】」で、「死んで人を後に残す＝先立つ」という意味です。

❶**親にとくおくれて、心もはかばかしからずぞあらむかし。**〈落窪〉

訳 親に早く先立たれて、心もしっかりしていないのだろうよ。

❷**この大納言殿、よろづにととのひ給へるに、和歌の方《かた》や少しおくれ給へりけむ。**〈大鏡〉

訳 この大納言殿は、万事に精通していらっしゃったが、和歌の方面は少し劣っていらっしゃったのだろうか。

関 □**おくらす**［動］ ①後に残す・先立つ

111

とふ《ウ》

問ふ・訪ふ

動：ハ四

image

尋ねに訪れる

①**尋ねる**
❷**訪ねる・見舞う・弔う**

「とふ」には二系統あります。①「**問ふ**（＝**尋ねる**）」と❷「**訪ふ**（＝**訪ねる**）」です。「こととふ」も同じ意味の連語です。❷から派生した意味には「**見舞う**」「**弔う**」があります。周囲の文脈から、例えば死がテーマであれば「弔う」などと判断しましょう。

①「そもそもいかが詠んだる。」と、いぶかしがりて**とふ**。〈土佐〉

訳「そもそもどのように（歌を）詠んだのか。」と、不思議がって**尋ねる**。

❷僧法師にもなして、わが後世《ごせ》菩提《ぼだい》を**とはせ**てたび給へ。〈太平〉

訳（息子が成人したら）僧や法師にもして、私の死後の冥福を**弔わ**せてください。

類

□**こととふ**［動］
①尋ねる
②訪ねる・見舞う

□**とぶらふ**［動］
①尋ねる
②訪ねる・見舞う・弔う

112

おとな《（ノ）》ふ《ウ》

音なふ

動：ハ四

image
音を立てて訪問する

❶**音を立てる**
❷**訪問する・手紙を送る**

□□□

「音＋なふ（…をする）」＝「音を立てる」。「音」とは「音信」という言葉からわかるように、**手紙を送るなどして相手とコンタクトをとる**こと。「なふ」は「あきなふ」などさまざまな動詞で使われる接尾辞です（解法コラム①▼p.98）。「おとづる」も「音＋連る（相手にずっと声をかける）」で❶❷と同じ意味を持ちます。

❶木の葉に埋《うづ》もるる懸樋《かけひ》のしづくならでは、つゆ**おとなふ**ものなし。〈徒然〉

訳木の葉に埋もれている懸樋のしずく以外には、少しも**音を立てる**ものがない。

❷古《ふ》りにたるあたりとて、**おとなひ**聞こゆる人もなかりけるを、〈源氏〉

訳古びてしまったところだとして、**訪問し**申し上げる人もいなかったが、

関

□**おとなひ**［名］
①物音
②気配
③訪問

類

□**おとづる**［動］
①音を立てる
②訪問する・手紙を送る

113

ときめく

時めく

動：カ四

image 時流に乗る

❶**時にあって栄える**
❷**寵愛《ちょうあい》される**

「時＋めく＝ときめく」。「時」は「良い時」、「めく」は四段活用の動詞を作り、「本当に…らしい様子になる」という意味を持たせる接尾辞です。つまり「ときめく」は、**「本当に良い時にあたって、盛り(⊕)になっている」**ということです。

入試解法 通常、**男性が主語なら❶、女性が主語なら❷**の意味になります。女性は、権力者（特に天皇）に寵愛されることが栄えることでした。

❶**世の中に時めき給ふ殿上人、桂《かつら》より遊びて帰り給ふが、** 〈十訓〉

訳 世の中で**時にあって栄え**なさる殿上人が、桂から遊興してお帰りになったのだが、

❷**女御《にょうご》、御息所《みやすどころ》、あまたさぶらひ給へど、すぐれて時めき給ふもなし。** 〈狭衣〉

訳 女御や、御息所が、大勢お仕えなさっているけれども、（帝から）格別に**寵愛され**なさる者もいない。

関 **身の才《ざえ》人にまさり給へり。帝は時めかし給ふこと限りなし。** 〈宇津保〉

訳 （右大臣は）学才が人より優れていらっしゃった。帝は**寵愛し**なさることこの上ない。

関 □**ときめかす**［動］
①寵愛する

類 □**ときにあふ**［連語］
①時にあって栄える

！「ときめかす」は、「ときめく」＋「す」（使役）。「寵愛されるようにさせる＝寵愛する」という意味になり、基本的に男性権力者が主語となります。「ときめく」とともに、主語判定のヒントとなる語です。

□□□

114

しる

知る・領る・治る

動：ラ四

image 知は力なり

❶**治める・領有する**
②**知る・理解する・わかる**

□□□

115 まねぶ

学ぶ

動・バ四

image まねて まなぶ

❶口まねする
❷学ぶ・習得する

かつて知ることは力を持っていました。**何かを知ることはその対象を支配すること**。「知事」は「事を知っている人」と書きますが、もともと中国で「州や県を治める長官」を表す言葉です。古語の「しる」も同様に**「知ることがその土地を治めること」→「治める」**という意味です。

「まねぶ」は、ずばり**「真似」からできた言葉**です。「真似」はよくないことのように思われがちですが、芸術家たちも**先人を「真似」て「学」びました**。「優れた芸術家は真似る。偉大な芸術家は盗む。」スティーブ・ジョブズ（アップル社創業者）の好んだ言葉です。

❶**男、津の国にしる所ありけるに、兄、弟、友達率ゐて、難波《なには》の方《かた》に行きけり。**〈伊勢〉

訳 男は、摂津の国に領有する所があったので、兄、弟、友達を引き連れて、難波の方に行った。

②**翁、年七十《ななそぢ》に余りぬ。今日とも明日ともしらず。**〈竹取〉

訳 翁は、年が七十を超えた。（寿命は）今日とも明日ともわからない。

❶**鸚鵡《あうむ》いとあはれなり。人の言ふらむことをまねぶらむよ。**〈枕〉

訳 オウムはたいそうしみじみすばらしい。人が言うようなことを口まねするそうだよ。

❷**琴《きん》、はた、ましてさらにまねぶ人なくなりにたりとか。**〈源氏〉

訳 琴は、また、ましてまったく習得する人がいなくなってしまったとかいうことだ。

関 □229 しろ（ら）しめす［動］

! 琴《きん》（の琴《こと》）は、小ぶりな七弦の楽器で、現代の大きな十三弦の琴《こと》（箏《そう》）とは違います。複雑な奏法で平安中期には廃れ始めたとか。

▶琴（きん）

116

おづ

怖づ

動：ダ上二

image おずおず怖がる

❶怖がる

「おじけづく」という言葉があるように、「おづ」は**「怖がる」**という意味です。類語の**形容詞「をぢなし」を「怖がらない」と訳さないように**。この「なし」は、「とても…〈very〉」の方ですよ（▼p.98）。

❶**燕《つばくらめ》**も、**人のあまたのぼりゐたるにおぢて、巣にものぼり来ず。**〈竹取〉

訳 ツバメも、人がたくさんのぼっているのを怖がって、巣にものぼってこない。

❖かぐや姫は、結婚の条件として「燕の子安貝」を取ってくるよう、貴公子に命じていました。

類

□**をぢなし**［形］
①怖がりだ
②下手だ

□□□

117

あきらむ

明らむ

動：マ下二

image ハッキリさせる

❶物事の事情を明らかにする

「物事の曇りをなくし、ハッキリ明らかにする」という意味です。明らかになったとき、人は納得しあきらめることができるので、現代語の「あきらめる」という意味が生まれました。

❶**往古《いにしへ》に富める人は、天の時をはかり、地の利をあきらめて、おのづからなる富貴を得るなり。**〈雨月〉

訳 昔に富み栄えた人は、天の時を見計らい、地の利を明らかにして、自然と富貴を手に入れたのである。

関

□**あかし**［形］
①明るい
②赤い

□**あきらかなり**［形動］
①明るい

□□□

第二章

118

つつむ

包む・慎む

動：マ四

「形があるもの」も「形がないもの（心）」も**「包む（ラッピングする）」動作が「つつむ」**です。特に後者について、現代語の「つつしむ」と同じ**「遠慮する」**という意味で用います。**形容詞「つつまし」も頻出。**

image 本心を包み隠す

❶ 遠慮する

❶かぐや姫、いといたく**泣き給ふ**。**人目も今はつつみ給はず泣き給ふ**。〈竹取〉

訳 かぐや姫は、たいそうひどくお泣きになる。人目も今は遠慮しなさらずお泣きになる。

❖かぐや姫が、八月十五日に月に帰らなければならないことを両親に告白する直前の場面です。

関 □**つつまし**［形］
①遠慮される
②控えめだ

類 □**ところおく**［動］
①遠慮する

119

まもる

目守る

動：ラ四

「ま」は「目」のこと。例えば「まつげ」は「目＋つ（＝の）＋毛」です。「まもる」も、**「目＋守る」＝「見守る」**。**漢字の語源を考える癖をつける**と、意味が類推しやすくなり、言葉の世界が広がりますよ。

image 目で守る

❶ 見守る・見つめる

❶**面《おもて》をのみまもらせ給うて、物ものたまはず。**〈大和〉

訳 （帝は大納言の）顔ばかりを見つめなさって、物もおっしゃらない。

❖自慢の鷹《たか》が逃げてしまったという報告を受けた帝の反応です。

類 □006 **ながむ**［動］

対 □**あからめす**［動］
①よそ見する
②浮気する

120 かしづく

傅く

動：カ四

image 大切にする

❶**大切に育てる・大切に世話する**

一説に「かしづく」は「頭《かしら》を付く」からできた言葉と言われ、**「頭を地に付けるほど大切にする」**という意味です。**子供なら「大切に育てる」、男女の仲なら「大切に世話する」**と少し訳語を変えましょう。

❶**姫君ただならずなり給ひて、七月《ふみづき》にうつくしき若君誕生あり。中将殿、かしづき給ふこと限りなし。**〈住吉〉

訳 姫君は妊娠なさって、七月にかわいい若君が生まれた。中将殿は、大切に育てなさることこの上ない。

類

□264 **おほしたつ**［動］

□**いつく**［動］

①神をまつる　②大切にする

□**はぐくむ**［動］

①大切に育てる

121 ねぶ

動：バ上二

image grow

❶**年をとる・大人びる**

「老ゆ」が年をとって衰えるネガティブ⊖な感じなのに対し、**「ねぶ」は年をとってそれにふさわしい行動をする**という意味を含みます。そこから「ねびまさる」というポジティブ⊕な表現も生まれました。

❶**主上今年は八歳にならせ給へども、御年の程よりはるかにねびさせ給ひて、御かたちうつくしく、**〈平家〉

訳 帝は今年は八歳になられたが、お年の頃よりはずっと大人びていらっしゃって、お顔立ちが立派で、

関

□**ねびまさる**［動］

①大人らしくなる・一段と立派になる

類

□263 **およす（ず）く（ぐ）**［動］

□**おとなぶ**［動］

①大人らしくなる

122 いそぐ

急ぐ

動：ガ四

現代語の「イソイソ」と同じ語源である「いそぐ」は、**「急いで準備する」動作**です。名詞は「いそぎ」ですが、覚えなくても**「動詞の連用形＝名詞」**と知っていれば派生させることができて便利です。

image イソイソ 準備

❶ （急いで）準備する

❶ **御調度などはそこらしおかせ給へれば、人々の装束、何くれのはかなきことをそいそぎ給ふ。** 〈源氏〉

訳 ご調度品などはたくさん作らせておきなさったので、女房たちの装束や、あれこれのこまごましたことを準備しなさる。

関
□ いそぎ［名］
①急ぐこと・急用
②準備

類
□ 104 かまふ［動］
□ 106 まうく［動］
□ 253 したたむ［動］

□□□

123 ものす

物す

動：サ変

英語の代動詞〈do〉にあたる語です。

入試解法 **文脈上「何をするか」を判断する**必要があります。標準的な意味は「行く」「来る」「食べる」「いる」「ある」など。**よく使われる動詞の代わりに用いられます。**

image ●●する

❶ …をする

❶ **京より、叔母などおぼしき人ものしたり。** 〈蜻蛉〉

訳 京から、叔母にあたる人が来た。

❶ **文ものすれど、返り事もなく、** 〈蜻蛉〉

訳 手紙を書く（送る）が、返事もなく、

関 □ 294 ものし［形］

類 □ 022 あり［動］

❗ 動詞「ものす」の連用形（例文❶）と形容詞「ものし」の終止形を混同しないように注意しましょう。

□□□

124

うるは《ワ》し

麗し・美し・愛し

形：シク

image 完璧な美

❶ きちんとしている
❷ 仲がいい・誠実だ
❸ 端正で美しい・立派だ

もともとは **「神様のパーフェクトな美しさ」** を表したので、「完璧なもの」を修飾する語になりました。❶**事物や人格が完璧**、❷**人間関係が完璧**、❸**顔やかたちが完璧**と考えてみましょう。逆に堅苦しさや近寄りがたい感じを表す場合もあります。

入試解法　❸は単に「美しい」としないように。**「端正で美しい」** など語の性質が明確に伝わるよう訳しましょう。「美しい・よい」など**レンジの広い言葉で訳す際は注意を。**

❶ **いみじう装束《さうぞ》きたる女房、うるはしく髪上げ、**〈浜松〉

訳 たいそう着飾っている女房が、きちんと髪を結い上げ、

❷ **昔、男、いとうるはしき友ありけり。**〈伊勢〉

訳 昔、男は、とても仲がいい友を持っていた。

❸ **この子十二になりぬ。容貌《かたち》のうるはしくうつくしげなること、さらにこの世の者に似ず。**〈宇津保〉

訳 この子は十二歳になった。顔立ちが端正で美しくかわいらしいことは、まったくこの世の者に似つかない。

類 □ 025 うつくし［形］

対 □ しどけなし［形］
①乱れている
②無造作だ

うるはしき人

しどけなき人

□□□

125

なまめかし

生めかし・艶めかし

形：シク

image フレッシュ！

❶ 若々しい
❷ 優美だ・上品だ

□□□

「なまめく」という動詞からできた形容詞「なまめかし」。**「なま〈生〉」**は「生ジュース」や「生ビール」の「生」で、**「フレッシュ」**という意味です。**実際に若い**という❶の意味と、若くなくても、ガサツに崩れておらずハリを保っている状態→**❷しっとりと上品**という意味があります。

❶**うつくしき子供の心地して、なまめかしうをかしげなり。**〈源氏〉

訳 かわいらしい少女の風情があって、若々しく美しい様子だ。

❷**なまめかしきもの。ほそやかに清げなる君達の直衣《なほし》姿。**〈枕〉

訳 優美なもの。ほっそりときれいな貴公子の直衣姿。

関
□**なまめく**[動]
①若々しい
②優美だ・上品だ

類
□065 **あてなり**[形動]
□134 **やさし**[形]
□157 **いうなり**[形動]
□158 **えんなり**[形動]

126 こころやすし

心安し　形・ク

image 心が安らか

❶安心だ
❷親しい・たやすい

「…やすし」には**「安心」**の**「安」**をあてましょう。「033後ろ安し」「138目安し」と同様、「心安し」となり、漢字同士をひっくり返すと「安心だ」という意味が作れます。文脈によって**「心を安らかにしていられる間柄→親しい」「心安らかに対応できる→たやすい」**という❷の意味になります。

❶**この位去りて、ただ心やすくてあらむとなむ思ひ侍る。**〈大鏡〉

訳 この（皇太子の）位を下りて、ただ安心して過ごそうと思います。

❷**道にも敵《かたき》待つなれば、心やすう通らんこともありがたし。**〈平家〉

訳 道中にも敵が待っているそうなので、たやすく通ることも難しい。

類 □033 **うしろやすし**[形]

対 □035 **うしろめたし**[形]

127

あいなし

合無し・愛無し

形：ク

image
自分と合わない

❶ 気にくわない・つまらない
❷ 無益だ
❸ 〈連用形「あいなく（う）」で〉むやみに

語源は「合無し」とも「愛無し」とも言われます。**自分と「合わない」もの全般に使う言葉**。人は、自分の心と共鳴しない対象に「愛」を感じられません。そのような**「違和感」**がキーワード！

入試解法 入試問題で**最頻出なのは❶**の意味ですが、**副詞的に程度を強調する❸**の形でもよく用いられます。この場合はマイナス⊖のニュアンスがないことも多いので注意しましょう。

❶**世に語り伝ふること、まことはあいなきにや、多くはみな空言《そらごと》なり。**〈徒然〉
訳 世の中で語り伝えることは、真実はつまらないのだろうか、多くはみなうそである。

❷**なぞ、かくあいなきわざをして、やすからぬ思ひをすらむ。**〈源氏〉
訳 どうして、このように無益なこと（＝恋）をして、不安な物思いをしているのだろう。

❸**中宮も、あいなう御おもて赤む心地せさせ給ふ。**〈栄花〉
訳 中宮も、むやみにお顔が赤くなるような思いがなさる。

類
□ 128 めざまし［形］
□ 153 あぢきなし［形］

128

めざまし

目覚まし

形：シク

image
目が覚めるほど不快

❶ 気にくわない（マイナス⊖の意味）
② 驚くほどすばらしい（プラス⊕の意味）

「目が覚めるほどの（プラス⊕・マイナス⊖）」という意味です。現代語で「めざましい活躍」などと使う「めざましい」はプラス⊕の意味ですが、**古語では圧倒的にマイナス⊖の意味**で使われます。寝坊の人は朝の「目覚まし時計」をイメージ！「目覚まし、気にくわない」と覚えて（笑）

❶**思ひのぼれる心を持たりけるが、めざましう、恐ろしうもあるかな。**〈平中〉

訳 思い上がった心を持っていたのが、気にくわず、恐ろしくもあるなあ。

②**なほ和歌はめざましき**ことなりかしと**おぼえ侍りしか。**〈大鏡〉

訳 やはり和歌は驚くほどすばらしいものだよと思われました。

類 □127 あいなし［形］

129 めづらし

目連らし・愛づらし

形：シク

image めでていたい

❶心ひかれる・すばらしい

②珍しい

□□□

「目連らし」という漢字から**「一目見るために列を連ねる」イメージ**がわきませんか。美術館で人が群がっている絵画のように、多くの人がずっと見て「愛で」ていたいと思うほど**「すばらしい」**という意味❶、それほどのものはめったにないので、現代語の意味と同じ意味②が生まれました。

❶**かがり火ども灯《とも》したる川のおもて、いとめづらしう**を**かしとご覧ず。**〈増鏡〉

訳 多くのかがり火を灯した川面は、たいそうすばらしく趣深いとご覧になる。

②**何事もめづらしき**ことを**求め異説を好むは、浅才の人の必ずあることなりとぞ。**〈徒然〉

訳 何事も珍しいことを求め異説を好むのは、浅学非才の人に必ずあることだというよ。

関

□029 めでたし［形］

□めづ［動］

①ほめる・愛する

□めづらかなり［形動］

①めったにない

130

ゆゆし

忌忌し・斎斎し

形：シク

image
パワー強×２！

❶ **不吉だ・いやだ**（マイナス⊖の意味）

❷ **優れている・神聖だ**（プラス⊕の意味）

❸〈連用形「ゆゆしく（う）」で〉**たいそう・はなはだしく**

□□□

入試解法

語源の「ゆ〈忌・斎〉」は、「神聖で触れてはならないものを恐れる気持ちから生まれた**「霊（パワー）が濃い！」**という意味。「031 いみじ」よりも強い意味合いですが、考え方は同じ。**プラス⊕・マイナス⊖どちらの文脈でも使われます。**姫君や貴公子の容姿描写に用いられるときは、多く**「不吉なほど美しい」**という意味になります。プラス⊕・マイナス⊖の印をつけて**文脈から具体的な意味をつかみます。**

❶ **上下《かみしも》泣き騒ぎたるは、いとゆゆしく見ゆ。**〈源氏〉

訳 身分が上の者も下の者もみな泣き騒いでいるのは、たいそう不吉に見える。

❷ **この大殿《おとど》は、ゆゆしき相人にておはしましけり。**〈著聞集〉

訳 この大臣は、優れた人相見でいらっしゃった。

❸ **おのおの拝みて、ゆゆしく信おこしたり。**〈徒然〉

訳 （出雲神社を）それぞれ拝んで、たいそう信心を起こした。

類
□031 いみじ 形
□037 いたし 形
□148 かしこし 形

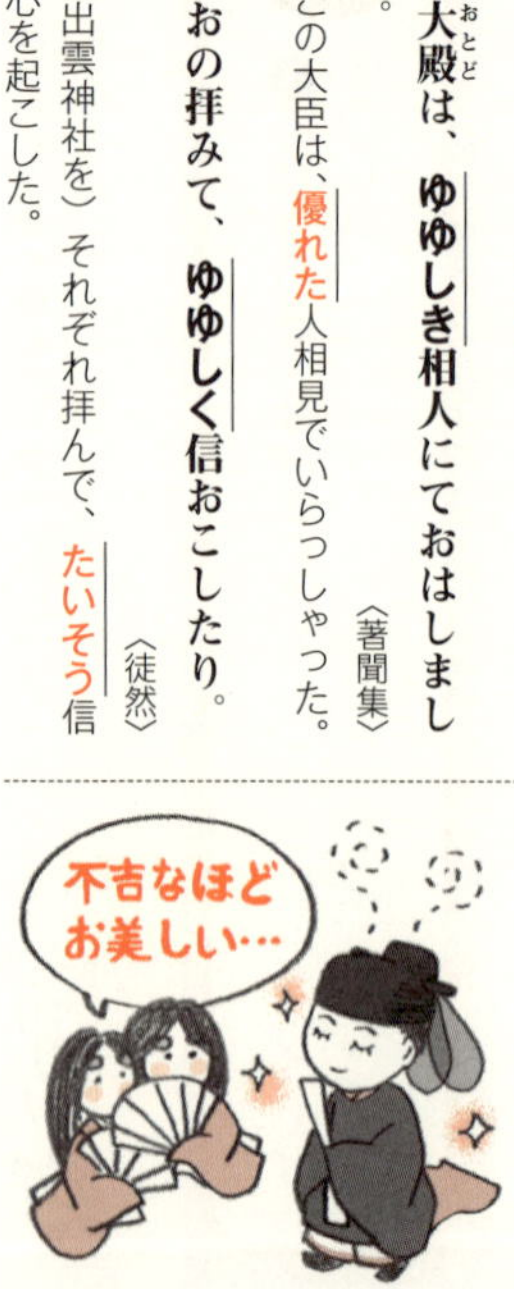

131

はづかし

恥づかし

形：シク

image
劣等感を持つほど

① **恥ずかしい**（主観的心情・マイナス⊖の意味）

❷ **（こちらが恥ずかしくなるほど相手が）立派だ・優れている**（客観的評価・プラス⊕の意味）

□□□

「はづかし」は現代語の①「**恥ずかしい**」と同じ意味です。しかし、**主観的心情を表す形容詞が客観的評価を表す**ことが古語にはよくあり、❷「**こちらが恥ずかしく劣等感を持つほど相手がプラス⊕だ**」という意味にもなるのです。

入試解法　頻出なのは断然❷の意味です。

①**女、わりなう恥づかしと思ひて臥《ふ》したり。**〈大和〉

訳　女は、どうしようもなく恥ずかしいと思って臥せっていた。

❷**小野宮の大臣、中宮大夫など、いと恥づかしき上達部《かんだちめ》なり。**〈栄花〉

訳　小野宮の大臣や、中宮大夫などは、まことに立派な上達部だ。

類　□134 やさし［形］

132 おどろおどろし

驚驚し　形・シク

image　激しくビックリ！

❶おおげさだ・騒々しい
❷気味が悪い

現代語で「ビックリする」意の「**おどろ**」を**二回重ねて**「**激しく驚く様子**」という**イメージ**をつかみましょう。そんなに驚くほど❶「**おおげさ**」なもの、❷「**気味が悪い**」ものを修飾する語です。❷は現代語の「おどろおどろしいホラー映画だったね」などと似た意味で使いますね。

❶**夜いたく更けて、門《かど》をいたうおどろおどろしうたたけば、**〈枕〉

訳　夜がたいそう更けてから、門をひどくおおげさにたたくので、

❷**夜の声はおどろおどろし。あなかま。**〈源氏〉

訳　夜中の声は気味が悪い。しっ、静かに。

関
- □005 おどろく［動］
- □136 ところせし［形］
- □150 ことごとし［形］
- □274 こちたし［形］

類
- □ものものし［形］
  - ①重々しい
  - ②おおげさだ

133 つれなし

連れ無し

形：ク

image 無反応

❶変化がない
❷平気だ
❸冷淡だ・無関心だ

□□□

「連れ無し」と漢字をあてると**「連鎖する反応がない」**＝**「二つの物事の間に何の変化もつながりもない」**という原義がイメージできます。そこから、❶❷の意味ができ、現代語「つれない」と同じ❸の意味が出現しました。

入試解法　現代語から遠い意味＝原義に近い意味から順番に（❶→❷→❸）派生させて覚えるのがお勧め。❶は、A→**「つれなし」**＝Aと、前の状態がそのまま続きます。

❶**雪の山、つれなくて年も返りぬ。**〈枕〉

訳（十二月の雪で作った）雪山は、変化がないまま年も改まった。

❷**下には思ひ砕くべかめれど、誇りかにもてなして、つれなきやうにしありく。**〈源氏〉

訳 内心は思い乱れているに違いないようだが、（うわべは）得意そうに振る舞って、平気な様子で過ごしている。

❸**昔、男、つれなかりける女にいひやりける。**〈伊勢〉

訳 昔、男が、冷淡だった女に詠んで送った（歌）。

つれなし
- 自然現象
  - ❶変化がない（A→A）
- 人物描写・心情
  - ❷平気だ
  - ❸冷淡だ

134 やさし

羞し・優し

形：シク

image 優美すぎてつらい

❶つらい・恥ずかしい（主観的心情・マイナス⊖の意味）
❷優美だ・上品だ（客観的評価・プラス⊕の意味）

□□□

動詞「痩す（＝やせる）」が形容詞化した語。主観的心情で用いる場合は、痩せてしまうほどマイナス⊖だという❶の意味になります。そして、❶のように感じるほど、**他者が客観的にプラス**⊕だという❷の意味が派生します。❶❷どちらの意味になるか、被修飾語や文脈をチェックしてください。

❶**昨日今日、帝ののたまはむことにつかむ、人聞きやさし。**〈竹取〉

訳 昨日や今日、帝がおっしゃるようなことに従うのは、外聞が**恥ずかしい**。

❷**戦の陣へ笛持つ人はよもあらじ。上﨟《じやうらふ》はなほもやさしかりけり。**〈平家〉

訳 戦陣に笛を持ち込む人はまさかいるまい。身分が高い人はやはり**優美だ**なあ。

類 □131 はづかし［形］

135

こころぐるし

心苦し　形・シク

❶ **気の毒だ**（客観的評価）

② **つらい・気になる**（主観的心情）

image 人の苦痛にシンクロ

□□□

相手の様子を見て、こちらもその気持ちにシンクロ（同調）して苦しくなり、❶**「気の毒だ」**と思うときに使います。現代語の「心苦しい」は②の意味です。「こころぐるし」と違い、「154かたはらいたし」は、自分と相手を切り離してマイナス⊖と感じる語ですので、訳に注意してください。

❶**思はむ子を法師になしたらむこそ、心苦しけれ。**〈枕〉

訳 かわいがっている子供を法師にしたなら（その人は）**気の毒だ**。

②**わづらはしかりつることはことなくて、やすかるべきことはいと心苦し。**〈徒然〉

訳 面倒だと思っていたことは無事で、（逆に）簡単なはずのことはとても**つらい**。

類

□053 いとほし［形］

□154 かたはらいたし［形］

□ ふびんなり［形動］

①不都合だ

②気の毒だ

136 ところせし

所狭し

形・ク

image 狭い感じ

❶ 狭い（空間的）
❷ 気づまりだ（心理的）
❸ おおげさだ・重々しい

□□□

漢字をあてると「所狭し」で、そのまま意味は「**狭い！**」です。**空間的にも心理的にも用いることができます**。「心理的に狭い」とはどういうことでしょうか？ 咳《せき》も出せないほど重々しい式典などに参加しているとき、自分の心理的なスペースが狭くなった気がしませんか？ そのような気持ちが❷「**気づまりだ**」。そして、相手を❷のような気分にさせるほど「**おおげさだ**」という❸の意味が出てきます。

❶**おし拭《のご》ひ給へる袖の匂ひも、いとところせきまで香り満ちたるに、**〈源氏〉

訳 （涙を）ぬぐいなさる袖の香も、（あたりが）とても狭いほどに香り満ちているので、

❷**ところせき身こそわびしけれ。軽《かろ》らかなるほどの殿上人などにてしばしあらばや。**〈源氏〉

訳 気づまりな身の上がつらい。身軽な身分の殿上人などにしばらくなってみたい。

❸**ただ近き所なれば、車はところせし。**〈堤〉

訳 ほんの近所なので、車はおおげさだ。

類
□ 132 おどろおどろし 形
□ 150 ことごとし 形
□ 274 こちたし 形
□ ものものし 形
①重々しい
②おおげさだ

137 くまなし

隈無し

形・ク

image 陰がない

❶ 曇りがない・明るい
❷ 行き届かないところがない・何でも知っている

□□□

「陰や曇りがない明るい状態」を表します。月に雲がかかっていないときや、人の仕事や知力に曇りがなくクリアなときに使います。ちなみに古代人は、山道などで「陰になる所＝くま」には霊力（＝パワー）がこもると考え、祈りを捧げました。世界遺産の「熊野」も、ずばり「パワースポット」という意味で、昔は多くの権力者が遠い都から「熊野詣で」をしたのですよ。

❶**少し立ち出《い》でさせ給ひて、くまなき月をもご覧ぜよかし。**〈住吉〉

訳 少しお出ましになって、曇りがない月をご覧なさいよ。

❷**いとくまなき御心の性《さが》にて、推しはかり給ふにや侍らむ。**〈源氏〉

訳 （匂宮《におうのみや》は恋愛に関して）実に行き届かないところがないご性分で、推察なさるのでしょうか。

関 □くま［名］①曇り・かげ

対 □くまぐまし［形］①物かげが多い

138 めやすし

目安し　形：ク

image 見ていて安心

❶ （見た目の）感じがよい

□□□

「126こころやすし」と同様に漢字をあててみましょう。「めやすし」は「目安し」＝「見ていて安心」→「感じがよい」という意味です。多く容姿に関して使う語ですが、心情的に「見苦しくない」という意も。

❶**兵衛佐貞文《ひやうゑのすけさだふん》、御子《みこ》の孫子《まごこ》にて、品もいやしからず、かたちもめやすし。**〈十訓〉

訳 兵衛佐貞文は、皇子の子孫で、身分も低くなく、顔立ちも感じがよい。

！「兵衛佐貞文」とは好色な平貞文のことです。彼が主人公の歌物語と言えば『平中物語』。『伊勢物語』とは対照的に、失恋話も多く集められています。

139 はしたなし

端甚し　形：ク

image すごくハンパ

①中途半端だ
❷きまりが悪い（主観的心情）
❸みっともない（客観的評価）

「端」が「甚しい」ことから、**「とても中途半端だ」**というのが本来の意味です。「やりたくないなー」と思いつつ、①**「中途半端」**にやった経験を思い浮かべてください。たいてい結果は悪くて、「やらなければよかった」と❷**「きまりが悪い」**思いをしたのでは？　それを他者から見ると❸**「みっともない」**という意味になります。

入試解法　**風雨や戦などの描写**に用いられると**「激しい」**の意になることもあります。

①**帰らむにもはしたなきを、心幼く出《い》で立ちにけるを思ふに、**〈源氏〉

訳 帰ろうにも中途半端なので、分別もなく出発してしまったと思ううちに、

❷**げにいとあはれなりなど聞きながら、涙のつと出《い》で来ぬ、いとはしたなし。**〈枕〉

訳（人の話を）本当にとても気の毒だなどと聞いていながら、涙がすぐに出てこないのは、とてもきまりが悪い。

❸**戯《たはぶ》れ言のはしたなき多かり。**〈栄花〉

訳（人々は酔っ払って）冗談でみっともないのが多い。

類
□154 かたはらいたし 形
□156 ひとわろし 形

140 こよなし

形：ク

image 比べものにならない

❶格段に優れている（プラス⊕の意味）
❷格段に劣っている（マイナス⊖の意味）
❸〈連用形「こよなく〈う〉」で〉格段に

ある対象Aが、**他と比べて程度が格段に違う**場合に使用される語です。**プラス⊕・マイナス⊖両方の意味**で用います。❸は「こよなく(う)劣り⊖たり」など⊕⊖を表す語にかかります。

入試解法 「比較」を表す語は、**(1)何が中心の話題で、(2)何と比較して、(3)どの点で、(4)どのような評価か**（プラス⊕・マイナス⊖）をしっかりおさえましょう。

❶**「やむごとなき人のし給へることは、こよなかりけり。」と喜ぶ。**〈落窪〉

訳「高貴な方がなさったことは、格段に優れているなあ。」と喜ぶ。

❷**限りなくめでたく見えし君だち、この今見ゆるに合はすれば、こよなく見ゆ。**〈宇津保〉

訳 限りなく美しく見えた姫君たちも、この今見える姫君と比べると、格段に劣って見える。

❸**わが命はこよなう延びにたり。**〈栄花〉

訳（ひ孫たちに会って）私の寿命は格段に延びた。

141 しるし

著し 形・ク

image 印《しるし》 ハッキリ

❶**はっきりしている**

現代語の「いちじるしい〈著しい〉」と同じ漢字をあて、意味も同じで**「はっきりしている」**。連語**「…もしるく」**は**「…なのは予想通りで」**という意味で入試頻出です。名詞「168しるし」にも注意しましょう。

❶**単衣《ひとへ》うちかけたる几帳《きちやう》の隙間に、暗けれど、うちみじろき寄るけはひ、いとしるし。**〈源氏〉

訳 単衣をひっかけている几帳の隙間に、暗いけれど、身動きして寄ってくる気配が、たいそうはっきりしている。

関
□…もしるく［連語］
①…なのは予想通りで

類
□147けやけし［形］
□275はかばかし［形］
□さやけし［形］
①はっきりしている

142 はかなし

果無し　形：ク

image 成果がない

❶つまらない・取るに足りない
❷ちょっとした
③はかない・頼りない・むなしい（＝現代語）

現代語の「はかどる」と同じ語源の「はか」＋「無し」で、**「成果が出ないマイナス㊀の様子」**を表します（❶③）。マイナス㊀のニュアンスを除くと❷の意味になります。下段の類義語も頻出で、**「はかなくなる（＝死ぬ）」**は文章全体のテーマに関わります。

入試解法　被修飾語と文脈から、マイナス㊀か否かを判断します。また、子供の様子なら「たわいない」とするなど、**もとの「頼りない感じ」を活かして訳を考えて！**

❶**はかなき**ほどの下衆《げす》だに、心地よげにうち笑ふ。〈源氏〉

訳 取るに足りないほどの身分の低い者さえも、得意げに笑う。

❷夜昼、御前にさぶらひて、わづかになむ**はかなき**文なども習ひ侍りし。〈源氏〉

訳 夜昼、（父帝の）御前にお控えして、わずかにちょっとした漢籍なども習いました。

③人の齢《よはひ》といふもの、**はかなき**ものなり。〈宇津保〉

訳 人間の命というものは、頼りないものだ。

関
□**はかなぶ**［動］　①頼りなく思う
□**はかなげなり**［形動］　①頼りなさそうだ　②たいしたことのない様子だ
□**はかなくなる**［連語］　①死ぬ

対
□275**はかばかし**［形］

143 びんなし

便無し　形：ク

image「便利」じゃない

❶不都合だ・具合が悪い
❷感心しない・けしからん・困る

「便」は「都合」の意。読んで字のごとく、**「便利じゃない」ことに客観的に用いました**。不都合な状況に対して主観的に「イヤだ」と思う気持ちが❷です。

入試解法　類義語**「ふびんなり」**もほぼ❶の意味が問われます。現代語「不憫《ふびん》だ（＝かわいそうだ）」との違いをおさえましょう。

❶**人目多くてびんなければ、殿に帰り給ひて、**〈源氏〉

訳　人目が多くて不都合なので、お邸に帰りなさって、

❷**月見るとて上げたる格子下ろすは何者のするぞ。いとびんなし。**〈大鏡〉

訳　月を見るために上げた格子を下ろしたのは誰がしたことか。まことにけしからん。

類

□**ふびんなり**［形動］
①不都合だ
②気の毒だ

□**くるし**［形］
①つらい
②不都合だ

144 わびし

侘びし

形：シク

image　期待外れでガッカリ

❶つらい・心細い
②みすぼらしい

❶は、物事が思い通りにならず、**気力や意志がなくなった「つらい」気持ち**を表します。基本的にはこの訳語で対応可能です。②は、現代語で「わびしい食事」などと使われるのと同じ意味になります。

入試解法　語源の動詞**「わぶ」**も重要です。**補助動詞「…わぶ（…しかねる）」**に注意！

❶**せまほしきこともえせずなどあるが、わびしうもあるかな。**〈更級〉

訳　したいこともできずにいるのが、つらくもあるなあ。

②**とかくして、身一つばかり、わびしからで過ぐしけり。**〈宇治〉

訳　どうにかして、わが身一つだけは、みすぼらしくなく暮らしていた。

関

□**わぶ**［動］
①困る
②心細がる
③〈動詞の連用形について〉…しかねる

類

□041 **うし**［形］

145 さう《ソウ》なし

【一】双無し 【二】左右無し

形：ク

image
二つとない
異論ない

❶【一】**比べるものがない**（ほどプラス⊕だ）
❷【二】**ためらわない・言うまでもない**
③【二】どれとも決まらない

「さうなし」は、【一】「双無し」【二】「左右無し」の二系統があります。【一】は**「二つ（双）とない」**→❶**「比べられないほどプラス⊕」**という意味になります。【二】の意味は❷③の二つで、意味が正反対。**「左だ右だとグズグズ考えるまでもない！」**→❷**「ためらわない・言うまでもない」**。「左か右か決まらない…」→③「どれとも決まらない」です。

入試解法　文脈に合わせて**適当な漢字を選ぶ**タイプの問題も出ます。

❶**鳥には雉《きじ》、さうなきものなり。**〈徒然〉
訳 鳥の中では雉が、比べるものがないものである。

❷**幼き者にさうなく恥辱を与へられけるこそ遺恨の次第なれ。**〈平家〉
訳 幼い者にためらわず恥をかかせなさったのは恨みを残すことだ。

③**このことさうなくてやまむ、いとわろかるべし。**〈枕〉
訳 このこと（＝和歌の暗記勝負）がどれとも決まらず（決着がつかず）終わるとしたら、たいそうよくないはずだ。

類
□になし［形］
①比べるものがない

▲キジのメス（手前）とオス（奥）

146 けし

異し・怪し

形：シク

image
Strange…！

❶**異様だ・まちがっている**（マイナス⊖の意味）

「けし」は「異し」。主にマイナス⊖の意味で**「普通と違っている」**状態です。

入試解法 「X＋打消＝Xの強調」となることがあり、**「けしからず」**（＝現代語「けしからん！」）は**「けし」と同じマイナス⊖**の意を表します。一方、**「けしうはあらず」**は**「けし」の打消でプラス⊕**の意です。

❶**内には、いつしかけしかるものなど住みつきて、**〈増鏡〉

訳 宮中には、いつの間にか異様なものなどが住みついて、

関 **昔、若き男、けしうはあらぬ女を思ひけり。**〈伊勢〉

訳 昔、若い男が、悪くはない女を愛しく思った。

関
□**けしからず**［連語］
①異様だ・まちがっている
□**けしうはあらず**［連語］
①悪くはない

類
□043**あやし**［形］

147 けやけし

異やけし　形：ク

image キラキラ目立つ

❶**はっきりしている・きわだっている**（プラス⊕の意味）

❷**異様だ・普通ではない**（マイナス⊖の意味）

□□□

「146けし」がマイナス⊖の意味なのに対し、「けやけし」は、**プラス⊕・マイナス⊖両方の意味で「キラキラ目立っている」感じ**です。出題率が高いのは、プラス⊕の意味❶。❶の同義語「さやけし」も、「はっきりしている」という意味で、基本的にプラス⊕の意味になります。

❶**人の言ふほどのこと、けやけくいなびがたくて、**〈徒然〉

訳 人が（口に出して）言うほどの頼みごとを、はっきり断りがたくて、

❷**后《きさい》の宮も、いといみじくけやけく、つらしと思し、**〈寝覚〉

訳 （娘が病気のときにその夫がそばにいないことを、母である）后の宮も、たいそうひどく異様で、薄情だとお思いになり、

関
□**けに**［副］
①異様に
②いっそう

類
□141**しるし**［形］
□275**はかばかし**［形］
□**さやけし**［形］
①はっきりしている

第二章

148

かしこし

畏し・賢し・恐し

形：ク

image かしこまる感情

①恐ろしい（マイナス㊀の意味）

❷おそれ多い・もったいない（プラス⊕の意味）

❸優れている・利口だ・うまい（プラス⊕の意味）

❹〈連用形「かしこく（う）」で〉たいそう・はなはだしく

□□□

自然や神仏などの**人間の力を超えたものに「へへーっ」とかしこまる気持ち**を表します。**基本的にプラス⊕の表現**です。「この人、神だ！」と思えるほど並はずれた才能に対し❸の意味が生まれ、現代語「賢い」につながります。

入試解法 ❸のように、程度を表す形容詞の連用形は、もとの単語の意味に関わらず「とても」などと訳せる場合が多いです。

❷**かしこき仰せ言をたびたびうけたまはりながら、**〈源氏〉

訳 おそれ多いお言葉をたびたびお受けしながら、

❸**老いたるは、いとかしこきものに侍り。若き人たち、なあなづりそ。**〈大鏡〉

訳 老人は、とても優れているものです。若者たちよ、侮ってはいけません。

❹**昔、男女、いとかしこく思ひかはして、こと心なかりけり。**〈伊勢〉

訳 昔、男と女が、たいそうはなはだしく愛し合って、浮気心はなかった。

関 □かしこまる［動］ ①おそれうやまう ②謝罪する ③謹慎する

類 □031 いみじ［形］ □037 いたし［形］ □130 ゆゆし［形］ □152 さかし［形］

対 □064 をこなり［形動］

149

うるさし

心狭し

形：ク

image 圧迫されて不快

❶うっとうしい・面倒だ

❷わざとらしい・いやみだ

□□□

語源は「うら〈心〉＋さし〈狭し〉」とも。うるさい音、しつこい人、面倒な状況に対し、**心が圧迫されて狭くなるというニュアンス**です。現代語では主に音に対して用いますが、まれに「色遣いがうるさい」などと言います。もともとは状況や人などに対しさまざまに使用できる語なのです。

❶**眉さらに抜き給はず、歯黒め、「さらにうるさし、汚し。」とて、つけ給はず、**〈堤〉

訳 眉毛をまったくお抜きにならず、お歯黒も、「まったくうっとうしい、見苦しい。」と言って、おつけにならず、

❷**見苦しとて、人に書かするはうるさし。**〈徒然〉

訳 （自分の字が）みっともないと言って、人に（字を）書かせるのはいやみだ。

類 □038**むつかし**［形］

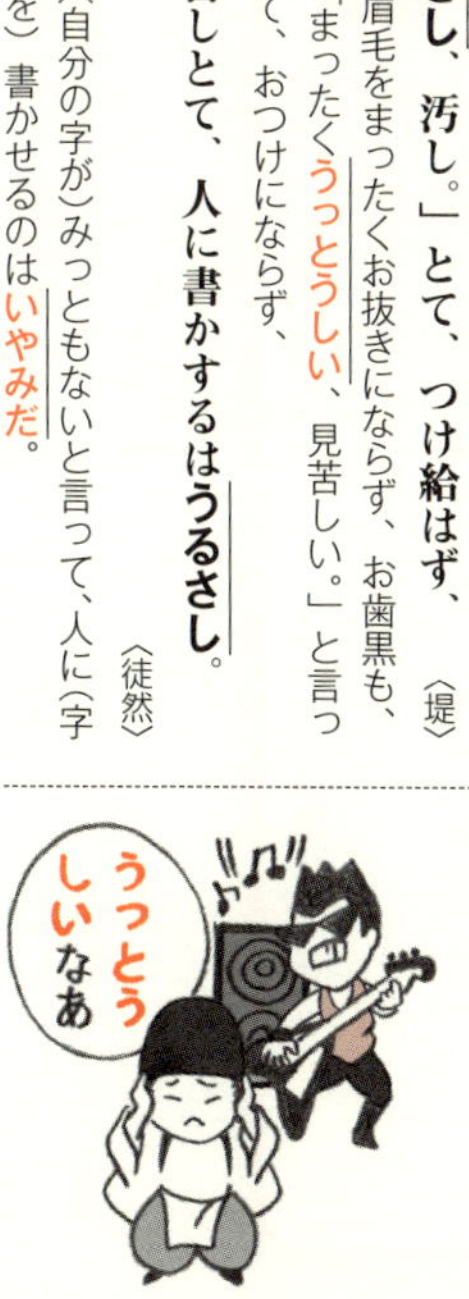

150 ことごとし

事事し　形：シク

image 「事」がいっぱい

❶おおげさだ・仰々しい

□□□

「〇〇し」は「とても〇」（▼p.61）と考えますから、「ことごとし」は、**「とても事」**＝**「物事がいっぱい、過剰にある感じ」**を表しています。「295こちごちし〈骨骨し〉」はまったく違う意味なので注意！

入試解法　単に「多い」というニュートラルな訳語になる場合もあります。

❶**ことごとしからねど、限りなくおもしろき夜の御遊びなり。**〈源氏〉

訳 仰々しくはないけれど、この上なく興趣がある今夜の管弦の宴である。

類 **かたちいときよげに、ものものしきさまし給へり。**〈栄花〉

訳 （中将は）顔立ちはたいそうこざっぱりとして美しく、重々しい様子をなさっている。

類

□132**おどろおどろし**［形］

□274**こちたし**［形］

□**ものものし**［形］

①重々しい

②おおげさだ

！「おおげさだ」という訳になる語は、連用形では「ひどく・とても」程度の意味になることが多いです。

151

おぼつかなし

朧つか甚し・覚束なし

形：ク

image ぼんやり

①はっきりしない（＝現代語）
❷**不安だ**
❸**待ち遠しい**

「おぼろ豆腐」「おぼろ月夜」の**「おぼ」**は**「ぼんやり」**という意味。「おぼ」がつく語はすべてこのイメージを核に、複数の意味を関連づけましょう。結果がぼんやりしていて①**「はっきりしない」**と、❷**「不安な」**気持ちにも、❸**「待ち遠しい」**気持ちにもなりますね。同じ❷の意味を持つ「035うしろめたし」が何に対して不安かわかっているのに対し、「おぼつかなし」はつかみどころのない不安を表します。

①このこと、いづれの御時のことにか、**おぼつかなし**。〈著聞集〉

訳 この出来事は、いつの御代のことであるか、**はっきりしない**。

❷**おぼつかなき**もの。十二年の山ごもりの法師の女親。〈枕〉

訳 **不安な**もの。十二年間比叡山にこもっている法師の母親（の気持ち）。

❸都のおとづれ、いつしか**おぼつかなき**ほどにしも、〈十六夜〉

訳 都からの手紙が、早く（来てほしいと）**待ち遠しい**ときにちょうど、

類
□035うしろめたし［形］
□049こころもとなし［形］

152

さかし

賢し

形：シク

image 賢いねえ！

❶**賢い・優れている**（などプラス⊕の意味）
❷**こざかしい・利口ぶっている**（などマイナス⊖の意味）

「148かしこし」と同様「賢し」と漢字表記しますが、「かしこし」より程度が低い語です。「かしこし」はプラス⊕が中心ですが、「さかし」は〈clever〉と同様**「こざかしい」というマイナス⊖の意でも使います。**

入試解法　名詞**「さかしら」**は**マイナス⊖の語です！**

❶**昔、さかしき帝の御まつりごとの折には、**〈大鏡〉

訳 昔、賢い帝がご政治をなさるときには、

❷**さかしきもの。今様の三歳児《みとせご》。（中略）下《げ》衆《す》の家の女主《をんなあるじ》。**〈枕〉

訳 こざかしいもの。今時の三歳児。（中略）身分の低い家の女主人。

関
□さかしがる・さかしだつ［動］
①利口ぶる
□さかしら［名］
①利口ぶること
②お節介

類 □148かしこし［形］

対 □064をこなり［形動］

153 あぢきなし

味気なし　形：ク

image　あきらめ　不本意

❶つまらない・どうしようもない
❷不快だ

どうにもならない事態に対して抱く、**あきらめ・不本意**など、**マイナス⊖の気持ち**を表します。現代語の「味気ない」に似ていますので、覚えやすいですね。

入試解法　古文では、現状（現世）にあきらめを覚える**「あぢきなき心地」が募って、出家を思い立つパターン**もありがちです。

❶**すべて世にふることかひなく、あぢきなき心地いとする頃なり。**〈蜻蛉〉

訳 まったくこの世で生きていることの甲斐がなく、つまらない気持ちがとてもする頃だ。

❷**やうやう天《あめ》の下にもあぢきなう、人のもて悩みぐさになりて、**〈源氏〉

訳 （帝が桐壺更衣を寵愛するのが）だんだん世間でも不快に、人の悩みの種となって、

類
□038むつかし［形］
□127あいなし［形］
□あへなし［形］
①張り合いがない

□□□

154 かたは《ワ》らいたし

傍ら痛し

形：ク

image そばにいてイタい

❶みっともない（客観的評価）

❷気の毒だ（客観的評価）

❸きまりが悪い・恥ずかしい（主観的心情）

入試解法

「かたはら」は「そば」、「いたし」は「イタい」＝**「そばで見ていて（見られていて）心がイタい」**という意味です。**客観的に「他者」のイタさを評価**する場合は❶❷、**主観的に「自分」のイタさを痛感**する場合は❸となります。「かたはら」がつく**「かたはらめ」**は、「そばで見ている姿」から**「横顔」**という意味で、よく使う語です。

主観的心情と客観的評価を両方持つ語は**被修飾語との関係を意識**します。

❶**寝入りて、いびきなどかたはらいたくするもあり。**〈源氏〉

訳 眠り込んで、いびきなどをみっともなくする者もいる。

❷**簀子《すのこ》はかたはらいたければ、南の廂《ひさし》に入れ奉る。**〈源氏〉

訳 簀子（＝縁側）は気の毒なので、南の廂の間に招き入れ申し上げる。

❸**ひとへにわがあやまりなれば、かたはらいたきこと限りなかりけり。**〈著聞集〉

訳 まったく自分の失敗なので、きまりが悪いことこの上なかった。

類

□139 はしたなし［形］

□まばゆし［形］ ①まぶしい ②きまりが悪い

155 さう《ソウ》ざう《ゾウ》し

寂寂し・索々し

形：シク

image 満たされない

❶寂しい・物足りない

もともと**寂しい感じ**を表す「サクサク…」という擬音からできた、もしくは「淋淋し《さびさび》」からできたと言われます。一人の寂しさ〈alone〉ではなく、**あるはずのものがない**という意味なので**「物足りない」**と訳すことも。現代語の「騒々《そうぞう》しい」は「うるさい」となり、ちょうど逆の意味ですね。

❶**入道殿の土御門殿にて御遊びあるに、「かやうのことに権中納言のなきこそ、なほさうざうしけれ。」とのたまはせて、**〈大鏡〉

訳 入道殿（＝藤原道長）の土御門殿でご遊宴があるときに、「このようなことに権中納言がいないのは、やはり物足りない。」とおっしゃって、

類 □070 **つれづれなり** 形動

❗「権中納言」とは、定員を超えて中納言に任命されたときに与えられる位です。物語文学では、若い貴公子がこのポストにあることが多いので、周囲からの評価も高いイケメンを思い浮かべるとよいでしょう。

156 ひとわろし

人悪し 形・ク

image 世間様に悪い

❶**体裁（外聞）が悪い・みっともない**

□□□

「ひとわろし」は「人（＝他者にとって・対して）＋わろし（＝よくない）」で、**「他者にマイナス⊖な部分をさらしてしまって生じるマイナス⊖の心情・評価」**を表す言葉です。漢字をあてると意味が類推できますね。この場合の「人」は「他人」や抽象的な「世間体（外聞）」のことです。

❶**世のうきにつけて厭《いと》ふは、なかなか人わろきわざなり。**〈源氏〉

訳 世の中がつらいからといって出家するのは、かえってみっともないことだ。

類 **遊びわざは、小弓。碁。さまあしけれど、鞠《まり》もをかし。**〈枕〉

訳 遊戯は、小弓。碁。みっともないけれど、蹴鞠もおもしろい。

類

□139 **はしたなし** 形
①体裁が悪い・みっともない

□**さまあし** 形

□**みにくし** 形
①見苦しい

対 □138 **めやすし** 形

問一　傍線部の現代語訳として最も適当なものを選びなさい。

標①かつがつとて、女房の装束一襲《ひとかさね》**かづけ給ひけり**。
〈法政大／古今著聞集〉

ア お与えになった　**イ** 奪いなさった　**ウ** お作りになった
エ 奉納なさった　**オ** 保管なさった

標②この命をみな仏にたてまつりて、この功徳をささげて、うき世をいづる種とせむとねがはむは、**ゆゆしき**心ざしなるべし。
〈同志社大／閑居友〉

ア 理由のある　**イ** 忌まわしい　**ウ** 立派な
エ あきれた　**オ** みやびな

問二　傍線部を現代語に訳しなさい。

基③（男ハ）はじめの人よりは（新シイ女ガ）心ざし深くおぼえて、**人目もつつまず**通ひければ、
〈岩手大／堤中納言物語〉

基④よみすてたらむ歌を**左右《さう》なく**人に散らし見する事、あるべからず。
〈広島大／毎月抄《まいげつしょう》〉

標⑤大宮院「我一人はあまりに**あいなく侍るべきに**、御渡りあれかし」と、東二条へ申されたりしかば、
〈立命館大／とはずがたり〉

標⑥**すべて学問をしては、皆の事を知りあきらむる事**と人の知れるは僻事《ひがこと》なり。
〈中央大・改／続古事談〉

難⑦然《しか》るべき契りにて、年ごろ互ひに志浅からずして過ごしつれば、**限りあらむ道にも、遅れ先立たじとこそ思へども**、
〈大阪市立大／沙石集〉

入試解法

① 【098 かづく】「給ふ」は、尊敬の補助動詞（p.204）ですが、通常の動詞と同じ用言なので上は連用形になります。連用形で音が「エ段音」の動詞は「下二段活用」となるので、「かづけ（エ）」は「下二段活用」。「褒美を与える」の意です。

② 【130 ゆゆし】「命を仏に差し上げる」「功徳⊕を捧げる」などプラス⊕の内容なので、「ゆゆし」もプラス⊕の意だとつかみます。プラス⊕の選択肢は**ウ**か**オ**ですが、仏教的な内容から**ウ**の「立派な」が正解になります。

③ 【118 つつむ】多くの場合、「つつむ」は「心情的に包む」こと。「人目も」につながるよう「遠慮しないで・はばからないで」と訳しましょう。新しい恋人ができて、古い妻を捨てて通い始めるという「二人妻」の典型的なお話です。たいてい、最後に男は元のサヤに戻ります。

④ 【145 さうなし】「よみすてたらむ」というマイナス⊖の表現から、「人に散らし見せること」はよくない⊖ことだとつかみます。マイナス⊖の歌を「左も右もなく」見せるとは、「何も考えず見せる」こと。よって「ためらいもしないで」などと訳します。

⑤ 【127 あいなし】会話文で最も大切なのは「命令

問三　空欄Xに入る最も適当な語を選びなさい。

難⑧（自分ノ話ハ）ひがごとぞ多からんかし。そはさし直し給へ。いと［X］わざにも侍るべきかな。〈早稲田大／増鏡〉

ア　うるさき　**イ**　たふとき　**ウ**　たへがたき
エ　めづらしき　**オ**　かたはらいたき

現代語訳・解答

①さしあたって、女房の装束をひとそろいア**お与えになった**。
②この命をみな仏に差し上げて、この功徳を捧げて、つらい世の中を離れる源にしようと願うことは、ウ**立派な**志であろう。
③（男は）もとの妻よりは（新しい女が）愛情深いと思われて、**人目も遠慮しないで**通ったところ、
④詠み捨てたような歌を**ためらいもしないで**人に見せびらかすことは、あってはならない。
⑤大宮院が「私一人ではあまりに**つまらないでしょうから**、お越しくださいよ」と、東二条院に申し上げなさったので、
⑥**総じて学問をしたならば、すべてのことがわかり明らかにすることができる**と人々が理解しているのはまちがいだ。
⑦そうなるはずの前世からの約束で、長年互いに愛情深く暮らしてきたので、**死出の旅路にも、先立たれたり先立ったりするまいと思うけれども**、
⑧（自分の話は）まちがいが多いだろうよ。それは直してください。たいそうオ**聞き苦しい**ことでしょうよ。

（禁止）文」です。二人称（あなた）が主語で、話者の強い主張を表します。文の後半、念押しの終助詞「かし」を（　）に入れると、「御渡りあれ」という命令文で終わっていることがわかります。「（あなた）来てください」という強い主張を導くように、「私一人ではあまりにつまらないでしょうから」と解釈します。

⑥【117あきらむ】「学問」という言葉に合わせると、「あきらむ」は「明らかにする」の意だとわかります。ちなみに、評論文的な文章で、先頭に「すべて・おほかた・おほやう」とあれば、その文は、おおむね「まとめ」の文です。

⑦【110おくる】「限りある道」とは「死」のこと。「じ」は、主語が一人称（たいてい書いてありませんが、書いていないことから逆に一人称とつかみます）の場合「打消意志」です。「遅れ先立つ」は「死に後れ、先立つ」。愛するパートナーの片方が亡くなるという一つの状況を、お互いの立場から二語で表しています。

⑧【154かたはらいたし】「私の話はまちがい（ひがごと）が多いから直してほしい」と命令しているので、客観的に「聞き苦しい」と評価される（そばで聞かれる）と、主観的に「きまり悪い」のだととらえます。

157 いう《ユウ》なり

優なり

形動：ナリ

image エレガント

❶ 優美だ
❷ 優れている
③ 優しい

読みに注意しましょう。ローマ字で書いて「iu → yû（ユー）」です。漢語の「優（＝豊かだ）」に「なり」をつけて形容動詞化した語で**「あらゆる意味で豊かな力に恵まれている」**という**プラス⊕の意味**の語。**優美・優雅・優秀・優しい**など、漢字をあてるとすぐに意味が覚えられます。

入試解法「いうなり」「いうに」と**ひらがなで書いてある場合に備え、普段から読みを意識する**と「ゆう〈優〉」と浮かびます。

❶**桜の花は優なるに、枝ざしのこはごはしく、幹《もと》のさまなどもにくし。**〈大鏡〉

訳 桜の花は優美なのに、枝ぶりがごつごつしていて、幹の様子なども見苦しい。

❷**管弦のみならず、和歌に優にこそ侍りぬれ。**〈十訓〉

訳（藤原師長《もろなが》は）音楽だけではなく、和歌にも優れていたのです。

③**優に情けありける三蔵かな。**〈徒然〉

訳 優しく人情味のあった高僧だよ。

類
□ 065 あてなり［形動］
□ 125 なまめかし［形］
□ 134 やさし［形］
□ 158 えんなり［形動］

158 えんなり

艶なり

形動：ナリ

image 輝く美

❶ 華やかに美しい・優美だ
❷ しっとりとした趣がある

「艶」は、もともと**「輝くような美しさ」**を表す言葉で、風景や人にも用います。また**「魅力で輝いている」→❷しっとりと雰囲気のある美しい様子」**を表し、ここから現代語の「妖艶だ」につながります。

入試解法 平安女流文学に頻出し、**中世歌論では和歌の「あでやかさ」**も表しました。

❶**舎人《とねり》どもさへ艶なる装束を尽くして、**〈源氏〉

訳 舎人（＝近衛府の兵卒）たちまでも華やかに美しい衣装でこの上なく着飾って、

❷**荒れたる家の軒端《のきば》より月さし入りて、梅香りつつ艶なり。**〈建礼門院〉

訳 荒れた家の軒先から月が差し込んで、梅が香ってしっとりとした趣がある。

関 □**えんだつ**［動］ ①優美に振る舞う

類 □065 **あてなり**［形動］ □125 **なまめかし**［形］ □134 **やさし**［形］ □157 **いうなり**［形動］

159 ねんごろなり

懇ろなり 形動：ナリ

image 心をこめて

❶丁寧だ・一生懸命だ
❷親しい・仲がよい

□□□

「ねんごろ」（奈良時代は「ねもころ」）は、**「念がこもっている」＝「心をこめている」様子**を表します。

入試解法 文脈に応じて、具体的にどう心をこめているか考えましょう。**事柄に「ねんごろ」**なら❶**「丁寧だ」**、**人と人が「ねんごろ」**なら❷**「親しい」**と訳せます。

❶**木造りの地蔵を田の中の水に押し浸して、ねんごろに洗ひけり。**〈徒然〉

訳 木造の地蔵を田んぼの中の水に押し浸して、丁寧に洗っていた。

❷**ねんごろに語らふ人の、かうて後、おとづれぬに、**〈更級〉

訳 親しく交際していた人が、それから後、便りがないので、

類 □**こまやかなり**［形動］ ①細かい・小さい ②親密だ

対 □063 **おろかなり**［形動］ □**なほざりなり**［形動］ ①いいかげんだ

160

すずろなり・そぞろなり

漫ろなり

形動：ナリ

image
つながりがない

❶〈多く連用形「すずろに」で〉**あてもない・何となく…だ**
❷〈多く連用形「すずろに」で〉**むやみやたらだ**
❸**思いがけない**
❹**関係ない**

漢字表記「漫ろなり」の**「漫」**に注目。漫画を読むのは、テストなどの「目的」のためではなく、ただ楽しみますよね。そのような漫然とした、**「あてのない」「つながりのない」**感じをとらえましょう。「漫然」から、**❶あてのない意味、❷手あたりしだいの意味、❸つながりのない所からポッと現れる意味、❹縁故などのつながりがない意味**、とイメージをリンクさせて覚えるのがおすすめです。平安時代は「すずろなり」の形がほとんどですが、鎌倉時代以降は「そぞろなり」の形が増えてきます。

入試解法 **連用形「すずろに」**の形をとって、特に❶❷の意味で副詞的に用いられることが多い語です。関連語にも注意！

❶**昔、男、陸奥《みち》の国にすずろにゆきいたりにけり。**〈伊勢〉
訳 昔、男が、奥州にあてもなく行き着いた。

❷**すずろに飲ませつれば、うるはしき人もたちまちに狂人となりてをこがましく、**〈徒然〉
訳 むやみやたらに（酒を）飲ませてしまうと、きちんとした人もすぐ狂人のようになってばかげた振る舞いをし、

❸**蔦楓《つたかへで》は茂り、もの心細く、すずろなる目を見ることと思ふに、**〈伊勢〉
訳 蔦や楓が茂り、何となく心細く、思いがけない目にあうことだと思っていると、

❹**主《ぬし》ある家には、すずろなる人、心のままに入り来ることなし。**〈徒然〉
訳 主人がいる家には、関係ない人が、思いのままに入ってくることはない。

関

□**すずろく・すずろぶ**［動］
①そわそわする
□**すずろごと**［名］
①くだらないこと・くだらない言葉
□**すずろはし**［形］
①心がうきうきする
②不安で落ち着かない

「漫」のイメージ

バラバラでつながりがない

明確な目標がない

161

きよらなり・けう《キョウ》らなり

清らなり

形動：ナリ

image 最上の美

❶**清らかで美しい**

「第一級の美しさ」を表す言葉で、単に見た目がキレイというのではない、**最高の気品**を必要とします。**単に「美しい」と訳さないように！**『源氏物語』の光源氏や『竹取物語』のかぐや姫のイメージです。

❶**立てる人どもは、装束のきよらなること、物にも似ず。**〈竹取〉

訳 立っている人たち（＝天上界の人たち）は、衣装が清らかで美しいことは、比べるものがない。

関

□**きよげなり**［形動］①こざっぱりとして美しい

＊「きよらなり」より軽い意味の語です。

□**きよし**［形］①きれいだ

162

さらなり

更なり

形動：ナリ

image 説明不要！

❶**言うまでもない**

「さら」は「今さら」なので、**「今さらだ→言うまでもない」**の意になります。

入試解法 「Aは言うまでもない」という形に「BもXだ」と続くと、「AがXなのは当然」と、**Aの下の省略部分が類推可能**です。

❶**夏は夜。月の頃はさらなり、闇もなほ、蛍の多く飛びちがひたる。**〈枕〉

訳 夏は夜（がよい）。月夜の頃は言うまでもなく、闇夜もやはり、蛍がたくさん飛び交っているの（がよい）。

関

□190 **さらに…打消・禁止**［副］

□**いへばさらなり・いふもさらなり・さらにもいはず・さらにもあらず**［連語］①言うまでもない

163

まめなり

真実なり・忠実なり

形動：ナリ

image 中身ギッシリ

❶まじめだ
❷実用的だ

「まめ」は**「豆」＝「実（中身）がギッシリ詰まっている感じ」**と覚えましょう。「真実」→「本当」という意味になることもあります。「実がない感じ」を表す「あだ」は恋愛では「浮気」ととらえられ、**「まめ（＝恋人に対して忠実なこと）」**と対比される概念です。

入試解法 通常、**人物に❶**を、**事物に❷**を用います。「まめ」がつく言葉は似た意味になるので、派生語も楽々マスターできます。

❶**昔、男ありけり。いとまめにじちようにて、あだなる心なかりけり。**〈伊勢〉

訳 昔、男がいた。とてもまじめで実直で、浮気な心はなかった。

❷**少将起きて、小舎人《こどねり》童《わらは》を走らせて、すなはち車にて、まめなるもの、さまざまにもて来たり。**〈大和〉

訳 少将は起きて、召使いの少年を走らせて、すぐに牛車で、実用的なものを、いろいろと（女のもとに）持ってきた。

関
- □**まめまめし**［形］ ①まじめだ ②実用的だ
- □**まめだつ**［動］ ①まじめに振る舞う
- □**まめびと**［名］ ①まじめな人
- □**まめごと**［名］ ①実生活や政治などのまじめなこと

対
- □164 **あだなり**［形動］
- □066 **いたづらなり**［形動］

164

あだなり

徒なり

形動：ナリ

image 中身スカ〜

❶無駄だ・いいかげんだ・一時的だ
❷浮気だ

「**066**いたづらなり」「**070**つれづれなり」と同じ**「徒」**を語源に持ち、**「実が入っていない」様子**を表します（▼p.73）。フワフワ・スカスカと頼りないイメージです。

入試解法　関連語**「あだごころ」**は「ことごころ〈異心〉」「ふたごころ〈二心〉」と同様**「浮気心」**という意味です。

❶**和歌の道はただまこと少なく、あだなるすさみばかりと思ふ人もやあらむ。**〈十六夜〉

訳 和歌の道はただ真実が少なく、無駄な慰みごとにすぎないと思う人もいるだろうか。

❷**昔、女の、あだなる男の形見とておきたる物どもを見て、**〈伊勢〉

訳 昔、女が、浮気な男が形見として残したものなどを見て、

関
□**あだごと**［名］　①つまらないこと・冗談
□**あだごころ**［名］　①浮気心
□**あだあだし**［形］　①浮気だ

対
□163 **まめなり**［形動］

165 あからさまなり

離ら様なり

形動：ナリ

image　パッと離れる

❶ほんのちょっと・かりそめに
❷まったく〈連用形「あからさまに」＋「も」＋打消表現で〉

「離れる」という意味の「あかる」「**017**かる」が語源。**あっけない感じ**を表し、多く**連用形「あからさまに」**の形で用いられます。現代語の「あからさま」は「明らかに」という意味で「あからさまに嫌う」のように用いますが、古語では**「パッ！」と離れてしまうイメージ**で覚えましょう。

❶**あからさまに物に行きて、夕方ぞ帰り来たるべき。**〈今昔〉

訳 ほんのちょっとどこかに出かけて、夕方には帰ってこよう。

❷**大将の君は、二条院にだに、あからさまにも渡り給はず、**〈源氏〉

訳 大将の君は、二条院にさえ、まったくお越しにならず、

類
□**かりそめなり**［形動］　①一時的だ

！例文❷の「二条院」は光源氏の邸宅で、もとは母・桐壺更衣の実家でした。「大将の君」とは源氏のこと。正妻・葵《あおい》の上の死後、悲しみのあまり家にも帰らないという場面です。

166

よし

由

名

image 関係づけるもの

❶理由・手がかり・手段
❷由緒・風情
❸事情・旨

事を「寄せる」ということからできた言葉「よし」。**物事の本質に近寄せ、関係づけるもの**を意味します。「由」という漢字から、❶**「理由→手がかり」**、❷**「由緒」**など、派生させて意味をとらえてください。

入試解法 ❸**「事情・旨」**の用法は、**直接話法を間接話法に変える働き**をします。**「連体形＋よし（言ふ）」→「『～終止形。』と（言ふ）」**と、間接話法を直接話法に戻すと、文脈がとらえやすくなります。

❶**月を弓張《ゆみはり》といふは何の心ぞ。そのよしつかうまつれ。**〈大和〉

訳 月を「弓張」というのはどういうわけか。その理由を歌に詠め。

❷**きよげなる屋《や》、廊などつづけて、木立いとよしあるは、**〈源氏〉

訳 こぎれいな部屋や、廊下などを続けてあって、木立がたいそう風情があるのは、

❸**からうじて起き出《い》でて、ここには人もなきよし言ふ。**〈蜻蛉〉

訳 やっとのことで起き出して、ここには人もいない旨を言う。

関

□**よしなし**［形］
①理由・手段・風情がない
②つまらない

□**よしなしごと**［名］
①つまらないこと

！例文❶について、上弦の月と下弦の月は弓を張ったような形の半月なので「弓張月」と言います。

…上弦の月（上旬）
…下弦の月（下旬）

167

ちぎり

契り

名

image 運命の約束

❶約束・前世からの約束
❷夫婦の縁

仏教思想に由来する**「生まれる前から決まっている運命」**という意味での**「約束」**です。現代語の「契約」というニュアンスとは違います。

入試解法　特に❷**「夫婦の縁」**について用いられ、文章全体のテーマに関わります。「運命の赤い糸」と同じですね。

❶**昔の契り**ありけるによりてなむ、**この世界にはまうで来たりける。**〈竹取〉

訳　前世からの**約束**があったことによって、この世界にやって参った。

❷**しかるべき前世の契り**ありて、**汝《なんぢ》と我、夫妻となれり。**〈今昔〉

訳　そうなるべき前世からの**夫婦の縁**があって、あなたと私は、夫婦になった。

関

□**ちぎる**［動］
①約束する
②夫婦の縁を結ぶ

168 しるし

験・徴　名

image　**現実的効果**

❶**効き目・霊験《れいげん》**
❷**前兆**

□□□

同音の形容詞「141しるし」に注意。**名詞「しるし」**は**「効果」**の意です。マイナス⊖状態（貧乏・病など）が、働きかけによりプラス⊕に転換したことを表します。

入試解法　神仏に祈ってプラス⊕のことが起きたときには、「お祈りの効果」ではなく**「霊験・御利益《ごりやく》」**と訳しましょう。

❶**よろづの神仏《かみほとけ》に祈り申されけれども、そのしるしなし。**〈平家〉

訳　あらゆる神仏に祈り申し上げなさるけれども、その**霊験**がない。

❷**春のしるしも見えず、凍りわたれる水の、音せぬさへ心細くて、**〈源氏〉

訳　春の**前兆**も見えず、一面に凍っている川の水が、音もしないのまで心細くて、

第二章

169 さた
沙汰
名

image 選び分け

❶評定・裁判
❷処置
❸命令
❹うわさ・評判

□□□

「沙汰」とは、**「砂金（沙金）をすすいで砂をとりのぞき、淘汰《とうた》して選び分けること」**です。そこから、「とりきめ」→❶**「評定・裁判」**の意味が生まれました。有名なことわざ「地獄の沙汰も金次第」の「沙汰」はこの意味です（地獄の閻魔《えんま》大王の裁判も、金次第で有利になる→この世は金で左右されるということ）。

他にも**「とりきめて→❷処置」**、**「とりきめがあって→❹うわさ」**などと意味は多岐に渡りますが、まずは原義をおさえましょう。

入試解法　現代語の「とりざた」に通じる❹**「うわさ・評判」**は、同じ意味の「173おぼえ」「177きこえ」も合わせて覚えましょう。

❶**「風邪おこりたり。」**と言ひて、**沙汰の庭に出《い》でざりければ、**〈今昔〉

訳「風邪を引いた。」と言って、裁判の場に出なかったので、

❷**人の遅く沙汰せしことどもをも、すなはちとく沙汰して、常にいとまをあらせてなむありける。**〈今昔〉

訳人が遅く処置していたことなどをも、すぐにさっさと処置して、いつも余裕をもって過ごしていた。

❸**世鎮まり候ひなば、勅撰《ちょくせん》の御沙汰候はんずらん。**〈平家〉

訳世の中（の戦乱）が鎮まりましたら、和歌集勅撰のご命令がございましょう。

❹**その後、誰が沙汰するともなく世間に知れて、**〈胸算用〉

訳その後、誰がうわさするともなく世間に知れ渡って、

類
□おきて［名］
①処置・規範

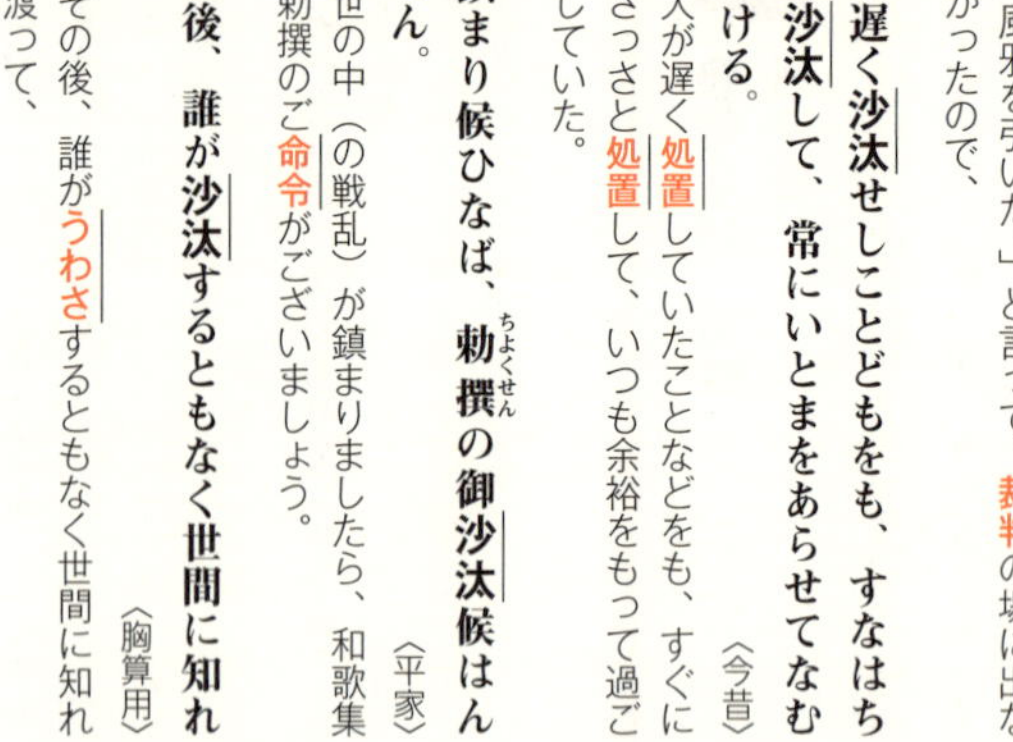

170

ほ（ン）い

本意

名

image 本来の意志

❶本来の志・目的

現代語の「不本意」という言葉をヒントにしてください。その**「本意《ほんい》」の撥音（ん）が表記されないのが「ほい」**。意味は、読んで字のごとく**「本来の志」**です。

入試解法 **ひらがな「ほい」に「本意」と漢字をあてよ**という問題も出ます。

❶**本意**のごとくよき死をすべし。〈増鏡〉

訳 本来の志のように立派な死を遂げよ。

関

□**ほいなし**［形］
①不本意だ

詳解 **「本意」の出題パターン**

★「本意」を持っている人物が、文章の最後に「出家」した。

問「本意」の内容を説明せよ。

答 出家をしたい本来の志。

171

あそび

遊び

名

image 神に捧げるイベント

❶詩歌管弦の宴

もともと「あそび」とは**「神の心を楽しませること」**でした。ですから、漢詩や和歌を作ったり、音楽を奏でたりする**文化的なこと**だったのです。

❶夜もすがら、殿上にて御**遊び**ありけるに、〈更級〉

訳 一晩中、殿上の間で詩歌管弦の宴があったのだが、

関

□**あそぶ**［動］
①詩歌管弦の宴をする

□227 **あそばす**［動］

172

しな

品・階

名

image グレード

❶身分
❷品性

「しな」とは、**層を作って重なった状態のもの**。現代語の「品切れ」の「品」とは違います。❶**「身分」**が客観的序列であるのに対して、❷**「品性」**は人格的・内面的で、現代語の「品がある」の「品」に近い意味です。

入試解法

入試で出るのは**「人間の層（グレード）」**である❶**「身分」**です。「086 きは」「087 ほど」にも同じ意味がありますので、もう一度見返しておきましょう！

❶**この人、みめかたちよりはじめて、品も種《しゅ》姓《しゃう》もよき人なり。**〈住吉〉

訳 この人は、顔かたちをはじめ、**身分**も血筋もすぐれた人だ。

❷**をかしきことを言ひてもいたく興ぜぬと、興なきことを言ひてもよく笑ふにぞ、品のほどはかられぬべき。**〈徒然〉

訳 おもしろいことを言ってもたいしておもしろがらないことと、おもしろくないことを言ってもよく笑うことで、**品性**の程度は測られるに違いない。

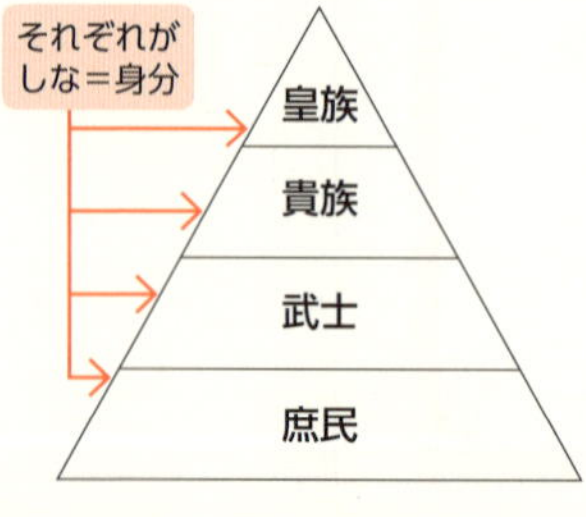

類
□ 086 きは［名］
□ 087 ほど［名］

173

おぼえ

覚え

名

image 人に思われること

❶評判
❷寵愛《ちょうあい》

【動詞の連用形＝名詞】というルールからできた語です。もとの動詞「001おぼゆ（おもほゆ）」は「思ふ＋ゆ【受身】」。その名詞である「おぼえ」は「人から思われること」で、❶「（人から気にかけられる）評判」、❷「（権力者から大切に思われる）寵愛」という意味があります。

❶**小式部、これより、歌詠みの世におぼえ出《い》で来にけり。**〈十訓〉

訳 小式部内侍は、これ以降、歌詠みの世界で評判が高まった。

❷**いとまばゆき人の御おぼえなり。**〈源氏〉

訳 本当に正視できないほどの人（＝桐壺更衣）に対するご寵愛である。

！例文❷は『源氏物語』冒頭部。桐壺帝は、桐壺更衣（光源氏の母）を格別寵愛し、人々から非難を受けますが、物ともしませんでした。人々が目を背けてしまうほどのラブラブぶりだったのです。

174 よすが

縁・便 名

image よりどころ

❶縁者・頼りとするもの

❷手段・便宜をはかるもの

動詞「寄す」に「ありか」などの「処」を表す接尾辞「か〈処〉」がついてできた語です。**「身を寄せる処」**というところから、❶**「縁者・頼りとするもの」**という意味になりました。そして、❷**「（身を寄せて生きるための）手段・便宜をはかるもの」**という意味も生まれました。

❶**もとより妻子なければ、捨てがたきよすがもなし。**〈方丈〉

訳 もともと妻子もいないので、（出家するのに）捨てにくい縁者もいない。

❷**飢《うゑ》をたすけ、嵐を防ぐよすがなくては、あられぬわざなれば、**〈徒然〉

訳 飢えをしのぎ、風雨を防ぐ手段がなければ、生きていけないことなので、

類

□178 **たより** 名

□316 **たづき** 名

□**ゆかり** 名 ①縁者

□**よるべ** 名 ①頼りとするもの・人

第二章

175

こころざし

志・心指し

名

心を向けること

❶愛情
❷お礼・贈り物
③意向・志（＝現代語）

「こころざし」とは「**心を向けること**」。**心をどこに、どのように向けるか**で意味が変わります。相手に好意的な心を向けると❶「**愛情**」、品物にして向けると❷「**お礼・贈り物**」となります。自分の心の向きが定まると③「**意向・志**」が生まれます。

入試解法

文章のテーマに関わる言葉です。

また❷の「**お礼**」は「**お礼の物品**」ですが、類義語「**308**よろこび」は、主に「お礼の言葉」を意味する点で異なります。

❶**孝養の心なき者も、子持ちてこそ親のこころざしは思ひ知るなれ。**〈徒然〉

訳 孝行する心がない者も、子を持ってはじめて親の愛情を思い知るのだ。

❷**いとはつらく見ゆれど、こころざしはせむとす。**〈土佐〉

訳 （隣人が）たいそう薄情だと思われるけれど、お礼はしようと思う。

③**出家のこころざし切《せち》なりければ、いとま申さんとて、**〈沙石〉

訳 出家の意向が切実だったので、お別れの挨拶を申し上げようと思って、

類 □308 よろこび［名］

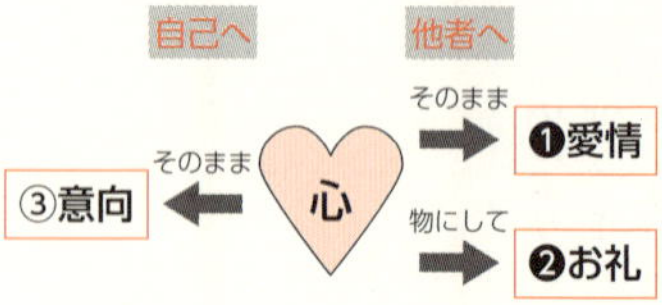

176

ざえ

才

名

漢学の才

❶学問・漢学の知識
❷芸能

「ざえ」とは**努力を必要とする「学才」**で、男子の教養であった**「漢学」**（儒学などの学問）を指しました。それに対し**「やまとだましひ」**は、生まれつきの才能である**「日本人の実務処理能力」**を表し、「ざえ」と両方持っているのが理想とされました。

入試解法 **漢字の読みも頻出**です。

❶**才なき人は、世の固めとするになむ悪《あ》しき。**〈宇津保〉

訳 漢学の知識のない人は、国家の守りとするにはよくない。

❷**親王《みこ》たち大臣よりはじめて、とりどりの才ども習ひ給ふ、いとまなし。**〈源氏〉

訳 親王たちや大臣をはじめ、それぞれ芸能を練習なさって、多忙である。

関 □**ざえざえし**［形］
①いかにも学識がありそうだ

類 □**かど【才】**［名］
①才能・才気

対 □**やまとだましひ**［名］
①（実践的な）知恵

177 きこえ

聞こえ　名

image 人の耳に入ること

❶評判・うわさ

□□□

「173おぼえ」同様、動詞「きこゆ（聞く＋ゆ）」から生まれた名詞です。**「どこからか自然に聞こえてくる」**意から、**「評判・うわさ」**という意味になりました。

入試解法 「きこえ給ふ」「きこえし人」など、**動詞「きこゆ」の活用形も頻出**。前後から**品詞をまずおさえましょう**。

❶**鎌倉に、なにがしの法印とかやいひしは、密宗の明匠と聞こえありき。**〈沙石〉

訳 鎌倉で、誰それの法印とかいった僧は、密教の名指導者だという評判があった。

関 **宮内卿《くないきやう》の君といひしは（中略）俊房《としふさ》の左の大臣《おとど》と聞こえし人の御末なれば、**〈増鏡〉

訳 宮内卿の君といった人は（中略）俊房の左大臣と申し上げた人のご子孫なので、

❖この「聞こえ」は「きこゆ」の連用形です。

関 □231**きこゆ**［動］

類 □169**さた**［名］
□173**おぼえ**［名］

❗「評判・うわさ」を意味する語を三つセットでおさえましょう。「おぼえ」「きこえ」「さた」です。

178 たより

頼り・便り　名

都合のよいもの

❶手段・頼りとするもの
❷よるべ・縁故
❸機会・ついで
❹配置
❺訪れ・音信

現代語と同じ意味の「たよる（頼る↑手寄る）」からできた言葉です。もともと、**何か「都合のよいもの」に手を伸ばして寄せるイメージ**の語で、事物・人・時・場所など、さまざまなパターンで使われます。**❶は都合のよい事物**、**❷は都合のよい人物や関係**、**❸は都合のよい時**（チャンス）、**❹は都合のよい場所**ということです。そして、都合のよい連絡手段という意味から、現代語の「おたより（手紙）」❺の意味が生まれました。

入試解法　❶❸❹が頻出です。❸**「機会」**は「何に適したタイミングなのか」を、続けて書いてあることからつかみましょう。

❶**家きはめて貧しくして、世を過ぐすにたよりなし。**〈今昔〉

訳　家がたいそう貧しくて、生計を立てるのに手段がない。

❷**さるべきたよりをたづねて、七月《ふみづき》七日言ひやる。**〈更級〉

訳　ふさわしい縁故を探し求めて、七月七日に言い送る。

❸**たより**ごとに、**物も絶えず得させたり。**〈土佐〉

訳　機会があるごとに、（お礼の）品物も絶えず贈った。

❹**わざとならぬ庭の草も心あるさまに、簀《すの》子《こ》・透垣《すいがい》のたよりをかしく、**〈徒然〉

訳　わざとらしくない庭の草も風流を理解する様子で、簀子や透垣の配置も趣深く、

❺**語らひつきにける女房のたよりに、御ありさまなども聞き伝ふるを、**〈源氏〉

訳　親しくなった女房の音信で、（女三の宮の）ご様子なども伝え聞くのを、

関

□**かりのたより**［名］
①手紙
＊前漢時代の蘇武《そぶ》という人が、異民族の匈《きょう》奴《ど》にとらえられたとき、雁の足に手紙を結んで故郷に届けたという故事による。

□075 **せうそこ**［名］
□174 **よすが**［名］
□316 **たづき**［名］
□**ふみ**［名］
①手紙・書物
②漢学・漢詩

類

□**ついで**［名］
①順序
②機会

❗例文❹の「簀子」「透垣」はp.292〜293を参照。

179

あるじ

主・主人・饗

名

image 主人がすること

❶（主人として）人をもてなすこと

□□□

❶仕うまつる百官の人に、**あるじ**いかめしう仕うまつる。〈竹取〉

訳 （帝に）お仕えする多くの役人たちに、（翁は）**もてなし**を盛大にいたす。

対 **憎きもの。急ぐことある折に来て、長言《ながごと》するまらうど。**〈枕〉

訳 憎らしいもの。急ぐことがあるときに来て、長話する**客**。

「あるじ」は「主人」のことなので、対義語として、「客」の意味の「**まらうと・まらうど**」も覚えてください。「あるじまうけ（＝準備）」という連語は、「主人としてお客をもてなすこと」。そのうち「**あるじ**」だけで「**もてなし**」という意味になりました。

入試解法 「**あるじす（＝もてなす）**」という動詞の形でもよく用います。

関
□**あるじまうけ**［名］ ①もてなし
□**あるじす**［動］ ①もてなす

類
□**うまのはなむけ**［名］ ①餞別《せんべつ》・送別の宴

対
□**まらうと(ど)**［名］ ①客
□**まらうと(ど)ざね**［名］ ①主賓・正客

180 かち

徒歩 名

乗り物に乗らずに歩いて行くことです。移動・輸送の手段を表す格助詞をつける際、**「徒歩」なら「より」、その他の手段（車・馬・船）なら「にて」**を使います。

入試解法 **漢字の読みが頻出**です。

image かっちり歩く！

❶ 徒歩

❶ **かちより参る若き人、二、三人、行き連れたる。**〈とはず〉

訳 徒歩で（神社に）参詣する若い人、二、三人と、道連れになった。

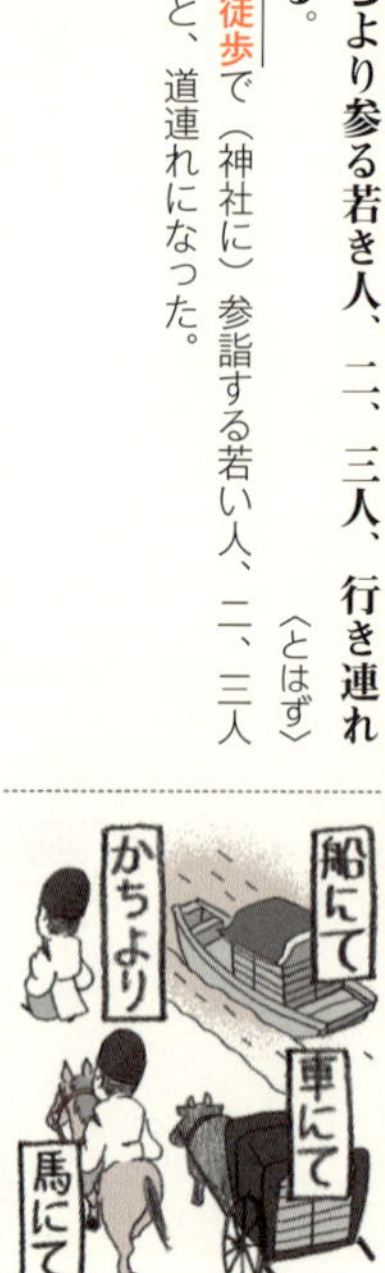

181 ひがこ（ご）と

僻事 名

「ひが」は現代語「ひがむ⊖」の「ひが」と覚えてください。**「ゆがんでいる・偏っている」状態**で**「ひが耳（＝聞きまちがい）」「ひが目（＝見まちがい）」「ひが心（＝思いちがい）」**などの派生語もあります。

image ゆがんだこと

❶ まちがい

❶ **道理とひがことをならべんに、いかでか道理につかざるべき。**〈平家〉

訳 道理とまちがいを並べたとして、どうして道理に従わないだろうか、いや必ず従う。

関

□**ひがひがし** 形
①ひねくれている
②調子が悪い

□**ひがむ** 動
①ひねくれる・すねる

182

あ（ン）ない

案内

名

image

取り次ぎ

❶**訪問して取り次ぎを頼むこと**

「案内《あんない》」の撥音「ん」を表記しない形です。現代と違い、昔は高貴な人たちがよそのお宅を訪問するときには、自分では名乗りませんでした。**家来を使い、さらに訪問先の家人を通して、その家の主人に「取り次ぎ」を頼みます。**めんどうですねえ。

❶**門《かど》にして人をもって案内を申し入れむがためにうかがひ立てり。**〈今昔〉

訳 門前で人を使って取り次ぎを頼むことを申し入れようとするために様子をうかがい立っていた。

関 □**あないす**［動］

①取り次ぎを頼む

類 □075 **せうそこ**［名］

183

はらから

同胞

名

image

同じ腹から

❶**兄弟姉妹**

「はら」は「腹」で母を指します。また、「から」は「命を包む殻《から》＝からだ」のことなので、**「同じ腹から生まれた人間《カラダ》＝兄弟姉妹」**と覚えましょう。

❶**いにしへの天智天皇と天武天皇とは、同じ御腹の御はらからなり。**〈増鏡〉

訳 古代の天智天皇と天武天皇とは、同じ（母宮の）お腹から生まれたご兄弟である。

類

□**このかみ**［名］

①兄・姉（「子の上」＝年上）

□**せうと**［名］

①兄・弟（男兄弟）

184 はた

将

副

「二つの状態＝A・B」の要素の関係をさまざまに示す言葉です。

❶「Aに対してBを仮に考えてみる」

❷「AにBを足す」

❸「AだがB」

という関係を持つときに用いられます（Aは明示されていない場合もあります）。**仮定・累加・逆接**と、多様な性格を持つ語なので、要素ABの関係を前後から読み取ってから意味を判断してください。

入試解法　**頻出なのは❷と❸です。❷はAとBの評価がそろっており**（A＝B）、**❸はAとBの評価が逆**（A⇔B）になりますので、前後のプラス⊕・マイナス⊖をチェックしてみましょう。

image　AとBの関係性

❶（Aだが）もしかしたら（B）

❷（A）また・その上（B）

❸（A）とはいうものの（B）

❶**いかに老いさらぼひてあるにや、はた死にけるにや。**〈奥〉

訳（昔知り合った人は）どんなに老いぼれてしまっているだろうか、もしかしたら死んでしまっただろうか。

❷**雁《かり》などの連ねたるが、いと小さく見ゆるはいとをかし。日入り果てて、風の音虫の音など、はたいふべきにあらず。**〈枕〉

訳 雁などが連なって飛んでいるのが、たいそう小さく見えるのはとても趣がある。夕日が沈んでしまった後、風の音や虫の声など（がするのも）、また言うまでもない（ほど趣がある）。

❸**男、色好みと知る知る、女をあひいへりけり。されど憎くはたあらざりけり。**〈伊勢〉

訳 男は、好色だと知りながら、女と交際していた。しかしとはいうものの憎くは思っていなかった。

！「はた」の構造

❶**知り合いの消息**
- A 老衰
- or＝はた
- B 死

❷**趣があるもの**
- A 雁などの飛ぶ姿
- and＝はた
- B 風の音・虫の声

❸**女への感情**
- A 好色だ
- but＝はた
- B 憎くない

185

かたみに

片身に・互に　副

image　ふたりはひとつ

❶**互いに**

「片身」は半身のこと。**二人がそろって一つの体になるかのようなイメージ**の語です。したがって、「かたみに」は、二人がお互いに一つのことをする様子を表します。単体ではなく、**複数要素が存在**します。

❶**二人の局《つぼね》を一つにあはせて、かたみに里なるほども住む。**〈紫〉

訳 （女房）二人の部屋を一つにあわせて、互いに（二人が）実家にいるときも住んでいる。

❗名詞「形見」（昔の思い出となるもの）と混同しないように注意しましょう。

例 人の形見には、手跡《しゆせき》（＝筆跡）に過ぎたる物ぞなき。〈平家〉

□□□

186

せめて

迫めて　副

image　相手に迫る

❶**無理に・しいて**
❷**切実に・非常に**

現代語では「せめてこれだけでもほしい」などと「最低限」を表しますが、古文では**「無理に」**という意味。「しひて」「あながちに（▶068あながちなり）」という同義語も合わせて覚えましょう。

❶**君は御衣《おんぞ》にまとはれて臥《ふ》し給へるを、せめて起こして、**〈源氏〉

訳 姫君がお着物にくるまって横になっていらっしゃるのを、無理に起こして、

❷**せめて恐ろしきもの。夜鳴る神。**〈枕〉

訳 非常に恐ろしいもの。夜鳴る雷。

類
□067 **せちなり** [形動]
□068 **あながちなり** [形動]
□ **しひて** [副]　①無理に・しいて

□□□

第二章

187 なべて

並べて

副

image 横並び

❶ 一面に
❷ 普通・一般に

「並ぶ」という下二段動詞の連用形に、接続助詞「て」をつけてできた副詞です。漢字をあてると**「並べて→一面に」**とすぐに意味が類推できますね。**「みんなが一面に同じ状態」**というところから❷の意味が生まれました。**「なべて＋の＋名詞」**という形でもよく用いられます。

入試解法 関連語**「なべてならず」**も頻出です。**「普通ではない・格別だ」**というプラス⊕の意味を表します。

❶**秋風の吹きと吹きぬる武蔵野はなべて草葉の色変はりけり**〈古今〉

訳 秋風が吹きに吹いた武蔵野は、一面に草葉の色が変わったなあ。

❷**水の流れ、神さびたる松のけしきなど、なべての所に似ず。**〈栄花〉

訳 遣水《やりみず》の流れや、神々しい松の様子など、普通の場所に似ていない（ほどすばらしい）。

関 **なべてならぬ法ども行はるれど、さらにそのしるしなし。**〈方丈〉

訳 普通ではない修法の数々が行われるけれども、まったくその効き目がない。

関

□**なべてならず** [連語]
①普通ではない・格別だ

□□□

188 ひぐらし・ひねもす

日暮らし・終日

名・副

image 一日を暮らす

❶ 一日中

□□□

似た単語「ひとひ〈一日〉」は、「ある日・先日」という意味もありますから注意。

入試解法 「ひぐらし」「ひねもす」は、どちらかが問題文中にあると、意味を聞かれるだけでなく**「同義語をあげよ」という設問も頻出**です。**「対義語をあげよ」**と問われたら「189よ〔も〕すがら（＝一晩中）」。

❶**日暮らし泣き暮らさせ給ふさま、いと苦しげなり。**〈狭衣〉

訳 一日中泣いて過ごしていらっしゃる様子は、たいそうつらそうである。

❶**雪こぼすがごと降りて、ひねもすにやまず。**〈伊勢〉

訳 雪があふれるように（たくさん）降って、一日中やまない。

類
□ひとひ［名］
①ついたち・いちにち
②ある日・先日
③〈「ひひとひ」で副詞的に〉一日中

対
□189よ〔も〕すがら［副〕
□よひとよ［副］
①一晩中

189 よ〔も〕すがら

夜〔も〕すがら・終夜 副

image 夜も過ぎた

❶ 一晩中

「夜」に「すがら〈過がら〉」がついた語。**「夜を過ごした」＝「一晩中」**です。

入試解法 入試では、**よく対義語が問われます**。その場合は「188ひぐらし・ひねもす」が答えとなります。ちなみに「夜《よ》を日に継ぐ」は、「昼夜の区別なく行う」という意味です。

❶**二日。雨風やまず。日《ひ》一日《ひとひ》、よもすがら、神仏《かみほとけ》を祈る。**〈土佐〉

訳 二日。雨風がやまない。一日中、一晩中、神仏を祈る。

類 **雨は夜一夜降りあかして、またのつとめてぞ少し空晴れたる。**〈大和〉

訳 雨は一晩中降り続けて、翌日の早朝に少し空は晴れた。

類
□よひとよ［副］
①一晩中

対
□188ひぐらし・ひねもす［名・副］

！「夜《よ》」は、日没から夜明けまでの時間で、細かくは、「夕《ゆふべ》→宵《よひ》→夜中→暁→朝《あした》」と続く時間帯のことです。

第二章

問一　傍線部の現代語訳として最も適当なものを選びなさい。なお、①はそれぞれ異なるものを選ぶこと。

基①この男、また、はかなきものの**たより**にて、雲居よりもはるかに見ゆる人ありけり。《中略》からうして、**たより**をたづねて、もの言ひ始めてけり。〈國學院大／平中物語〉

ア 依頼　**イ** 縁故　**ウ** 機会　**エ** 手紙　**オ** 便利

標②まことに（歌ニツイテ）思ひ入れ給へる姿、伝へ聞きはべるだに、艶情《えんじやう》に堪へず、**すずろに**感涙抑へがたくはべり。〈愛知教育大／ささめごと〉

ア 思わず　**イ** なんとなく　**ウ** なまじっか　**エ** 意に反して　**オ** しみじみと

問二　傍線部を現代語に訳しなさい。

基③「**あからさまに**田舎にまかる」と女の許《もと》に言ひ遣はしたりける返り事に、〈琉球大／後拾遺和歌集〉

基④別れ来し親**はらから**のことなど思ひ出《い》でて悲しかりしに、〈防衛大／庚子《こうし》道《みち》の記〉

標⑤菊をば**なべてならず**愛し給ひて、長月の頃は、庭のほとりを離れがたくおぼしめして、〈尾道市立大／かざしの姫君〉

標⑥国々に宣旨申し下して、「あやしのわび人のさすらひ行かむに、必ず宿を貸し、食ひ物を用意して、**ねんごろに当たるべし**」とぞ侍りける。〈宮城教育大／閑居友〉

標⑦御荒《みあれ》の宣旨《せんじ》といふ人は、**優にやさしく、容貌《かたち》もめでたかりけり**。〈弘前大／古本説話集〉

入試解法

① 【178 たより】「にて」「して」の前後をしっかりチェックしましょう。一つ目の「たより」は、「男が手の届かない女性の存在を知った」ことから「機会」と訳し、二つ目の「たより」は、「男が女性に言葉を届け始めた」ことから、「取り持ってくれる人物＝縁故」と訳します。

② 【160 すずろなり】「すずろなり」は「つながりがなく、むやみやたら」な感じです。連用形（中止法）の前後は、接続助詞「て」の前後と同様、「評価が同じで矛盾がない」ので、前の「艶情に堪えられない」、後の「感涙が抑えられない」と同様に、「我慢できない」感じの表れた**ア**「思わず」を選びます。**イ**「なんとなく」も似たような意味だと思うかもしれませんが、我慢している感じがないので不十分です。

③ 【165 あからさまなり】「あからさまなり」は、「かる（離る）」のチョッと離れる感じで覚えておきましょう。

④ 【183 はらから】「同じ腹から」出てきた、「親」と同列に並んでいる家族とは何でしょうか？兄弟姉妹ですね。

⑤ 【187 なべて】後半「庭のほとりを離れにくい」と矛盾なくつながるように、「菊を非常に愛し

標⑧「あなゆゆし、**仏の御しるしはあらたなる御ことにて**」とうれしくて、　〈中央大・改／住吉物語〉

問三　傍線部を二字の漢字に直しなさい。

難⑨**よもすがら**ながめ給ひけるが、　〈京都女子大／弁内侍《べんのないし》日記〉

現代語訳・解答

①この男には、また、ふとしたことのゥ**機会**で（知った）、空より遠く思える（高貴な）女性がいた。《中略》やっとのことで、ィ**縁故**を探して、手紙をやり始めた。

②真剣に（歌について）考え込んでいらっしゃる姿は、伝え聞きましてさえ、優美な情に堪えられず、ァ**思わず**感涙を抑えられないほどでございます。

③「**ちょっと**田舎に行きます」と女のもとに言って送った返事に、

④別れてきた親**兄弟**のことなどを思い出して悲しかったが、

⑤菊を**格別に**愛しなさって、九月頃は、庭のほとりを離れにくいとお思いになって、

⑥国々に天皇の命令を申し下して、「みすぼらしい困窮者がさすらって行ったら、必ず宿を貸し、食べ物を用意して、**丁重にもてなさなければならない**」とありました。

⑦御荒の宣旨という人は、**優美で上品で、容貌もすばらしかった。**

⑧「ああおそれ多い、**仏様のご霊験はあらたかなことである**」とうれしくて、

⑨一晩中〔**終夜**〕物思いにふけっておられたが、

なさった」という内容だととらえます。「なべてならず」は「並ではない」ということ。「格別に」などと訳します。

⑥【159 **ねんごろなり**】「宿を貸す」「食べ物を用意する」ことと矛盾がないよう、「ねんごろ」を「親切・丁寧・丁重」などと訳しましょう。「べし」は「宣旨（帝のご命令を伝えること）」なので、「命令」で訳します。

⑦【157 **いうなり**】「優に（優美で）」「やさしく（上品で）」と連用形で連なっている語をヒントに、「容貌」を説明する「めでたし」も「立派だ」ではなく、「すばらしい」と訳します。「やさし」にはマイナス⊖の意「恥ずかしい」もありますが、連用形でリンクしている周囲の語がプラス⊕なので、もちろんプラス⊕の意味です。

⑧【168 **しるし**】この「しるし」は名詞です。「効果」という意味ですが、神様や仏様に「効果」は失礼なので、「霊験・御利益《ごりやく》」と訳すのが決まりです。また、「霊験あらたか」と現代語でも言いますが、「あらたなり」は「ハッキリしている」ということなので、「いちじるしい」と訳してもよいです。

⑨【189 **よもすがら**】「よもすがら」は「一晩中」なので、漢字二字だと「終夜」になります。

☆**次の文章を読んで、後の問に答えなさい。**

《父である西行が出家し、ほどなく母も出家したために、娘は幼い頃から養母の冷泉殿に育てられ、今は女《め》の童《わらわ》として人に仕えている。娘と再会した西行は出家を促し、娘は承諾する。二人は出家の日取りを約束して帰宅した。》

此《こ》の事、又知る人もなければ、誰も思ひもよらぬ程に、明日になりて、《娘は》「この髪を洗はばや」といふ。冷泉殿の聞きて、「(1)ちかう洗ひたるものを。けしからずや」などいはれければ、ただことさらにいへば、「物詣《ものまう》でやうのためなり」と思ひて洗はせつ。明くる朝に、「急ぎてめのとのもとに行くべきことのある」といへば、車など沙汰《さた》して送る。今すでに車に乗らんとする人の、「しばし」とて帰り来て、冷泉殿にむかひて、つくづくと顔うち見て、いふこともなくて、立ち帰りき。車にのりて去ぬ。あやしく覚ゆれど、かかる事あるべしとはいかでか知らん。かくて、(2)久しく帰らねば、おぼつかなくて尋ねけるを、しばしはとかくいひやりけれど、日ごろ経れば、かくれなく聞こえぬ。

〈京都大／発心集〉

入試解法

① 「違和感」を表す語、「違和感」の詳細をチェック。（問一）

「146けし」「けしからず」は、ともにマイナス㊀の語で「違和感」を表します。前後の「違和感を表す語」に合わせて訳しましょう。「娘の出家という秘密」を、冷泉殿は知りません。傍線部(1)は、「出家が明日」となった日の娘の言葉「髪を洗いたい」に対する冷泉殿の答えです。「会話」は必ずセットで内容を把握しましょう。「212ものを」から、「最近洗ったばかりなのに（なぜ？）」と、冷泉殿が「違和感」を覚えているのがわかります。また、後にも「あやし」「おぼつかなし」と「違和感」を表す語が繰り返されているので、この「けしからず」は「変だ・おかしい」などと訳すのがよいと判断できます。

② 「立場」の違いから「主語」を明確にする。（問二）

「秘密」を中心に人物を整理してみます。

【秘密】娘の出家＜
知っている……西行・娘・乳母《めのと》
知らない……冷泉殿
（→違和感→時間経過→露呈）

あとは接続助詞「ば・ど・に・を・が」の下で「／」を入れて、「主語の変化」に注意しながら傍線部(2)を解釈していきましょう。「秘密」は「どの場面で露呈するか」を

Lucky item ②　白虎（びゃっこ）

西の守護神。五行思想では「金」をつかさどる。

問一　傍線部(1)を、現代語訳せよ。

問二　傍線部(2)について、起こった事柄とその経緯がわかるように説明せよ。

【訳】このことを、他に知る人もいないので、誰も思いもよらないときに、明くる日になって、（娘は）「この髪を洗いたい」と言う。冷泉殿が聞いて、「最近洗ったのに。変だなあ」などとおっしゃったので、（娘が）ひたすらに言うと、（冷泉殿は）「寺社参詣などのためだ」と思って洗わせた。明くる朝に、（娘が）「急いで乳母のもとに行かなければならない事情がある」と言うので、（冷泉殿は）車などを手配して送り出す。もうすでに車に乗ろうとする人（＝娘）が、「少し（お待ちください）」と言って帰ってきて、冷泉殿に向かって、しみじみと顔を見て、言うこともなく、戻っていった。車に乗って去ってしまった。（冷泉殿は）不思議だと思われたが、このようなことがあるだろうとはどうしてわかるだろうか、いやわからない。こうして、長い間帰らないので、心配になって（乳母のもとに使いをやって）尋ね（させ）たところ、（乳母は）少しの間はあれやこれやと言ってきたが、数日経つと、（娘が出家したことが）広く知れ渡って（冷泉殿の）耳に入った。

おさえることが大変重要です。

【娘】久しく帰らねば、／【冷泉殿】おぼつかなくて《違和感》尋ねける《問》を、／【乳母】しばしはとかくいひやりけれど《答》、／【時の経過】日ごろ経れば、／【秘密（＝出家）の露呈】かくれなく聞こえぬ。

解答

問一　最近髪を洗ったのに。変だなあ。

問二　乳母のもとに行くと言って出かけた娘が、だいぶ時間が経っても帰宅しないので、冷泉殿は心配し、乳母のもとに使いをやって事情を尋ねると、乳母はしばらくはあれこれと言い紛らわして返事をやっていたが、数日経つと、娘の出家が人に知られて冷泉殿の耳に入ったということ。

◉入試問題攻略のツボ◉

「違和感」「異常」など「通常と違う状態」を表す語と、その「対象」に注目しよう！

「違和感」「異常」「ギャップ」を表す語とその「対象」は、文章のテーマに大きく関わります。本問の「娘の出家」のように、秘密を知っている立場、知らない立場に分かれる場合、後者の「違和感」がとても重要です。

解法コラム② 主観と客観

❖主観的心情と客観的評価

「[131]はづかし」「[134]やさし」「[135]こころぐるし」などは、自分の気持ちを表す**「主観的心情」**、他者に対して「こうだ」と判断を下す**「客観的評価」**のどちらも表すことができます。このような語は、**被修飾語や周辺の語とセットで意味を判断**します。

例えば、「世の中を憂しとやさしと思へども」の「やさし」は、「憂し（＝つらい）」という主観的心情と並列されていることから、自分自身の感情を表す「つらい㊀」という意味になります（注：訳す場合は、同じ意味の語でも反復は避け、「やさし」を「耐えがたい」などと訳すとよいでしょう）。逆に、「上臈《じやうらふ》はなほもやさしかりけり」の「やさし」は、「上臈（＝身分が高い人）」に対しての評価なので「（自分が恥ずかしくなるほど）優美だ㊉」という意味になります。**「自分がXだと思うほど対象がYだ」**という構造を持つ語は、**X・Yどちらで用いられているか、主・客をクリアに分析**しましょう。

さて、昔の人々が、主観的心情・客観的評価に対し「同じ語」を用いていたことは、逆に言うと、自他の区別をあまりつけていなかったということではないでしょうか。そこが私たちとの世界観の違いを表しており、とてもおもしろいと思います。「自」と「他」を分ける私たちと異なり、人と人、また人と世界が「共感し合う心」を持っていたのでは？ と感じられます。

❖挿入句

ここに二つの文があります。

①**彼は、青い顔をしている。**（事実）

②**お腹が痛かったのだろうか。**（感想）

この二文を一緒にすると、

③**彼は、〈お腹が痛かったのだろうか〉、青い顔をしている。**

となりますね。〈 〉の中を**「挿入句」**と呼びます。実際お腹が痛かったのかはわかりません。もしかしたら「いや〜、絵の具で顔を青く塗ってみたんだ。」ということかも（笑）。つまり、**挿入句は「主観的な感想や意見」**だということです。

事実

―――〈**〜や・か・疑問詞……連体形**〉―――

＝挿入句（作者・語り手の主観的意見（主に疑問文））

挿入句を〈 〉に入れながら読解すると、事実と感想を分けることができ、内容をつかみやすくなります。また、挿入句を指摘したり、空欄補充で用いたりする問題も出ます。

単に「現代語訳すればいい」ではなく、**「文や語の持つ性質を利用する」という意識を持つ**と、入試問題を解くことがもっとクリアに、もっとシステマチックに、もっと楽しくなってきますよ！

文法知識と関連させて覚えてほしい単語を集めました。現代語訳はもちろん、文法問題でも頻出です。類義語や識別方法についてわかりやすくまとめていますので、単語力だけでなく、古文の総合力をアップさせましょう！

第３章

文法関連語

56語

CONTENTS

190

さらに…打消・禁止

副

image 全否定

❶〈下に打消・禁止表現を伴って〉少しも・まったく・決して

❶**その山、見るに、さらに登るべきやうなし。**〈竹取〉

訳 その山は、見ると、まったく登ることができる手段がない。

❶**雪ご覧ぜむに、内へ入らせ給ふこと、さらにあるまじ。**〈十訓〉

訳 雪をご覧になるようなときに、部屋の中にお入りになることは、決してあるまい。

まったく手が届かない
決して一緒になれないのね…
身分違いの恋

はっきりと**「全否定」する表現**です（英語の not at all や never）。**「打消」**とは、

・**「ず」**【打消の助動詞】
・**「じ・まじ」**【打消推量の助動詞】
・**「で」**【打消の接続助詞】
・**「なし」**【打消の形容詞】

のことです。また、**「禁止」**を表す

・**「な」**【禁止の終助詞】
・**「な…そ」**【禁止の副詞の呼応】

と同時に用いられることもあり、その場合は**「決して（…な）」**と訳します。

入試解法 「さらに…じ」なら「まったく（決して）…ない」だけで終えてはいけません。きちんと「打消推量」で訳し、「まったく（決して）…ないだろう（あるまい）」とします。

詳解 **「さらに…打消」と同義の表現**

□おほかた…打消　□かけて…打消　□すべて…打消
□たえて…打消　□つやつや…打消　□つゆ…打消
□よに…打消

＊「おほかた」が打消を伴わないときは「だいたい・普通」の意。
＊「かけて」が打消を伴わないときは「心にかけて」の意。
＊「よに」が打消を伴わないときは「とても」の意。

191

を《オ》さを《オ》さ…打消

副

image 部分否定

❶〈下に打消表現を伴って〉ほとんど・めったに

□□□

「190さらに…打消」と違い、**「部分否定」**なので、きちんと訳し分けるよう注意しましょう！「をさをさし（＝大人びている）」という形容詞から生まれましたが、意味はまったく違います。

❶**月ごろのつらさを恨みなどし給ひて、よしばみ給へれど、をさをさいらへもし給はず。**〈宇津保〉

訳 数ヶ月来（待ったこと）のつらさを恨みなどしなさって、思わせぶりな態度をおとりになるけれども、ほとんど答えもなさらない。

関 □**をさをさし**［形］①大人びている ②思慮分別がある

192

いと・いたく…打消

副

image not…very

❶〈下に打消表現を伴って〉あまり

□□□

英語の〈not…very〉と同様、**「あまり…ない」**と**部分否定**で訳します。「いたく」は「いたう」とウ音便化することもあります。「いとしも【強意の副助詞＋強意の係助詞】なし（＝それほどでもない）」もチェック。

❶**世に稀《まれ》なるもの、唐《から》めきたる名の聞きにくく、花も見慣れぬなど、いとなつかしからず。**〈徒然〉

訳 世間で珍しい植物や、中国風の名が聞きにくく、花も見慣れない植物などは、あまり心ひかれない。

関 □**いとしもなし**［連語］①それほどでもない

！「いと・いたく」が打消を伴わないときは「たいそう」の意です。

193 さしたる・させる…打消

連体

image それほどでもない

❶〈下に打消表現を伴って〉たいした

「さ【指示副詞】」「し【サ変動詞「す」連用形】」「たる【存続の助動詞「たり」連体形】」／「さ」「せ【サ変動詞「す」未然形】」「る【存続の助動詞「り」連体形】」。打消を伴って「部分否定」になります。

❶**さしたることなくて人のがり行くは、よからぬことなり。**〈徒然〉

訳 たいした用事がないのに人のもとに行くのは、よくないことである。

❖「がり」は「もと・ところ」という意味の語。ほとんど「…のがり」という形で用いられます。

関 □さ〔副〕①そう・そのよう

類 □さして…打消〔副〕①たいして…ない

194 かまへ《エ》て

副

image 強い命令・禁止

❶〈下に願望・意志・命令表現を伴って〉必ず・ぜひとも

❷〈下に打消・禁止表現を伴って〉決して

「願望・意志・命令」を伴うと❶「必ず・ぜひとも」、「打消・禁止」を伴うと❷「決して」になります。呼応する末尾の表現に注意！ ❷と同じ意味の「かけて〔も〕…打消・禁止」も一緒に覚えてください。

❶**かまへてまろがおもて起こすばかり、よき歌つかうまつれよ。**〈増鏡〉

訳 必ず私の面目をほどこすほどの、すぐれた歌を詠み申し上げろよ。

❷**かまへて人といさかひし給ふな。**〈曽我〉

訳 決して他人と言い争いをなさるな。

関 □104 かまふ〔動〕

❗ 動詞「かまふ」の連用形＋接続助詞「て」と意味を混同しないように注意しましょう。呼応する表現の有無をチェック！

195

な…そ

副＋終助

「柔らかな禁止」を表します。「…」の部分には動詞の連用形（カ変・サ変の場合は未然形）が入ります。この「な」は副詞ですが、文末につく終助詞「な」も禁止を表し、「…するな」という意味になります。

image 柔らかな禁止

❶ …しないでください・…してくれるな

❶「けふ、波な立ちそ。」と、人々ひねもすに祈るしるしありて、風波立たず。〈土佐〉

訳「今日は、波が立たないでください。」と、人々が一日中祈った効果があって、風も波も立たない。

《基本》
・な 連用形 そ

《例外》
・な せ そ　サ変「す」未然形
・な こ そ　カ変「来」未然形

196

ゆめ・ゆめゆめ…禁止

副

「禁止」を伴って、強い禁止を表します。単なる打消を伴い「まったく」の意になるときも。類義語「あなかしこ」は下に禁止を表す語がない場合「ああおそれ多い」という感嘆文なので注意（▼「327あな」）。

image 強い禁止

❶〈下に禁止表現を伴って〉決して

❶この山に我ありといふことを、ゆめゆめ人に語るべからず。〈宇治〉

訳この山に私がいるということを、決して他人に話してはならない。

❖「べからず」は命令「べし」＋打消「ず」です。「べからず」全体で禁止表現となります。

類 □あなかしこ…禁止［連語］
①決して…な

第三章

197

え…打消

副

image
不可能

❶〈下に打消表現を伴って〉…できない

「打消の語」の種類に注意して訳します。例えば「え…じ」とあったら、「…できないだろう」と「推量」まで訳すのを忘れずに。関西圏では「よう…ん」（「よう言わんわ」など）という言い回しに残っています。

入試解法 **入試頻出の副詞の呼応**です。関連語**「えもいはず」**はプラス⊕・マイナス⊖どちらの意になるかを判断し、「何とも言えないほどすばらしい⊕」など、**評価の語を補わなければならないこともあります。**

❶**今朝より悩ましくてなむ、え参らぬ。**〈源氏〉

訳 今朝から体調が悪くて、参上することができない。

関 **えさらぬことのみいとど重なりて、**〈徒然〉

訳 避けられない用事ばかりがますます重なって、

関 **匂ひたる香《か》、えならず。**〈宇津保〉

訳 匂い立っている香りは、並々でない。

関 **えもいはぬ匂ひの、さと香りたるこそ、をかしけれ。**〈徒然〉

訳 言い表せないほどすばらしい香りが、さっと香っているのは、趣がある。

関

□**えさらず**［連語］
①避けられない・やむを得ない
＊「えさらぬ別れ」は、多く「死別」を表します。

□**えならず**［連語］
①並々でない
（プラス⊕の意味）

□**えもいはず**［連語］
①言い表せない
（プラス⊕・マイナス⊖両方の意味）

198

いさ…〈知らず〉

副

image
言外のNo

❶さあ…（知らない）

「○○を知っている？」と聞いて、相手が「さあ…」と答えたら、それは「YES」でしょうか？　答えは「NO→知らない」と自然にわかりますね。同様に**「いさ」**は**下に「知らず」が慣用的表現（決まり文句）として来る**ので、書いていない場合も「知らない」とわかります。

入試解法　**「いさ」と「知らず」のどちらかを空欄補充させる問題**がよく出ます。

❶**人はいさ心も知らずふるさとは花ぞ昔の香ににほひける**〈古今〉

訳　人についてはさあ心中も知らない。（でも）昔なじみのこの場所は梅の花が昔のままの香りで咲いているよ。

❖昔よく泊まっていた宿を久々に訪れた作者に、主人が「宿はちゃんとあるのに、あなたは来てくれなかった。」と皮肉を一言。この歌はその返事で、「梅の花は昔と同じだけれど、あなたの心はどうでしょうか。」というメッセージが込められており、後に『小倉百人一首』にも採録されました。

Q　空欄にあてはまる言葉を答えなさい。

例文❶の和歌の作者は、『古今和歌集』の撰者の一人で「[a]」を執筆した[b]である。「[a]」によって、平仮名がはじめて公的な文書に登場した。また、[b]は、平仮名による最初の日記文学『[c]』を書き、漢文では表しきれない細やかな心情を表現した。

a＝仮名序／b＝紀貫之／c＝土佐日記

199

よも…じ

副＋助動

image　まさか！

❶まさか…ないだろう・よもや…ないだろう

□□□

現代語でも**「よもや」**という表現が残っています。「よに…打消（＝決して…ない）」（▼p.168）と混同しないように注意！

入試解法　必ず**下に「じ【打消推量】」**を伴うので、**空欄補充問題で頻出**です。

❶**今宵雨降れば、よもおはせじ**。〈落窪〉

訳　今夜は雨が降っているので、（男君は）まさかいらっしゃらないだろう。

❖『落窪物語』の主人公は、継母にいじめられている日本版シンデレラ。素敵な男君（王子様）と結婚し、数々の苦難を乗り越えてハッピーエンドを迎えます。

！例文❶は、男君の従者が、雨で主人が来ないだろうと安心し、恋人である姫君の侍女と二人でいちゃついているシーンです。

第三章

200 いかで〔か〕

副

How & Why

❶【疑問】どのように・どうして

❷【反語】どうして…か、いや…ない

❸〈下に願望・意志・命令表現を伴って〉なんとかして

まず**文末の表現をチェック**して、❸でなければ❶❷と考えましょう。❶と❷の判別は「201 いかが」を参照。❸は下に**「願望・意志・命令」**をとります。これらの「何かに向かう気持ちを表す表現」を「☞印の語」とイメージしましょう。

入試解法 呼応する**助動詞「む・じ・べし・まじ」**が「☞**意志・打消意志**」なら❸、その他なら❶❷です。これらは**主語が一人称の際**に「**意志・打消意志**」と判断できます。

❶**いかでかくは思しめし仰せらるるぞ。**〈大鏡〉

訳 どうしてこのようにお思いになっておっしゃるのか。

❷**異国《ことくに》の人の、いかでかこの国の土を侵すべき。**〈大和〉

訳 他の国の人が、どうしてこの国の土を侵略してよかろうか、いやよくない。

❸**いかでこのかぐや姫を得てしがな、見てしがな。**〈竹取〉

訳 なんとかしてこのかぐや姫を手に入れたいものだ、妻にしたいものだ。

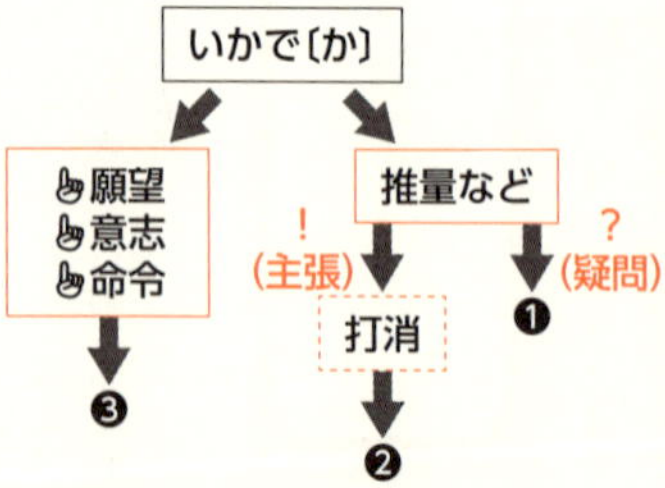

201 いかが

副

How & Why

❶【疑問】どのように・どうして

❷【反語】どうして…か、いや…ない

「いか」がつく言葉はすべて**「どのように・どうして」**の意と、**❶疑問・❷反語**の用法を持ちます。**「反語」**は「打消」に**言い換え可能な「強い主張」**なので、例えば「逆接」の後（表現者の「主張」が書かれる部分）はほぼ「反語」。**「反語」の場合は「…ない」まで訳さなければなりません。**

❶**ただ今、行方なく飛び失《う》せなば、いかが思ふべき。**〈更級〉

訳 たった今、（私が）行方も知れず飛び失せてしまったら、（あなたは）どのように思うだろう。

❷**かかる山の中に、ただ一人はいかが住し給ふべき。**〈沙石〉

訳 こんな山の中に、たった一人でどうしてお住みになれようか、いやお住みになれない。

関

□**いかがはせむ**［連語］

①どうしようか

②どうしようもない

❗例文❶は、作者の姉が作者にぽつんと漏らした言葉です。この少し後、姉は突然若くして亡くなってしまうのでした…。

202 いつしか

副

image 早く！☞

❶〈下に願望・意志・命令表現を伴って〉**はやく**

「いつか・いつの間にか」という意味もありますが、問われることはありません。**「☞願望・意志・命令」とセット**で用いられ**「はやく」**と望む意味が頻出です。この「☞願望・意志・命令」が省略されるときもありますが、文脈上☞の表現を補って、「はやく」と訳せることがほとんどです。

❶**ただ海に波なくして、いつしか御崎《みさき》といふところわたらむとのみなむ思ふ。**〈土佐〉

訳 ただ海に波がなくなって、はやく御崎というところを通過しようとばかり思う。

❶**木陰なければ、いと暑し。いつしか清水《しみづ》にと思ふ。**〈蜻蛉〉

訳 木陰がないので、とても暑い。はやく清水（＝地名）に（行きたい）と思う。

❗例文❶は「わたらむ」の「む」が意志の助動詞です。一方、例文❷では願望や意志を表す言葉が省略されています。このような場合は、文脈から「…したい・しよう・しろ」という内容を補って訳さなければなりません。

203

なでふ《（ン）ジョウ》・なんでふ《ジョウ》

一 副　二 連体

image Why

❶ 一【疑問】どうして
❷ 一【反語】どうして…か、いや…ない
❸ 二 なんという

□□□

古語の「何」は〈What〉の意より〈Why〉が基本なので、これら「何と言ふ」からできた疑問詞も❶❷を覚えます。**「なでふ」は「ナ（ン）ジョウ」**〈撥音〈ン〉が入るときもある〉と読みます。読みの規則を復習！ ⑴**単語の第二音以下の「はひふへほ」は「ワイウエオ」と読む**ので【なでふ】は【ナデウ】。⑵**ローマ字にして「eu→yô」と読む**ので【ナ deu→ナ dyô→ナヂョー（ナジョー）】。関連語「なでふことかあらむ」も要チェック。

❶**子孫《こまご》など、「あはれ、なんでふ 雀《すずめ》飼はるる。」とて憎み笑へども、**〈宇治〉

訳 子や孫たちが、「ああ、どうして雀をお飼いになるのか。」と言って冷やかし笑うが、

❷**なんでふ物の憑《つ》くべきぞ。**〈宇治〉

訳 どうして（私に）物の怪が取り憑くはずがあろうか、いや取り憑くはずがない。

❸**行きもて行けば、なでふことなき道も山深き心地すれば、いとあはれに水の声す。**〈蜻蛉〉

訳 だんだん進んでいくと、なんということもない道も山深い感じがするので、たいそう趣深く水の音がする。

関

□**なでふことかあらむ**［連語］
①たいしたことはない

なでふ
なんでふ
→ 用言にかかる → ❶❷
→ 体言にかかる → ❸

204

など〔か〕

副

image Why

❶【疑問】どうして
❷【反語】どうして…か、いや…ない

□□□

「など」は「何と」からできた疑問詞で、「何」と同様〈Why〉の意。**係助詞「か」が接続した「などか」の形も頻出**です。

入試解法 **随筆や評論的文章の結末部に疑問・反語**を表す語がある場合は、**反語がほとんど**です。それは、最終的に作者が「**判断**」をくだす必要があるからです。

❶ **など**いらへもし給はぬ。〈和泉〉

訳 **どうして**返事もなさらないのか。

❷ この勢《せい》あらば、**などか**最後の戦せざるべき。〈平家〉

訳 これだけの軍勢がいれば、**どうして**最後の戦をせずにいられよう**か、いや**せずにはいられない。

❗疑問詞の結びは連体形になることをおさえておきましょう。品詞を答えさせる問題でよく狙われます。
例文❶の「ぬ」は打消の助動詞「ず」の連体形、例文❷の「べき」は可能（または当然）の助動詞「べし」の連体形です。

205 はや〈く・う〉…けり

副＋助動

image 種あかし😲!

❶ なんとまあ…だったことよ

□□□

助動詞「**けり**」は「**詠嘆（気づき）**」で用いられると「前からそうだったことに今気がついた」という意味になります。その「**詠嘆**」に「**はや〈く・う〉**」がつくと、「**前からそうだったが、今種あかしをすると、何とまあ、こういうことだったのだよ！**」という意味になります。

❶ かしこう縫ひつと思ふに、針を引き抜きつれば、**はやく**尻を結ばざり**けり**。〈枕〉

訳 うまく縫ったと思うのに、針を引き抜いたところ、**なんとまあ**糸の端を結ばなか**ったことよ**。

❖『枕草子』の「ねたきもの」（＝しゃくにさわるもの）という章段の一文です。糸の端を結んでおかなかったばかりに糸が抜け、せっかく縫った部分がほどけてしまったのです。

206 だに

副助

最低限→それ以上！

❶【類推】…さえ（＝「すら」）
❷【最小限の希望】せめて…だけでも

□□□

「だに」は**「最低限を表してそれ以上を期待する」**役割の助詞です。まず「だに」の下に**「☞意志・希望・命令」**&**「仮定」があれば❷**。それ以外は「最低限を表してそれ以上を類推させる」❶です（助詞「すら」も同じ用法）。

入試解法 ❶の出題率は非常に高く、類推部を考えさせる問題も頻出です。**類推部が特に多い「だにあり」**も下段で要チェック。

❶**昼だにも人もとひこぬ山里の、柴《しば》の庵《いほり》の内なれば、夜ふけて誰かはたづぬべき。**〈平家〉

訳 昼さえも人も訪ねてこない山里の、粗末な庵の内なので、（まして）夜更けに誰が訪ねてこようか、いや誰も訪ねてこない。

❷**散りぬとも香をだに残せ梅の花恋しきときの思ひ出にせむ**〈古今〉

訳 散ってしまってもせめて香りだけでも残してくれ。梅の花よ。（花が）恋しいときの思い出にしよう（と思うから）。

❗「Aだにあり」（Aでさえ Xである【のに、ましてBはもっとXだ】）

例 御手は昔だにありしを、いとわりなくしじかみ、彫り深く強く固く書き給へり。〈源氏〉

訳 ご筆跡は昔でさえそうだったが、（まして今も）たいそうむやみに縮こまり、深く彫ったように強く固く書きなさっている。

詳解 「だに」の類推用法

【AだにX、ましてBはもっとX】

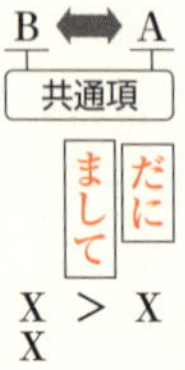

＊主張はA要素ではなくB要素に出る。
＊AとBには共通項があり、「Aに最低限の要素／Bにそれに反する要素」または「Aに特殊要素／Bに一般的要素」が入ることが多い。
＊要素は省略されることが多いが、構造から類推可能。

例 蛍ばかりの光だになし。【B以下を省略】
（蛍ほどの光さえない。【ましてそれ以上の光（月や灯火など）はもっとない。】）

207

ばや

終助

「ばや」の主語は一人称ですが、同じ未然形接続の終助詞「210なむ」の主語は決して一人称になりません。

入試解法 願望表現は「その人物のテーマ」なので、文章の軸をつかむとき役立ちます。

image 私はしたい！

❶【自己願望】〈未然形に接続〉…たい

❶つれづれなるを、「ほととぎすの声たづねに行かばや。」と言ふを、我も我もと出《い》で立つ。〈枕〉

訳 退屈なので、（私が）「ほととぎすの声を探し求めに行きたい。」と言うと、（人々は）私も私もということで出発する。

❗願望の終助詞まとめ

□未然形＋ばや → 一人称主語

□連用形＋にしがな・てしがな → 一人称主語

□未然形＋なむ → 二人称・三人称主語

□□□

208

もがな

終助

「願望の終助詞」の中で「もがな」のみ非活用語に接続することができます。活用語なら「連用形（形容詞型で活用する語）」、非活用語なら「助詞」「体言」などに接続します。

image あればなあ

❶【他への願望】〈体言・助詞など・形容詞型の語の連用形に接続〉…が（で）あればいいなあ・…がほしいなあ

❶吉野の山のあなたに家もがな。世の憂きときの隠れ家に。〈堤〉

訳 吉野山の向こうに家があればいいなあ。世の中がつらいときの隠れ家に（しよう）。

□□□

209 さへ

副助

image A＋B

❶【添加】…までも

②【類推】…さえ（＝中世以降の用法）

「206 だに」との違いに注意しましょう！「さへ」は「A、B［さへ］」という形で「Aに加えBまでも【A＋B】」という構造を持ち、AとBは「似たような要素」になります。一方「だに」は「A［だに］B」とAにつき、AとBは「相反する要素」になります。

❶**その夜、雨風、岩も動くばかり降りふぶきて、神さへ鳴りてとどろくに、**〈更級〉

訳 その夜、雨風が、岩も動くほど降り吹いて、雷までも鳴って響きわたるときに、

②**何の年何の月日に終はりしさへ知らぬあさましさよ。**〈雨月〉

訳 何年何月何日に（妻が）死んだのかさえわからない情けなさよ。

A（雨風）

＋さへ（添へ）

B（雷）

＊A雨風とB雷は似たような要素（A≒B）。

210 なむ《ン》(ん)

終助

image 誰かこうして！

❶【他への願望】〈未然形に接続〉…てほしい

「なむ・なん」は「他への願望（あつらえ）」を表し、接続は「未然形」です。「207 ばや」「211 にしがな・てしがな」は「自己願望」を表すので注意。

❶**今日まして思ふ心、おしはからなむ。**〈蜻蛉〉

訳 今日（前にも）まして（つらく）思う心を、察してほしい。

❖夫の訪れを待っていたのに、二度続けて門前を素通りされた作者の痛切な嘆きの言葉です。

❗「なむ」は「終助詞」「係助詞」「助動詞＋助動詞」などの識別問題が頻出です。次頁「詳解」で解法をマスターしましょう！

詳解 「なむ（なん）」の識別

★「なむ（なん）」は**直前の語**で識別することができます。

▼**未然形** → なむ（なん）→ A＝他への願望の終助詞「なむ」

▼**連用形** → なむ（なん）→ B＝強意の助動詞「ぬ」の未然形＋推量の助動詞「む」の連体形／終止形

▼**死・往** → なむ（なん）→ C＝ナ変動詞「死ぬ・往《い》ぬ」の未然形活用語尾＋推量の助動詞「む」の連体形／終止形

▼**その他** → なむ（なん）→ D＝強意の係助詞「なむ」

A **いつしか梅咲かなむ。**【はやく梅が咲いてほしい。】
＊直前が「咲く」㊌→終助詞「なむ」

B **法師にもなりなむ。**【法師にもなってしまおう。】
＊直前が「なる」㊊→助動詞「ぬ」㊌＋助動詞「む」㊎

C **もろともに死なむ。**【一緒に死のう。】
＊直前が「死」→ナ変動詞「死ぬ」㊌＋助動詞「む」㊎

D **竹なむ一筋ありける。**【竹が一本あった。】
＊直前が体言「竹」→係助詞「なむ」（「ける」は係り結びで連体形になっている。結びは省略されることもある。）

211 にしがな・てしがな

終助

image 私はしたい！

❶【自己願望】〈連用形に接続〉…たい

「207ばや」と同じ【自己願望】を表します。語源は【強意の助動詞「ぬ」「つ」連用形】＋【願望の助詞「しか（しが）」】＋【詠嘆の助詞「な」】。部分のみ使用した「しがな」「にしか・てしか」という形もあります。

❶ **下《お》りなばや。しばし心にまかせてもありにしがな。**〈大鏡〉

訳 （帝の位から）退いてしまいたい。しばらく気ままにすごしたい。

❶ **いかで、この玉を得てしがな。**〈十訓〉

訳 何とかして、この宝玉を手に入れたい。

Q 空欄に入る終助詞を選べ。

・さらぬ別れのなく a 。
・我も塩焼きて売ら b 。
・深き心を人は知ら c 。
・いかで死にもし d 。

ア なむ　イ もがな　ウ ばや　エ にしがな

a＝イ／b＝ウ／c＝ア／d＝エ

第三章

212 ものを

一 接助　二 終助

image なのに！

❶ 一【逆接確定条件】〈連体形に接続〉…のに・…だが

❷ 二【逆接的な詠嘆】〈連体形に接続〉…のになあ

「もの」シリーズ（下段）の接続助詞は、すべて**「逆接（…のに）」**の意を持ちます。ただし、「ものから」「ものゆゑ」は「順接（…ので）」の意になることもあるので注意してください。

入試解法 「ものを」は、**文末に置かれて❷終助詞としても使われます。**逆接を含んだ詠嘆を表すので、**「…のになあ」**と訳しましょう。

❶**昨日見参《げんざん》に入るべく候ひけるものを、今朝見参に入り候ひぬ。**〈義経〉

訳 昨日お目にかかるべきでしたのに、今朝お目にかかることとなりました。

❷**十にあまりぬる人は、雛《ひひな》遊びは忌み侍るものを。**〈源氏〉

訳 十歳を過ぎた人は、人形遊びは慎みますのになあ。

類

□**ものの**［接助］ ①…のに

□**ものから**［接助］ ①…のに ②…ので

□**ものゆゑ**［接助］ ①…のに ②…ので

213 かし

終助

image 念押すネ！

❶【念押し】…ね・…よ

文末に添えて、「…だよネ！」と念を押します。文章中では（　）に入れて除いてしまい、**句点「。」を「かし」の上に移動**します。すると「文末」の活用形がわかり、文意が通りやすくなります。

❶まことにあさましく**恐**ろしかりける所かな。**とく夜の明けよかし**。〈宇治〉

訳 本当にあきれるほど恐ろしい場所だなあ。はやく夜が明けてくれよ。

関 **北の方《かた》は、紫の上の御姉ぞかし**。〈源氏〉

訳 北の方は、紫の上のお姉様だよ。

❗例文❶も、「…明けよ。（かし）」と整理すると、「明く」の命令形だとわかります。

関 □**ぞかし**［連語］
①…だよ・…ことだ

214 もこそ・もぞ

連語

image 困る！

❶【危惧】…たら大変だ・…と困る

□□□

係助詞「も」＋係助詞「こそ・ぞ」から成るイディオムです。**「危ぶむ気持ち」**を表し**「…と困る・いけない・大変だ」**という意味になります。

入試解法

きちんと**「係結び」をするので、結び部分の終止形を考える**こと。なお、単に強意の「も」と「こそ・ぞ」が重なっているだけの場合もあります。そのときはシンプルに「も」と訳してください。

❶**烏《からす》などもこそ見つくれ**。〈源氏〉

訳 （雀《すずめ》の子を）烏などが見つけたら大変だ。

❖幼い紫の上は、雀の子を伏籠《ふせご》（▼p.293）の中で飼っていました。それを童女・犬君《いぬき》が逃がしてしまったので、お世話をする女房が心配したのです。

❶**危ふし。わがなきほどに人もぞあくる**。〈落窪〉

訳 危ない。私がいない間に人が（部屋を）開けると困る。

❗動詞部の訳がくせ者。例文❶「見つくれ」の終止形は「見つく」（「ウ段音＋る・れ」は「る・れ」をとると終止形）。「ず」をつけて「見つけず」→「見つける」の意だと考えます。例文❷「あくる」も同様に、終止形は「あく（開く・下二段）」で「開ける」の意だと考えます。

重要敬語を覚える前に

1 敬語の基礎を確認しよう！

敬語の種類

「尊敬語」「謙譲語」「丁寧語」の三種類です。

尊敬語	謙譲語	丁寧語
作者【地の文】・語り手【会話文】が、動作をする人（＝主語【…が・…は】）を敬うときに用いる。	作者【地の文】・語り手【会話文】が、動作の受け手（＝目的語【…に・…を】）を敬うときに用いる。	作者【地の文】・語り手【会話文】が、読者【地の文】・聞き手【会話文】を敬うときに用いる（文の内容とは関係ない）。＊丁寧語があるときはたいてい会話体です。会話の範囲を明らかにする設問などでも注目しましょう。

敬語の並ぶ順番

複数の敬語が並ぶときは、**謙譲語・尊敬語・丁寧語の順**に用いられます。最大二つまでしか使用しないこと＆丁寧語は「[244]侍り」「[245]候ふ」のみということをおさえると、**敬語が二つ並んでいるときには、おおむね「謙譲語・尊敬語」だと類推することができます。**

敬意の方向

「敬意の方向」とは、**「誰から誰に敬う気持ちが出ているか」**ということです。「誰から」はその言葉を使った人、つまり地の文なら「作者」、会話文なら「話し手」になります。**①敬語の種類、②文の「主語」「目的語」「聞き手」などをチェック、**このステップですぐにわかります。次にあげる現代語の例で考えてみましょう。

尊敬表現

謙譲表現

丁寧表現

問 次の傍線部について、敬語の種類と敬意の方向を答えましょう。

Aさんは、「Bさんが、C先生に、お茶をア差し上げイました。」とD先生にウ申し上げた。

答

ア…謙譲語。Aさん（語り手）→C先生（動作の受け手＝目的語）

イ…丁寧語。Aさん（語り手）→D先生（聞き手）

ウ…謙譲語。作者→D先生（動作の受け手＝目的語）

2 重要な敬語動詞を覚えよう！

コツ①

「…めす・…ます」がついている語はたいてい尊敬語ですので、覚えるヒントにしてください。

コツ②

丁寧語は「244侍り」「245候ふ」しかありませんので、先に覚えましょう。残った敬語は、すべて「尊敬」か「謙譲」です。

3 本動詞と補助動詞の違いに着目しよう！

現代語の「サッカーをなさる」のように、「直前に活用しない語」があれば**「本動詞」**、「笑いなさる」のように「直前に活用する語」がついている場合、**「補助動詞」**と言います（その活用語は「連用形」になっています）。「上に形が変わる（活用する）語」があったら補助動詞として使われていることがわかります。補助動詞として使われている語は、原則として次のように訳します。

・**尊敬**なら「…なさる・お…になる」

・**謙譲**なら「…申し上げる・…して差し上げる」

・**丁寧**なら「…です・…ます」

4 「特に高い敬意を表す表現」に注意しよう！

最高敬語（二重尊敬）

天皇・皇族・上達部（▼p.289〜290）などの特に身分の高い人物に対して、敬語を二つ重ねてより高い敬意を表します。現代語訳は、通常の敬語表現と同じです。左に例をあげます。

□**言ふ**＋**す**【尊敬の助動詞】＋**給ふ**【尊敬の補助動詞】
＝**言はせ給ふ**（おっしゃる）

□**のたまふ**【尊敬の本動詞】＋**す**【尊敬の助動詞】
＝**のたまはす**（おっしゃる）

敬語は文章の中で**「主語を判定するヒント」になる**こともあるので、登場人物を□で囲み、その横に、最高敬語対象なら◎、通常敬語対象なら○、敬語不使用の人物なら×など、印をつけながら読むのがおすすめです。なお、**「会話文」では、最高レベルの身分の人物でなくても最高敬語を用いることがある**ので注意してください。

絶対敬語

敬意対象が決まっている敬語です。**読解や人物判定のヒント**にもなります。以下の語を対象とともにおさえましょう。

□234 **そうす【奏す】** 天皇・上皇に申し上げる

□235 **けいす【啓す】** 皇后・中宮・皇太子などに申し上げる

□**みゆき**
- **【行幸】** 天皇のおでかけ
- **【御幸】** 上皇・法皇・女院のおでかけ
- **【行啓】** 皇太子・皇后などのおでかけ

□**勅《ちょく》○・叡《えい》○** 天皇による○

〈例〉勅撰和歌集（天皇の命令で選出された和歌集）

自尊敬語（自己敬語）

非常に高貴な人（もしくは神など）が、**自分自身の動作に尊敬語**を用いたり、**自分に対する他人からの動作に謙譲語**を用いたりする表現で、会話文に多く現れます。現代語にない表現なので、無理に「敬語」として訳さなくてもよい場合があります。

例 （帝が、竹取の翁に）「汝《なんぢ》が持ちてはべるかぐや姫たてまつれ。」〈竹取〉

訳 「お前が持っておりますかぐや姫を私に献上せよ（＝私によこせ）。」

＊たてまつれ＝謙譲語。帝（語り手）→帝（動作の受け手）

5 「二つの顔を持つ敬語」に注意しよう

「二つの顔を持つ敬語」とは、例えば「謙譲」と「尊敬」など**二つの敬語の種類を持っている敬語動詞**です。以下の語をおさえましょう。

□241 **たまふ【給ふ・賜ふ】**

《尊敬・本動詞》お与えになる・くださる

《尊敬・補助動詞》…なさる・お…なる

《謙譲・補助動詞》…です・…ます

＊「尊敬」と「謙譲」で活用の種類が違うので、活用形を調べることで必ず識別できます。

	活用の種類	未然形	連用形	終止形	連体形	已然形	命令形
尊敬	四段	は	ひ	ふ	ふ	へ	へ
謙譲	下二段	へ	へ	○	ふる	ふれ	○

＊謙譲の「たまふ」は限られたシチュエーションでしか用いられませんが、文中に出てくると、設問で狙われる可能性が大変高いです（特に識別問題や現代語訳で頻出）。謙譲の「たまふ」の用法・見分け方について、詳しくはp.205で学習しましょう。

□240 **まかる【罷る】・まかづ【罷づ】**

《謙譲・本動詞》退出する

《丁寧語的・本動詞》出ます・参ります

《丁寧語的・「まかり＋動詞」の形で》…（いたし）ます

＊敬意を払うべき目的語がない場合は、丁寧語的に訳します。これを「荘重体」と言うこともあります。

□242 **まゐる【参る】**

《尊敬・本動詞》召し上がる・（…を）なさる

《謙譲・本動詞》参上する・差し上げる・して差し上げる

□243 **たてまつる【奉る】**

《尊敬・本動詞》召し上がる・お召しになる・お乗りになる

《謙譲・本動詞》差し上げる

《謙譲・補助動詞》…申し上げる・…して差し上げる

＊「連用形＋奉る（補助動詞）」は必ず謙譲です。

□244 **はべり【侍り】**

《謙譲・本動詞》お仕えする

《丁寧・本動詞》あります・おります

《丁寧・補助動詞》…です・…ます

＊「連用形＋侍り（補助動詞）」は必ず丁寧です。

□245 **さぶらふ・さうらふ【候ふ】**

《謙譲・本動詞》お仕えする

《丁寧・本動詞》あります・おります

《丁寧・補助動詞》…です・…ます

＊「連用形＋候ふ（補助動詞）」は必ず丁寧です。

これら「二つの顔を持つ敬語」は、**「敬語の順番」**に着目することや**「敬意の方向」**を考えることで識別できます。

問 次の傍線部について、敬語の種類を答えなさい。

女御、更衣あまたアさぶらひイ給ひける中に、いとやむごとなき際にはあらぬが、すぐれて時めき給ふありけり。〈源氏〉

答 **イ**「給ひ」は連用形なので、活用形から「尊敬（四段活用）」とわかります。**ア**「さぶらひ（さぶらふ）」には、丁寧と謙譲がありますが、丁寧が尊敬の上にくることはありえない（▼p.184）ので、これは謙譲です。

215

おは《ワ》す・おは《ワ》します

御坐す・御坐します

動：サ変・サ四

❶【尊敬・本動詞】いらっしゃる・生きていらっしゃる

❷【尊敬・本動詞】おでかけになる・いらっしゃる

❸【尊敬・補助動詞】…ていらっしゃる

❶は「**あり**」「**をり**」、❷は「**行く**」「**来**」の**尊敬語**。❶が中心ですが、移動を表す❷の意味でもよく用いられます。「**おはします**」は「おはす」に尊敬語「ます」がついた語で、「**おはす」より一段高い敬意**を表します。主語判定の手がかりにしてみましょう。

入試解法 「**おはす**」は**サ変動詞**ですが、「**おはします**」は**サ行四段動詞**なので、活用の種類に関するひっかけ問題に注意しましょう。

❶**昔、多賀幾子《たかきこ》と申す女御《にょうご》おはしましけり。**〈伊勢〉

訳 昔、多賀幾子と申し上げる女御がいらっしゃった。

❷**御供に睦ましき四《よたり》、五人《いったり》ばかりして、まだ暁におはす。**〈源氏〉

訳 お供に親しい四、五人ほどを連れて、まだ夜が明けないうちにおでかけになる。

❸**上も聞こしめして、興ぜさせおはしましつ。**〈枕〉

訳 帝もお聞きになって、おもしろがっていらっしゃった。

216

います

坐す・在す

動：サ四（サ変）

❶【尊敬・本動詞】いらっしゃる・生きていらっしゃる

②【尊敬・補助動詞】…ていらっしゃる

217 います(そ)がり

坐す(そ)がり

動：ラ変

❶【尊敬・本動詞】いらっしゃる・生きていらっしゃる

②【尊敬・補助動詞】…ていらっしゃる

「あり」「をり」「行く」「来」の尊敬語。
主に奈良時代に用いられた「ます」に、語調を整える接頭辞「い」がついた語です。

入試解法 「022 あり」には「生きている」の意味がありますので、**「あり」の尊敬語**はすべて**「生きていらっしゃる」という意味を持つ**ことに注意しましょう。

「あり」「をり」の尊敬語。「216 います」+ラ変動詞「あり」です。「います(そ)かり」「みまそか(が)り」など、数々の形がありますが、すべて同じ意味です。

入試解法 **活用の種類は「あり・をり・はべり」と同様「ラ変」**。終止形が「ウ段音」ではなく、「イ段音（り）」なので注意！

❶**とみにも死なで、七十《ななそぢ》余《よ》までなむいましける。**〈落窪〉

訳 急にも死なないで、七十歳余りまで生きていらっしゃった。

②**失《う》せ給ひて後に、その子帰りいましたりし。**〈宇津保〉

訳 （親が）お亡くなりになった後に、その子は帰っていらっしゃった。

❶**昔、堀河のおほいまうちぎみと申す、いまそがりけり。**〈伊勢〉

訳 昔、堀河の大臣と申し上げる方が、いらっしゃった。

②**この講師《かうじ》は、ただいまのやむごとなき名僧にいますがり。**〈今昔〉

訳 この講師は、現在の尊い名僧でいらっしゃる。

関

□**ます**［動］
①いらっしゃる
②…ていらっしゃる
＊現代語の丁寧語「です・ます」の「ます」と間違えないように注意してください！

□**まします**［動］
①いらっしゃる
②…ていらっしゃる

！例文②の「いますがり」は一見すると本動詞のように思えますが、前の断定の助動詞「なり」の連用形「に」を受けているので、この「いますがり」は補助動詞です。

218

たぶ・たう《トウ》ぶ

給ぶ・賜ぶ

動：バ四

❶【尊敬・本動詞】お与えになる・くださる

❷【尊敬・補助動詞】…なさる・お…なる・…てくださる

「与ふ」「やる」の尊敬語。バ行四段活用です。活用「た／ば・び・ぶ・ぶ・べ・べ」を唱えて覚えましょう。「たうぶ」の形にも注意してください。

入試解法 **ひらがなに漢字をあてる問題**や、**訳出問題が頻出**です。例えば、ひらがなで「娘を我にたべ。」〈竹取物語〉と書かれていると「×食べよ」と訳してしまう人がいます。「たぶ」の命令形なので、正解は「〇ください」です。

❶**大臣殿《おほいどの》、氷取りておのおのにたぶ。**〈讃岐典侍〉

訳 内大臣殿が、氷を取ってそれぞれにくださる。

❷**七十《ななそぢ》余《よ》になりぬる身を召せ。若う盛りなる人の、行く末遠きをば返したべ。**〈栄花〉

訳 七十歳余りになったわが身を（天に）召せ。若く年盛りの人で、将来が長い人（の命）を返してください。

❷**主《あるじ》の喜びたうびたるさま、推しはかり給へ。**〈大鏡〉

訳 主人が喜びなさった様子を、ご推察ください。

！「たぶ・たうぶ」は口語的で「身分の低い者にくれてやる」ニュアンスが強い語です。「241たまふ」より軽い敬意を表します。

219

たまは《ワ》す

給はす・賜はす

動：サ下二

❶【尊敬・本動詞】お与えになる・くださる

「与ふ」の尊敬語「241 たまふ」に尊敬の助動詞「す」がついた語で、**「たまふ」よりも高い敬意**を表します。謙譲語「230 たまはる」と混同しないようにしましょう。

入試解法

地の文では、**天皇やそれに準じる人の動作**に用いられる場合も多いので、**主語判定のヒントになる**ことがあります。

❶**右の大殿《おとど》の御七郎、童《わらは》にて笙《しやう》の笛吹く。いとうつくしかりければ御衣《おんぞ》賜はす。**〈源氏〉

訳 右大臣殿のご七男が、殿上童であって笙の笛を吹く。たいそうかわいらしかったので（帝が）お召し物を**くださる**。

▲笙

❗男の子は長男から順に「太郎」「次郎」「三郎」…と称しました。よって例文❶の「七郎」は「七男」のことです。一方、女の子は長女から順に「大君《おおいきみ》」「中の君」「三の君」…と称しました。

220

おほ《オ》す・おほ《オ》せらる

仰す・仰せらる

動：サ下二・ラ下二

❶【尊敬・本動詞】**おっしゃる**

□□□

「言ふ」の尊敬語。平安時代は主に「おほせ給ふ」「おほせらる」の形で用いました。

入試解法

「おほせらる」は、**「おほす」＋「らる」【尊敬】**の「おほせらる」は、**助動詞「らる」の意味**が問われることもあります。通常、尊敬の助動詞「る」「らる」は尊敬語とセットでは使用しませんが、この語は例外です。

❶**「我死なば、この笛をば御棺に入れよ。」とぞ仰せける。**〈平家〉

訳「私が死んだならば、この笛をお棺に入れなさい。」と**おっしゃった**。

❶**左の大臣《おとど》、「遅し。はや、はや。」と仰せらる。**〈宇津保〉

訳 左大臣殿は、「遅いぞ。はやく、はやく。」と**おっしゃる**。

類

□221 のたまふ・のたまはす［動］

221

のたまふ《(モ)ウ》・のたまは《ワ》す

宣ふ・宣はす

動：ハ四・サ下二

「言ふ」の尊敬語。「のたまはす」は「のたまふ」に尊敬の助動詞「す」がついた語で、**「のたまふ」よりも高い敬意**を表すので、天皇・上皇・皇族・上達部《かんだちめ》などに用いる「最高敬語」と同様に扱ってよいでしょう。

❶【尊敬・本動詞】おっしゃる

❶**灯《ひ》をうちながめて、ことにものものたまはず。**〈源氏〉

訳 灯火をぼんやりと眺めて、特に何もおっしゃらない。

❶**悪《わろ》きことをものたまはするかな。**〈宇津保〉

訳 よくないことをおっしゃるなあ。

類

□220**おほす・おほせらる**［動］

□**のたぶ・のたうぶ**［動］

①おっしゃる

222

おぼす・おぼしめす

思す・思し召す

動：サ四

「思ふ」の尊敬語。「おもほす」が「おぼす」と変化しました。「おぼす」+「めす【尊敬の補助動詞】」の**「おぼしめす」**は、**より高い敬意**を表す語です。

入試解法 **「思す」の漢字の読みも頻出**です。

❶【尊敬・本動詞】お思いになる

❶**暮れゆくに、まらうとは帰り給はず。姫宮いとむつかしと思す。**〈源氏〉

訳 日が暮れてゆくが、客はお帰りにならない。姫宮はたいそう不快だとお思いになる。

❶**あな心《こころ》憂《う》。そらごとと思しめすか。**〈堤〉

訳 ああつらいなあ。うそだとお思いになるのか。

類

□**おもほす・おもほしめす**［動］

①お思いになる

！「おぼす」と「001おぼゆ」（＝思われる）を混同しないように注意しましょう。

223

ごらんず

御覧ず

動：サ変

入試解法

「010 みる」の尊敬語。関連語「ごらんぜらる」には、①謙譲・②尊敬の両方があるので注意しましょう（下段参照）。「ず」で終わっていますが「サ変動詞」です。

❶【尊敬・本動詞】ご覧になる

❶その日、あたらしく造られたる船ども、さし寄せさせて**ご覧ず**。〈紫〉

訳 その日、新しく造られた船々を、（道長様は岸辺に）引き寄せさせて**ご覧になる**。

関 これをとく内に**ご覧ぜさせ**奉らばや。〈栄花〉

訳 これをはやく帝に**お目にかけ**申し上げたい。

関

□**ごらんぜさす**［動］

①お目にかける

□**ごらんぜらる**［動］

①お目にかかる

②ご覧になる

＊②（尊敬語）は、中世以降の用法。

224

おほ《オ》とのごもる

大殿籠もる

動：ラ四

入試解法

「寝《ぬ》」（ナ行下二段動詞）の尊敬語。漢字から「宮殿（大きな御殿）に籠もって寝る」という感じがつかめます。**現代語訳が頻出**です。意味は一つなので、即答できるよう覚えましょう。

❶【尊敬・本動詞】おやすみになる

❶この膝の上に**大殿籠もれ**よ。いま少し寄り給へ。〈源氏〉

訳 この膝の上で**おやすみなさい**よ。もう少しこちらにお寄りなさい。

225

めす

召す

動：サ四

❶【尊敬・本動詞】お呼びになる・お召しになる

❷【尊敬・本動詞】召し上がる・お召しになる

❸【尊敬・本動詞】お乗りになる

□□□

❶「呼ぶ」、❷「食ふ」「飲む」「着る」、❸「乗る」の尊敬語。❶「お呼びになる」から「自分の体に近づける・体の一部として取り込む」の意になり、❷❸の意味が生まれました。また、他の動詞と接続して**「めし…」「…めす」という複合語**を作ります（下段参照）。これらはいずれも**尊敬語**です。

入試解法 **「243 たてまつる」**にも❷❸と同様、「食ふ」「飲む」「着る」「乗る」の尊敬の用法があることを合わせて覚えましょう。

❶**童《わらは》を召して、ありさまくはしく問はせ給ふ。**〈堤〉

訳 召使いの少年をお呼びになって、様子をくわしくお尋ねになる。

❷**大土器《おほかはらけ》をぞまゐらせしに、三度《みたび》はさらなることにて、七八度など召して、**〈大鏡〉

訳 大きな杯を差し上げたところ、（酒を）三度はもちろん、七八度も召し上がって、

❸**それより御輿《みこし》に召して、福原へ入らせおはします。**〈平家〉

訳 （上皇は）そこから御輿にお乗りになって、福原へお入りになる。

関

□222 **おぼしめす**［動］

□228 **きこしめす**［動］

□229 **しろ（ら）しめす**［動］

□**めしあぐ**［動］ ①お呼び出しになる

□**めしいづ**［動］ ①お呼び寄せになる

□**めしぐす**［動］ ①お連れになる

□**めしよす**［動］ ①お呼び寄せになる ②お取り寄せになる

めす

お呼びになる

召し上がる

お召しになる

お乗りになる

226

つかは《ワ》す

使はす・遣はす

動：サ四

❶【尊敬・本動詞】（人を）おやりになる

❷【尊敬・本動詞】（物を）お与えになる・お贈りになる

❶「遣る」、❷「与ふ」の尊敬語。もと「使ふ」＋「す【奈良時代の尊敬の助動詞】」なので、現代語の「お使い」のイメージで「（使者を）派遣なさる」という意味です。❷の用法は、現代語の「おつかいもの（＝贈り物）」に名残があります。

❶例の人々召して、右近《うこん》を迎へに遣はす。〈源氏〉

訳 いつもの（信頼できる）人々をお呼びになって、右近を迎えにおやりになる。

❷木草につけても、御歌を詠みて遣はす。〈竹取〉

訳 （季節の）木や草につけて、お歌を詠んでお贈りになる。

227

あそばす

遊ばす

動：サ四

❶【尊敬・本動詞】（いろいろな動作を）なさる

「す」の尊敬語。「あそぶ」＋「す【奈良時代の尊敬の助動詞】」という構造です。

入試解法 具体的に何を「なさる」のか、文脈からつかんで訳す必要があります。

❶和歌などこそ、いとをかしくあそばししか。〈大鏡〉

訳 和歌などを、たいそう趣深く詠みなさった。

関

□171 あそび［名］

□ あそぶ［動］ ①詩歌管弦の宴をする

第三章

228

きこしめす

聞こし召す

動：サ四

❶【尊敬・本動詞】お聞きになる

❷【尊敬・本動詞】召し上がる

❶「聞く」、❷「食ふ」「飲む」の**尊敬語**。語源は「きこす【尊敬語】」＋「めす【尊敬の補助動詞】」で、「聞かせ給ふ」という最高敬語（▼p.185）と同様の**高い敬意**を表します。

入試解法 用例の数としては圧倒的に❶が多いのですが、「**225**めす」の影響で❷の意味があり、入試でよく狙われます。**食べ物・飲み物関係の文脈で「きこしめす」が出てきたら注意**しましょう。

❶**笑ひののしるを、上にも聞こしめして渡りおはしましたり。**〈枕〉

訳 大声で笑い騒ぐのを、帝もお聞きになっておいでになった。

❷**つゆ物を聞こしめさで、ただ夜昼涙に浮きてのみおはしませば、帥殿《そちどの》も中納言殿も、いみじき大事に思し嘆きたり。**〈栄花〉

訳（中宮が）少しも物を召し上がらないで、ただ夜も昼も涙にひたってばかりいらっしゃるので、帥殿も中納言殿も、たいへんな一大事だと思い嘆いていらっしゃる。

229

しろ（ら）しめす

知（領）ろ（ら）し召す

動：サ四

❶【尊敬・本動詞】ご存じだ

❷【尊敬・本動詞】お治めになる

「114知る・領る」「治む」の尊敬語。構成は「しる」＋「す【奈良時代の尊敬の助動詞】」＋「めす【尊敬の補助動詞】」。**天皇などに対する高い敬意**を表します。類義語「しらす」は奈良時代中心に使われた語で、主に❷の意味です。

入試解法 特に**❷の意味が頻出**です。

❶**えしづめ侍らぬ心の中を、いかでかしろしめさるべき。**〈源氏〉

訳 抑えられません（私の）心中を、どうして**ご存じに**なれようか、いやなれない。

❷**はかなく年月も過ぎて、帝、世しろしめして後、二十年になりぬれば、**〈栄花〉

訳 あっけなく年月も過ぎて、帝が、世を**お治めになっ**てから、二十年になったので、

類 関 □114**しる**［動］ □**しらす**［動］ ①お治めになる

230

たまは《ワ》る

給はる・賜はる

動：ラ四

❶【謙譲・本動詞】**いただく**

②【謙譲・補助動詞】**…ていただく**

□□□

「受く」の謙譲語。「241たまふ」に「る【受身の助動詞】」がついてできました。

入試解法 **鎌倉時代以降**になると、尊敬語の「219たまはす」「241たまふ」と混同され、**「くださる」**の意味で用いられることがあります。**入試問題の出典にも注意**して、意味を判断してください。

❶**文人に難き題出《い》だされたり。たまはりて、詩作り果てて、御前に奉る。**〈宇津保〉

訳 文人に難しい詩題が出された。**いただい**て、詩を作り終えて、御前に献上する。

②**うつし心なく酔ひたる者に候ふ。まげて許したまはらん。**〈徒然〉

訳 正気を失って酔った者でございます。ぜひとも許し**ていただき**たい。

第三章

231

きこゆ

聞こゆ

動：ヤ下二

❶【謙譲・本動詞】申し上げる

❷【謙譲・補助動詞】…申し上げる・…して差し上げる

「言ふ」の謙譲語。「聞く」＋「ゆ【自発・受身】▼p.98」で「自然に耳に入る」が原義です。高貴な人に直接物を言うのは失礼だという考えから**「お耳に自然と入るようにする」**という意味で用いられ、**謙譲語「申し上げる」**の意が派生しました。

入試解法 敬語ではない**普通動詞**としても**「聞こえる」「評判になる」**など頻出の意味があります（下段参照）。まず**敬語か否か**を判別し、文脈に合わせて訳しましょう。

❶**まことに心づきなしと思して、いらへも聞こえ給はず。**〈源氏〉

訳 本当に気にくわないとお思いになって、返事も申し上げなさらない。

❷**母上は、君をこそ、兄君よりはいみじう恋ひきこえ給ふめれ。**〈大鏡〉

訳 母上は、あなたを、兄君よりもたいそう恋しがり申し上げなさっているようだ。

関 **武蔵国に聞こえたる大力《だいぢから》、御田《おんだ》の八郎師《もろ》重《しげ》、三十騎ばかりで出《い》できたり。**〈平家〉

訳 武蔵国で評判になっている力持ち、御田の八郎師重が、三十騎ほどで出てきた。

関

□177 **きこえ**［名］

□232 **きこえさす**［動］

□**きこゆ**［動］

①聞こえる

②評判になる

③理解できる

＊敬語ではない普通動詞の「きこゆ」も、入試では大変よく問われます。

232

きこえさす

聞こえさす

動：サ下二

❶【謙譲・本動詞】申し上げる

❷【謙譲・補助動詞】…申し上げる・…して差し上げる

入試解法

「言ふ」の謙譲語。「231きこゆ」に「さす【使役の助動詞】」がつき、より高い敬意を表します。**高貴な人に仲介者を通じて「申し上げさせる」が原義**です。

「**きこえさせ給ふ**」という形は、「**きこえさせ＋給ふ**」、「**きこえ＋最高敬語（主語が高位）**」の二パターンがあります。

❶**御いとまあらば、必ず今日立ち寄らせ給へ。聞こえさすべきことあり。**〈落窪〉

訳 おひまがあれば、必ず今日お立ち寄りください。申し上げるべきことがある。

❷**帝もいみじうあはれがらせ給ふ。世の人もいみじく惜しみきこえさす。**〈栄花〉

訳（少将が出家したことを）帝もとても気の毒がりなさる。世間の人々もたいそう惜しみ申し上げる。

きく

尊敬
228 **きこしめす**
お聞きになる
召し上がる

謙譲
231 **きこゆ**
232 **きこえさす**
申し上げる
…申し上げる

233 ま《モ》う《ウ》す

申す

動・サ四

❶【謙譲・本動詞】申し上げる

❷【謙譲・補助動詞】…申し上げる・…して差し上げる

「言ふ」**の謙譲語**。最も使用頻度の高い敬語の一つです。現代語と同様、❶の**本動詞**、❷の**補助動詞**の意味があります。同じ「申し上げる」という意味の「231きこゆ」が女流文学で多用されたのに対し、「まうす」は男性的で硬質な表現として、軍記物語などでも多用されました。

❶**浦に年経るさまなど問はせ給ふに、さまざま安げなき身のうれへを申す。**〈源氏〉

訳 海辺で長年暮らす様子などを尋ねさせなさると、さまざまに不安な身の上のつらさを申し上げる。

❷**長谷寺に詣《まう》で給ひて、七日籠もりて、また異事《ことごと》なく祈り申させ給ひけり。**〈住吉〉

訳 長谷寺に参詣なさって、七日籠もって、また一心に祈り申し上げなさった。

！「申します」と訳す丁寧語的な用法もあります。会話文や手紙文で用い、話し手・書き手から聞き手・読み手への敬意を表します。

例「寂《じやく》光《くわう》院《ゐん》と申す所こそ閑《しづ》かにさぶらへ。」〈平家〉

訳「寂光院と申します所は静かでございます。」

234 そうす

奏す

動：サ変

❶【謙譲・本動詞】（天皇・上皇に）申し上げる

「言ふ」の謙譲語。**「絶対敬語」**（▼p.186）で、**天皇や上皇**（天皇譲位後の尊称）**に限定して使用**されます。「叡○」「勅○」（＝ともに「天皇の○」）「行幸（＝天皇のおでかけ）」もp.186で合わせて覚えましょう。

❶**御鷹《たか》の失《う》せたるよし奏し給ふときに、帝ものものたまはせず。**〈大和〉

訳（大切に飼っていた）鷹がいなくなったことを**申し上げ**なさると、帝は何もおっしゃらない。

235 けいす

啓す

動：サ変

❶【謙譲・本動詞】（皇后・中宮・皇太子などに）申し上げる

「言ふ」の謙譲語。**「絶対敬語」**で、**皇后・中宮・皇太子などに限定して使用**されます。「234そうす」との違いをおさえましょう。

入試解法　絶対敬語に注意することで、**登場人物を把握することができます。**

❶**おとがひ細う、愛敬おくれたる人などは、あいなく敵《かたき》にして、御前にさへぞあしざまに啓する。**〈枕〉

訳 あごが細く、かわいらしさが劣っている人などは、むやみに目の敵にして、中宮様にまで悪いように**申し上げる**。

236 まゐ《イ》らす

参らす　動：サ下二

❶【謙譲・本動詞】差し上げる

❷【謙譲・補助動詞】…申し上げる・…して差し上げる

❶**薬の壺《つぼ》に御文そへて参らす。**〈竹取〉

訳 薬の壺にお手紙を添えて**差し上げる**。

❷**女院、大原におはしますとばかりは聞きまゐらすれど、**〈建礼門院〉

訳 女院が、大原にいらっしゃるということだけは聞き**申し上げる**けれど、

❗例文❶は、月に帰るかぐや姫から、不死の薬と手紙を預かった中将が、帝にその品を差し上げる場面です。帝はかぐや姫がいない世に生きていても仕方がないと嘆いて、富士山（不死山）の頂上でそれらを焼かせました。

入試解法

「与ふ」の謙譲語。「242まゐる」とはまったく違う語で「連用形＋まゐらす（補助動詞）」として使えます。**「まゐらせ給ふ」**は、**「まゐらせ＋給ふ」**と**「まゐら＋せ（助動詞）＋給ふ」**で、四通りの訳のパターンがあります。**識別に注意**しましょう。

詳解　「まゐらせ給ふ」の識別

A **まゐら＋せ（助動詞）＋給ふ**

a「せ」＝尊敬の助動詞「す」連用形【参上なさる】

例 大臣が帝のおそばに**まゐらせ給ふ**。

b「せ」＝使役の助動詞「す」連用形【参上させなさる】

例 帝が大臣を宮中に**まゐらせ給ふ**。

B **まゐらせ＋給ふ**

a「まゐらせ」＝謙譲の本動詞「まゐらす」連用形【差し上げなさる】

例 大臣が帝に手紙を**まゐらせ給ふ**。

b「まゐらせ」＝謙譲の補助動詞「まゐらす」連用形【…申し上げなさる】

例 左遷された大臣が帝を恨み**まゐらせ給ふ**。

237 つか〔う〕まつる

仕〔う〕まつる

動：ラ四

❶【謙譲・本動詞】お仕えする

❷【謙譲・本動詞】（…を）して差し上げる・お…申し上げる

③【謙譲・補助動詞】…申し上げる・…して差し上げる

□□□

入試解法

❶**「仕ふ」、❷「す」の謙譲語。**上代語「つかへまつる」（下段参照）→「つかうまつる」（ウ音便化）→「つかまつる」（ウ音の省略）と形が変化しました。

❷の場合は、**付随する語から具体的に何をするかがわかる**ので、文脈に即して訳します（例「箏《しやう》の琴つかうまつり給ふ」→箏の琴をお弾き申し上げなさる）。**「和歌を詠む」の謙譲語**（＝**和歌をお詠み申し上げる**）**としても頻出**です。

❶**年ごろ仏に仕うまつりて、六十余年《むそぢよ》になりぬるに、**〈讃岐典侍〉

訳 長年仏にお仕えして、六十年あまりになったが、

❷**笛仕うまつり給ふ、いとおもしろし。**〈源氏〉

訳 笛を演奏して差し上げなさるのは、たいそう趣深い。

③**殿仰せたびて、御前に召し出《い》でて書かせ給へば、書きつかまつれり。**〈栄花〉

訳 関白殿がご命令をくださって、御前にお呼びになって書かせなさるので、書き申し上げた。

関

□**つかへまつる**［動］

①お仕えする

②（…を）して差し上げる

＊「つかへまつる」は主に奈良時代に用いられ、「つかうまつる」のもとになった語です。この語には補助動詞の用法はありません。

238 うけたまは《ワ》る

承る

動：ラ四

❶【謙譲・本動詞】お聞きする

❷【謙譲・本動詞】お受けする

□□□

❶「聞く」、❷「受く」の謙譲語。「受く」＋「230 たまはる」です。現代語の「ご注文、うけたまわりました」という使い方とほぼ同じ意味ですね。**命令・依頼に対して「承知しました」**〈YES〉という意味にもなります。

❶**この御経を今宵承りぬることの、生々世々忘れがたく候ふ。**〈宇治〉

訳 このお経を今夜お聞きしたことは、いつの世までも忘れられません。

❷**仰せ言は限りなくかしこけれど、さらにこのたびの大臣の宣旨は承らじ。**〈宇津保〉

訳 ご命令はこの上なくおそれ多いけれど、決して今回の大臣の辞令はお受けするまい。

239 ま《モ》う《ウ》づ

詣づ

動：ダ下二

❶【謙譲・本動詞】（…へ）参上する・おうかがいする・参詣する

「行く」「来」の謙譲語。「Aから〈from A〉Bへ〈to B〉移動する＝A→B」の、**「行く先」Bに対して敬意を表します。**カ変複合動詞「まうでく〈詣で来〉」も同じ意味です。

入試解法 同義語「242 まゐる」、対義語「240 まかる・まかづ」を問う問題は頻出です。

❶**昔、男、親王《みこ》たちの逍遙《せうえう》し給ふところにまうでて、**〈伊勢〉

訳 昔、男が、親王たちがおでかけになっているところに参上して、

❶**十八日に、清水《きよみづ》へまうづる人に、また忍びてまじりたり。**〈蜻蛉〉

訳 十八日に、清水寺に参詣する人に、また隠れて交じっ（て同行し）た。

240

まかる・まかづ

罷る・罷づ

動：ラ四・ダ下二

❶【謙譲・本動詞】（…から）退出する

❷【丁寧語的・本動詞】出ます・参ります

❸【丁寧語的・「まかり」＋動詞の形で】…（いたし）ます

入試解法

❶は**「出づ」の謙譲語**。「Aから〈from A〉Bへ〈to B〉移動する＝A→B」の、**「出て来る元の場所」Aに対して敬意を表します**。敬うべき目的語Aが存在しない場合、丁寧語的な用法（荘重体）として❷**「出ます・参ります」**の意になることも。同様の用法として**「まかり＋動詞」**の形で**「…（いたし）ます」**と訳す場合❸もあります。❷❸は、**会話文や手紙文**の中で主に用いられます。

❶**仲忠**《なかただ》**、「今一、二日過ぐして参らむ。」とてまかで給ひぬ。**〈宇津保〉

訳 仲忠は、「もう一、二日してから参上しよう。」とおっしゃって退出しなさった。

❷**「老いかがまりて、室**《むろ》**の外**《と》**にもまかでず。」と申したれば、**〈源氏〉

訳（僧が）「年老いて腰が曲がって、部屋の外にも出ません。」と申し上げたので、

❸**年まかり老いぬ。身の不幸、年を追ひてまさる。**〈宇治〉

訳（私は）年老いました。身の上の不幸は、年がたつごとに多くなります。

関

□**まかりいづ** 動

①退出する

□**みまかる** 動

①死ぬ

241

たま《（モ）》ふ《ウ》

給ふ

動：一ハ四 二ハ下二

❶一【尊敬・本動詞】お与えになる・くださる

❷一【尊敬・補助動詞】…なさる・お…なる

❸二【謙譲・補助動詞】…です・…ます

❶「与ふ」の尊敬語と、**❷尊敬の補助動詞は四段活用**です。一方、**❸謙譲の補助動詞は下二段活用**で、下段で示したように、使用する条件が限定されています。

入試解法

尊敬❶❷と、謙譲❸の識別問題が頻出。まず「給／は・ひ・ふ」なら必ず四段活用【尊敬】で、「給／ふる・ふれ」なら下二段活用【謙譲】なので、共通する「給へ」の形のみ注意！　また、**謙譲❸の「主語（動作主）」**を問われた場合、**その部分を含むカギ括弧「　」を「話している（考えている）人」**が必ず答えになります。尊敬❶❷の主語は原則「一人称以外」、謙譲❸の主語は必ず「一人称（＝私）」であることを利用すれば空欄補充問題も解決！

	活用の種類	未然形	連用形	終止形	連体形	已然形	命令形
尊敬	四段	は	ひ	ふ	ふ	へ	へ
謙譲	下二段	へ	へ	○	ふる	ふれ	○

❶贈り物ども、品々にたまふ。〈紫〉

訳　贈り物の数々を、身分に応じてお与えになる。

❷極楽寺は、殿の造り給へる寺なり。〈宇治〉

訳　極楽寺は、堀河殿が造営なさった寺である。

❸かく思ひかけぬものを賜はりたれば、限りなくうれしく思ひ給へて、これを布施に参らするなり。〈宇治〉

訳　このように思いがけないものをいただいたので、この上なくうれしく思いまして、これをお布施として差し上げるのです。

❖尊敬と謙譲の「給ふ」をどのように見極めるのか、例文❷❸で実践してみましょう！

❷は下に「る」【完了の助動詞「り」連体形】があることに注目。「り」はサ変動詞の未然形・四段動詞の已然形に接続しますから、この「給へ」は四段活用、つまり【尊敬】とわかります。

❸は下に接続助詞「て」があるので連用形だとすぐ判断できますね。連用形で「給へ」になるということは下二段活用、つまり【謙譲】です。動詞「思ふ」についていることにも着目してください（下段の③参照）。

! 謙譲「たまふ」の用法

① **「引用文（会話文・手紙文など）」**の中だけで用いる。

② 上の動作が、**話者自身（一人称）の動作**である。

③ 上にくる動詞は**「思ふ・見る・聞く・知る」**のみ。
※これらの語についていても尊敬（四段活用）の可能性はあるので、必ず活用形をチェックする！

④ 「思ふ・見る・聞く・知る」の複合語、例えば「思ひ悩む」につくときは**「思ひたまへ悩む」**となる。
※尊敬語なら「思ひ悩みたまふ」となるはず。

⑤ 訳は**「…です」「…ます」**となり、丁寧語と同様に**「聞き手への敬意」**を表す。

⑥ **終止形と命令形は使われない。**

242 まゐ《イ》る

参る

動：ラ四

❶【謙譲・本動詞】（…へ）参上する・おうかがいする・参詣する
❷【謙譲・本動詞】差し上げる
❸【謙譲・本動詞】（…を）して差し上げる
❹【尊敬・本動詞】召し上がる
❺【尊敬・本動詞】〈体言＋「まゐる」で〉（…を）なさる

関 □337かうしまゐる［連語］

入試解法

❶は「**行く**」「**来**」（＝「239まうづ」）、❷は「**与ふ**」、❸は「**す**」**の謙譲語**。❹は「**食ふ**」「**飲む**」、❺は「**す**」**の尊敬語**。非常に多くの意味がありますが、用例の大部分は❶が占めます。❸を用いた「格子まゐる」という成句は、朝のシーンなら「格子を上げて差し上げる」、夜なら「格子を下ろして差し上げる」という意味になります。

「まゐる」に限らず、「尊敬・謙譲」両方の用法がある語は、敬語の基本に戻り、「**主語＝敬意対象**」**か**「**目的語＝敬意対象**」**か**を考えましょう。例文❷では目的語が「親王」なので【謙譲】にとり、例文❹では主語が「大臣」なので【尊敬】にとります。

❶**宮に初めてまゐりたる頃、ものの恥づかしきことの数知らず、**〈枕〉

訳 中宮様のもとへ初めて参上した頃は、何かと恥ずかしいことが多く、

❷**親王《みこ》に馬の頭《かみ》、大御酒《おほみき》まゐる。**〈伊勢〉

訳 親王に右馬頭が、お酒を差し上げる。

❸**月もなき頃なれば、灯籠に大殿油《おほとなぶら》まゐれり。**〈源氏〉

訳 月も出ない頃なので、釣灯籠に灯火をつけて差し上げた。

❹**大臣《おとど》、いとあはれにをかしと思して、その夜、夜一夜《よひとよ》、大御酒まゐり、**〈大和〉

訳 大臣は、とても心にしみておもしろいとお思いになり、その夜、一晩中お酒を召し上がり、

❺**今宵はなほ静かに加持などまゐりて、出《い》でさせ給へ。**〈源氏〉

訳 今夜はやはり静かに加持などなさって、（明日）ご出発なさいませ。

243 たてまつる

奉る　動：ラ四

❶【謙譲・本動詞】差し上げる
❷【謙譲・補助動詞】…申し上げる・…して差し上げる
❸【尊敬・本動詞】召し上がる・お召しになる
❹【尊敬・本動詞】お乗りになる

□□□

入試解法

❶は**「与ふ」の謙譲語**。❸は**「食ふ」「飲む」「着る」**、❹は**「乗る」の尊敬語**。「241たまふ」「242まゐる」と同様、**尊敬・謙譲の両方の意味**を持ちます。❶が原義で、補助動詞の❷が最も多く使われます。

「おろし（動詞・連用形）たてまつる」のように**「補助動詞」で用いられる場合は必ず【謙譲】**ですので、識別問題では、まず直前が「活用語」かをチェック。直前が活用語ではない**「本動詞」の場合は「主語＝敬意対象」なら【尊敬】**にとり、付随する名詞が「飲食物・車・衣」かどうかで動作の意味を❸❹から見分けます。**「目的語＝敬意対象」なら【謙譲】**にとり、意味は❶**「差し上げる」**のみです。

❶**この男、仏に花奉らむとて、山寺にまうでけり。**〈平中〉
訳 この男は、仏様に花を差し上げようと思って、山寺にお参りした。

❷**何事にても、ねんごろなる御願ひあらば、ひとことかなへ奉らむ。**〈十訓〉
訳 どんなことでも、心からのお願いがあれば、一つかなえて差し上げよう。

❸**宮たち、おとどたちは、直衣《なほし》奉れり。**〈宇津保〉
訳 宮たちや、大臣たちは、直衣をお召しになっている。

❹**上皇、あはてて御車に奉る。**〈平治〉
訳 上皇は、慌ててお車にお乗りになる。

Q 次の文を、二箇所の「奉る」に注意して訳しなさい。

行幸《ぎやうかう》にならぶものは、何かはあらむ。御輿《みこし》に奉るを見奉るには、明け暮れ御前に候ひつかうまつるともおぼえず、神々しくいつくしういみじう、〈枕〉

A 帝のおでかけにならぶ（ほどすばらしい）ものは何があろうか、いや何もない。（帝が）御輿にお乗りになるのを見申し上げるときは、（自分が）いつも（帝の）御前にお仕え申し上げているとも思われず、神々しく威厳があってご立派で、

第三章

244

はべり

侍り

動：ラ変

❶【謙譲・本動詞】お仕えする・おそばに控える・伺候《しこう》する

❷【丁寧・本動詞】あります・おります

❸【丁寧・補助動詞】…です・…ます

❶は「あり」「をり」「仕ふ」の**謙譲語**です。「這《は》ひ有り」が語源と言われ、もともと「貴人のそばでハハーッと平伏してお仕えする動作」でしたが、**平安時代には❷❸の丁寧語として使われる**ことの方が多くなりました。

入試解法　謙譲語と丁寧語の識別に注意しましょう。**「敬意を払うべき動作の受け手（目的語）」が存在していたら【謙譲】**です。逆に**「人物以外が主語」「連用形＋はべり（補助動詞）」**の形は、必ず**【丁寧】**です。下段のチャートで識別の手順をチェックしてください。

❶**雨のいたく降りければ、夕さりまで侍りてまかり出《い》でける折に、**〈古今〉

訳 雨がたいそう降っていたので、夕方まで（帝の）おそばに控えて退出したときに、

❷**夜な夜な山より、傘《からかさ》ほどのものの光りて御《み》堂《だう》へ飛び入ること侍りけり。**〈宇治〉

訳 毎晩山から、傘くらいの大きさのものが光って御堂へ飛び込むことがありました。

❸**その人、ほどなく失《う》せにけりと聞き侍りし。**〈徒然〉

訳 その人は、まもなく亡くなってしまったと聞きました。

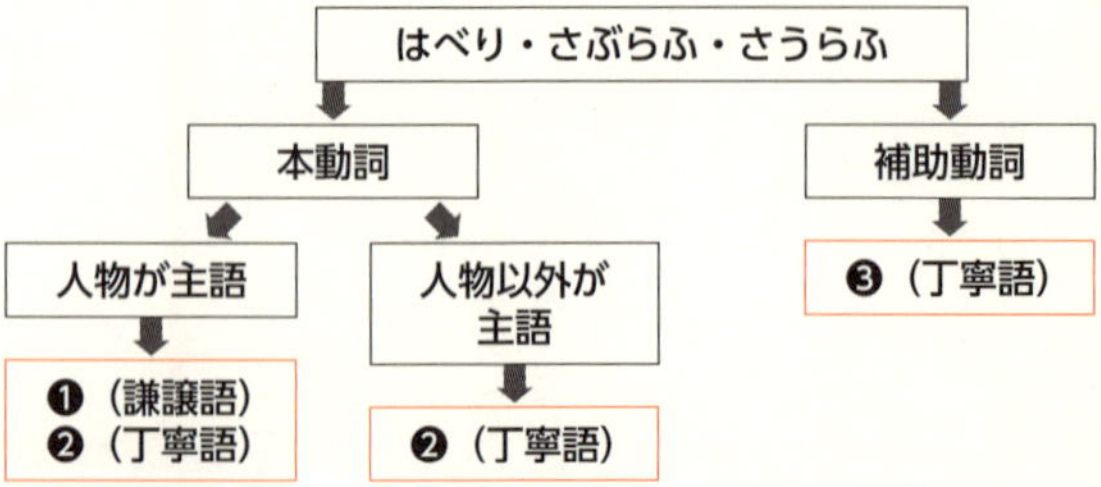

245

さぶらふ《ロウ》・さうらふ《ソウロウ》

候ふ　動：ハ四

❶【謙譲・本動詞】お仕えする・おそばに控える・伺候《しこう》する
❷【丁寧・本動詞】あります・おります
❸【丁寧・補助動詞】…です・…ます

❶**大臣《おとど》参り給ひて、御前に候ひ給ふ。**〈宇津保〉
訳 右大臣が（宮中に）参上なさって、（帝の）御前に伺候しなさる。

❷**いかなるところにか、この木は候ひけむ。**〈竹取〉
訳 どのような場所に、この木はありましたのでしょうか。

❸**年八十《やそち》なる女なむ家に置きて、年ごろ養ひ候ひつる。**〈今昔〉
訳 年齢が八十である老母を家に置いて、長年養いました。

「さぶらふ」は「サブロウ」、「さうらふ」は「ソウロウ」と読みます。❶**「あり」「をり」「仕ふ」の謙譲語**は、「さ目守《もら》ふ」が語源と言われ、もともと「貴人を近くで見守る動作」です。**謙譲❶**は、平安時代から多く使われました。**丁寧❷❸**は、時代がくだるに従って「候ふ」が「244 侍り」にかわって主流になります。

入試解法 **丁寧語と謙譲語の識別が重要**なのは「侍り」と同じです。意味も見分け方も同様なので、まとめて覚えましょう。

入試トライ③「評価の語」は切り口がカギ！（056「よろし」・敬語）

☆次の文章を読んで、後の問に答えなさい。

《宮中で、大弐北方《だいにのきたのかた》から寝覚上《ねざめのうえ》の病状と出家の希望を聞き、寝覚上の義理の娘である内侍《ないし》の督《かん》の君が驚いている場面。》

その夜さり、《大弐北方が》やがて内に参り給ひて、内侍の督の君に御心地のさまなど聞こゆれば、「『暑気に』とのみあれば、(1)よろしうこそ思ひ聞こえつれ、いとあさましかりけることかな。心憂く、『かくなむ』とも、のたまはで、まかでて見奉らで、ただ世のつねに思ひ聞こえさせける」とて、いみじうおどろき思したるに、「みそかにかうかうの事を思したちて、たれにも(2)おどろおどろしうは知らせ奉り給はぬとぞ、気色見侍る」と言ひ出《い》でたるに、いとど「浅ましく、いみじ」と思しあきれて、えも言ひやらず、やがてうづもれ給ふを、げにことわりに、心苦しう見奉る。

〈立命館大／夜の寝覚〉

問　傍線部(1)の「よろしうこそ思ひ聞こえつれ」、(2)の「おどろおどろしうは知らせ奉り給はぬ」を、それぞれ現代語訳せよ。

入試解法

①「接続助詞」「敬語」を利用して会話文の話者をとらえる。

二つの傍線部は一連の会話文中にあります。まず「話者」を特定しましょう。

【公式】Aが[B（目的語）]に＋他動詞已然形＋ば、[B（主語）]は～（動詞）する

【本文】（大弐北方が）[内侍の督の君]に御心地のさまなど聞こゆれば、（[内侍の督の君]は）「……」とて、いみじうおどろき思したるに、

また、右の敬語の使われ方から、「内侍の督の君」は敬意の対象、「大弐北方」は敬意の対象ではないことがわかります。

②「程度を表す修飾語」は、プラス⊕マイナス⊖を明確に、文脈に則した訳を心がける。

傍線部(1)の「056よろし」は状況によってプラス⊕マイナス⊖どちらになるかを判断し、評価の切り口も考えます。「こそ～已然形、…」が「～だが、…」〈逆接〉と訳す構文であることと、寝覚上の病状を初めて聞いた（リード文参照）内侍の督の君の「あさまし（驚きあきれたことだ）」という気持ちや、傍線部(1)直前の「暑気」という言葉を参

5つの霊獣アイテムを集めよう

Lucky item ③　朱雀（すざく）

南の守護神。五行思想では「火」をつかさどる。

【訳】その夜、（大弐北方が）そのまま内裏に参上なさって、内侍の督の君に（寝覚上の）ご病気の様子などを申し上げると、（内侍の督の君は）『『暑気あたりで』』とだけおっしゃるので、それほど病状が重くないと思い申し上げてしまったのに、大変驚きあきれたことだよ。つらいことに、（寝覚上が）『このように（病状が悪い）』とも、おっしゃらないで、（だから私は）退出してお見舞い申し上げないで、ただ普通のこと（＝暑気あたり）と思い申し上げていた」と言って、ひどく驚きなさったところ、（さらに大弐北方が）「（寝覚上は）密かにこのようなこと（＝出家）を思い立ちなさって、誰にもおおげさにはお知らせ申し上げなさらないと、様子を見ています」と言い出したので、（内侍の督の君は）ますます「あきれたことで、ひどい」と呆然となさって、最後まで言いきらず、そのまま顔を隠しなさるのを、（大弐北方は）本当にもっともだと、気の毒に拝見する。

『夜の寝覚』は、平安時代の作り物語。『更級日記』を書いた菅原孝標女《すがわらのたかすえのむすめ》が作者とされています。主人公「寝覚上」は、太政大臣の次女。琵琶《びわ》の秘曲を天人に伝授されたほどの音楽の才能と美貌の持ち主です。十六歳で関白の息子・中納言と契りを結んでしまうのですが、中納言は「寝覚上の姉」と心ならずも結婚することに。寝覚上は彼の子を妊娠してしまい、二人の仲は家族にバレ、彼女はお姉さんの激しい嫉妬攻撃や家族の叱責に晒《さら》されます。その後も「モテるからこその不幸」にこれでもかと遭い続けて、物思いが尽きない寝覚上は出家を決意。しかし、その願いもまた阻まれ、悩み多き人生は続くのでした。

考にしましょう。「体調という切り口で『よろし⊕』と思っていたが（⬍）、病状の重さ⊖を聞いて驚きあきれた」のです。

③ **「敬語」はすべて訳出する。**

傍線部(1)の「231聞こゆ」は「思ひ」（動詞の連用形）についているので謙譲の補助動詞です。「…申し上げる」と訳します。

傍線部(2)は「謙譲語＋尊敬語」の二方面敬語を正確に訳出しましょう。「243奉る」は謙譲の補助動詞で、内侍の督の君を含む「たれ」への敬意を表します。「241給ふ」は尊敬の補助動詞で、寝覚上への敬意を表します。

解答

(1) それほど病状が重くないと思い申し上げてしまったのに

(2) おおげさにはお知らせ申し上げなさらない

◉入試問題攻略のツボ◉

「程度を表す評価の語」は「切り口」をおさえよう！

程度を表す評価の語（いみじ・ゆゆし・よし・あしなど）は、プラス⊕マイナス⊖を明確にすることと、「何に対して（どの切り口で）評価しているのか」を、文章のテーマに合わせて考えましょう。

解法コラム③ 引用文を見抜こう

「引用文」とは「会話文」「心内文」など「　」がつく文です。「　」がない場合も、以下の特徴に気をつけて、「　」をつけてみましょう。文章の流れがわかりやすくなります。

① **「いはく・いふやう・思はく（傍線部は「言ふ」「思ふ」）に類する言葉」などの直下**から引用文が始まることが多い。

② **「と・とて・など」などの助詞は引用文の終わりを示す**ので、その直前に「終わり」の印を先につけ、以下のa～dに留意しながらさかのぼると「始まり」を探しやすい。

❖引用文内に出てきやすい表現

a…**話し手の主観を表す表現**（意志・希望・命令・詠嘆・感動・「我―汝」などの代名詞）

b…敬語のうち、**丁寧語「244侍り・245候ふ（…です・ます）」、下二段活用の謙譲語「241給ふ（…です・ます）」**

❖地の文と引用文の境目

c…**地の文と引用文で敬語の用いられ方が違う**場合がある。例えば、地の文で敬語を用いていない人物に敬意が払われていると引用文内の可能性が高い。また、地の文で敬意が払われている人物に敬語を用いていない場合は、「その偉い人物自身が話し手である引用文」の可能性が高い。

d…引用文を特定できたら、**引用文を飛ばし読んで、地の文のつながりに違和感がないか確認**する（係り承け）。

例 センター試験

（作者ガ）政員《まさかず》（＝作者ノ友人）が家にとへば、あるじの母なむ、みづはさしたる（＝年老イタ）姿して出《い》でたちけるに、（作者ガ）ふたたびとひ侍らむといへば、またとのたまへれど、わが身すでに老いたり。かく、ほけほけしうなりては、ゆふべの露ともたのむべき命なれば、けふをかぎりの別れにこそあらめと涙をさきだてて、長き旅路をはやめぐりて、父母にまみえてあれ。われだに、ひとりうき旅にと思へば、さぞやおぼしてむと涙にしはぶきまぜて、わが子をおもふ如《ごと》にいひけるに、

問 政員の母の言葉と考えられる箇所はどこか。

解説・解答 「政員の母」の言葉は、接続助詞「ば」に着目すると（▼コラム⑤「古文の学習法」p.286）「また」から。母には地の文で「出でたちける」と敬語がないのに、「のたまへ」と尊敬語があるので、まだ会話文内。「わが身」「あれ（命令形）」「おぼす（尊敬）」に着目すると、**「また…あらめ」**と**「長き…おぼしてむ」**までの二箇所が政員の母の言葉になる。

覚えておけばライバルと差がつく単語をまとめました。現代語訳の他、内容説明や心情説明のポイントとなる場合も多くあります。合否を分ける１点となる可能性がある単語ですので、気を抜かずにマスターしましょう！

第４章

入試実戦語

84語

CONTENTS

246

あふ《ウ》

敢ふ

動：ハ下二

image
耐え…られん！

❶ **耐える**

❷ 〈動詞の連用形＋「(も)あへず」で〉…**しきれない**

❸ 〈「…もあへず」で〉…**するとすぐに**

「012 あふ〈会ふ〉」は四段活用ですが、他者に合わせるという意味の**「あふ〈敢ふ〉」は下二段活用**です。他者に合わせると耐えなければならないことが出てくることから、**「耐える」**という意味になりました。現代語でも「敢えて言わせていただくと…（イヤだけど、頑張って言いますが…）」というニュアンスで使います。

入試解法 **「ず」と一緒に使う❷の用例が圧倒的に多い**ので、この形で覚えましょう。

❶**秋風にあへず散りぬるもみぢ葉のゆくへさだめぬ我ぞかなしき** 〈古今〉

訳 秋風に**耐え**ずに散ってしまう紅葉のように、行く先のわからないわが身が悲しい。

❷**一人ある人いかにせむとばかり思ひつづくるにぞ、涙せきあへぬ。** 〈蜻蛉〉

訳 一人息子をどうしようかとばかり思い続けるにつけても、涙を**せき止めきれない**。

❸**大臣《おとど》聞きもあへず、はらはらとぞ泣かれける。** 〈平家〉

訳 大臣は聞く**とすぐに**、はらはらとお泣きになった。

関

□**あへなし**〔形〕 ①張り合いがない

□**あへなむ**〔連語〕 ①差し支えなかろう

247

おきつ

掟つ

動：タ下二

image
おきてにする

❶ 〈多く「思ひおきつ」で〉**決める・とりはからう**

❷ **命令する・指図する**

語源は「おき〈置き〉」＋「て（方向）」→**「前もって物を置いて、その方向に向かって準備する」**こと。「親が子の将来について、この方向に行くように決めてとりはからう」といった場面で使い**「とりはからう」**→**「決める」**の意味ができました。**「決まりを作る→命令する」** ❷**も頻出**です。

❶**宮仕へやがてせさすべく思ひおきてたり。**〈源氏〉

訳（惟光《これみつ》は自分の娘に）宮仕えをそのままさせようと決めている。

❷**高名の木登りといひし男《をのこ》、人をおきて、高き木に登せて、**〈徒然〉

訳木登りの名人と（世間の人が）言っていた男が、人に命令して、高い木に登らせて、

関 □**おきて**［名］ ①処置・規範

❗例文❶の「惟光」とは、源氏が最も信頼している従者です。源氏と姫君たちとの恋が成就するよう、抜かりなく手配する「デキる部下」として描かれます。

248

すさぶ

荒ぶ・遊ぶ・進ぶ

動：バ四（バ上二）

image ウワ〜ッと動く

❶**勢いが激しくなる**
❷**心のおもむくままに…する・慰み楽しむ**

「すさぶ」は、もともと**「自然と湧いてくる勢いにまかせてウワーッと動く」**という意味です。そこから、❶**勢いが増す**、❷**気の向くままに行動する**、という二つの系統の意味ができました。現代語でも❶「風が吹きすさぶ」、❷「手すさび（＝手慰み）」などという言葉に残っています。

❶**松に這《は》ふまさの葉かづら散りにけり外山《とやま》の秋は風すさぶらん**〈新古今〉

訳松に這っているまさの葉かずらは散ってしまった。外山の秋は風が激しくなっているだろう。

❷**硯《すずり》引き寄せて、手習ひなどし給ふ。いとをかしげに書きすさび、**〈源氏〉

訳硯を引き寄せて、慰み書きなどをなさる。とても趣深い様子で心のおもむくままに書き、

関 □**すさび・すさびごと**［名］ ①気まぐれ

249

いたは《ワ》る
労る

動：ラ四

image
病苦をいたわる

❶苦労する・骨を折る
❷病気で苦しむ・病気を養生する
③大切にする（＝現代語）

□□□

現代語の「いたわる〈労＝エネルギーを注ぐ〉」と同じ意味③（プラス⊕）から、**「いたわりたいほどよくない状態にある」**（マイナス⊖）＝❶**「苦労する」**、❷**「病気で苦しむ」**という意味を連想しましょう。同じ「いた〈労〉」のつく「いたつく〈労く〉」もセットでチェック（下段参照）。

入試解法 **マイナス⊖の意味❶❷**が狙われます。一方、**形容詞「いたはし」**は**主にプラス⊕の意味（大切にしたい）**が出ます。

❶**設けのものなどいたはりてし給へ。**〈宇津保〉
訳 もてなしのものなどを骨を折って用意してください。

❷**年ごろいたはるところありて、まかり歩きもえし侍らざりつ。**〈宇津保〉
訳 長年病気で苦しむところがあって、外出もすることができませんでした。

③**郡司《こほりのつかさ》の家に宿りたれば、郡司待ち受けて、いたはること限りなし。**〈今昔〉
訳 （侍が）郡司《ぐんじ》の家に泊まったところ、郡司は待ち受けて、大切にすることこの上ない。

関
□**いたはり**［名］ ①病気・苦労 ②大切にすること
□**いたはし**［形］ ①大切にしたい ②かわいそうだ
□**いたつく**［動］ ①苦労する ②病気になる

類
□019 **なやむ**［動］
□101 **わづらふ**［動］

250

すく
好く

動：カ四

image
のめりこみ！

❶風流の道に熱心だ
❷色好みだ

□□□

「すく」は、和歌をはじめとする**風流事・芸能の道にマニアックにのめりこむこと**を指します。感性を高めることは高く評価され、「好き者（＝風流人）」「好き心（＝風流心）」という派生語もプラス⊕の意味になります。また、**恋愛能力も感性の高さを表す**ことから、❷の意味もできました。

❶**よき人は、ひとへに好けるさまにも見えず、興ずるさまもなほざりなり。**〈徒然〉
訳 情趣を解する人は、むやみに風流の道に熱心であるようにも見えず、おもしろがる様子もあっさりしている。

❷**好きたる罪、重かるべし。**〈源氏〉
訳 色好みでいることの罪は、重いだろう。

関
□**すき**［名］
①風流の道に熱心なこと
②色好み
□**すきずきし**［形］
①風流の道に熱心だ
②色好みだ

251 すだく

集く

動・カ四

image 集合〜♪♪

❶集まる
②鳴く

「すだく」は**「多く集まる」**という意味で、多くは**「虫や鳥」が群がり集まること**を指しました。（ちなみに、人が集まるときには主に「つどふ」を用います。）そこから、**「（集まって）鳴く」**という②の意味が生まれました。「集《しゅう》だく→すだく」と、音から連想させて覚えましょう。

❶**坪の遣水《やりみづ》に、蛍の多くすだくを見て、**〈十訓〉
訳 坪庭の小川に、蛍が多く集まるのを見て、

②**ただ秋の虫の叢《くさむら》にすだくばかりの声もなし。**〈雨月〉
訳 （湯を沸かした釜《かま》からは）ただ秋の虫が草むらで鳴くほどの音もしない。

❗青白い光を放つ蛍は、人の魂を運ぶと考えられたり、神の形容にも用いられたりしました。

252

なら《（ロ）》ふ《ウ》

習ふ・慣らふ・馴らふ

動：ハ四

image 習慣化

①学ぶ
❷慣れる
❸親しむ

現代語で「習うより慣れろ！」（物事は人に教わるより自分で体験した方がよい）と言うときには、「習う」⬍「慣れる」ですが、**古語では「習ふ」＝「慣らふ」**です。「なら」は「土をならす（＝平らにする）」の「なら」と同じで、「ならふ」とは、**繰り返すうちにボコボコがとれて「慣れていく」**感じの語です。

入試解法 **名詞「ならひ」**は**「習慣・世の常」**など、文脈に合わせて訳し分けます。

①**法華経五の巻をとくならへ。**〈更級〉

訳 法華経の五巻をはやく学びなさい。

❷**ならはぬひなの住まひ、何になぐさむかたもなし。**〈平治〉

訳 慣れない田舎の暮らしは、何かに（気持ちが）慰むこともない。

❸**三の宮なむ、いはけなき齢《よはひ》にて、ただ一人を頼もしきものとならひて、**〈源氏〉

訳 三の宮は、幼い年で、ただ（父）一人を頼もしい人として親しんで、

関 □**ならひ**［名］①習慣・世の常・由緒

❗例文❸は『源氏物語』若菜（上）の一節です。病弱な朱雀院は、自分の死後、かわいい娘・女三の宮がどうなるか心配でなりません。院は、安心したいがため、四十歳の弟・光源氏と十四歳の女三の宮を結婚させますが、後に宮は別の若い男性と浮気してしまいます…。

253

したたむ

認む

動：マ下二

image したたかに対応

❶用意する
❷片付ける・処理する・行う

「したたかに手抜かりなく行動する」が原義です。❶何かの前に抜かりなく「用意する」、❷何かの後に抜かりなく「片付ける・処理する」というところから、「何かを行う」ときに幅広く用いるようになりました。現代語の「手紙をしたためる」のように「書き記す」という意味でも使います。

❶「御輿《みこし》をばかき帰して、御車**したため**て参れ。」と仰せあり。〈とはず〉

訳 「御輿を担いで帰らせて、御車を用意して参上せよ。」とご命令がある。

❷常に弾き給ひし琴もなく、唐櫃《からびつ》に錠《ちやう》さして、よろづ**したため**たるさまなり。〈住吉〉

訳 いつも弾いていらっしゃった琴もなく、唐櫃に鍵をかけて、何もかも片付けている様子である。

類

□ 104 かまふ [動]
□ 106 まうく [動]
□ 122 いそぐ [動]

▲唐櫃

254 むすぶ

㊀掬ぶ ㊁結ぶ

動：バ四

image 結び合わせる

❶ ㊀（水を）手ですくい上げる

❷ ㊁（庵《いおり》を）作る・（露・霜・水の泡などが）自然に生じる

「むすぶ」は、紐《ひも》で何かを結ぶように、「組み合わせて離れないようにすること」です。❶は、手をしっかり組み合わせて（結んで）、水がこぼれないようにすくい上げる行為です。また縄や木を結び合わせて庵を作ったり、自然に水の泡などが作られたりする❷の意味もあります。

❶峰にのぼりて薪をとり、谷にくだりて水を**むすび**、〈平家〉

訳 峰に登って薪をとり、谷に降りて水を手ですくい上げ、

❷よどみに浮ぶうたかたは、かつ消え、かつ**むすび**て、〈方丈〉

訳 よどんだ所に浮かぶ水の泡は、一方では消え、一方では自然に生じて、

255

こころあり

心有り

動：ラ変

image
センスがある

❶情趣や美を理解する・風流心がある
❷思いやりがある
❸ものの道理がわかる

「こころあり」の**「心」とは「敏感な感性」**のこと。それは「言われなくても気づくセンス」ですから、❶**「センスがある」**、❷**「言われなくても他人の気持ちに気遣いできる」**、❸**「言われなくてもちゃんとした人間として思考できる」**という意味が生まれました。

入試解法　最もよく問われるのは❶「センスがある」＝**「情趣を理解する」**です。**対義語「こころなし」**もあわせて覚えましょう！

❶**心あらむ人に見せばや津の国の難波《なには》わたりの春のけしきを**〈後拾遺〉

訳　情趣を理解するような人に見せたい。摂津の国の難波周辺の春の景色を。

❷**夏山に鳴く郭公《ほととぎす》心あらば物思ふ我に声な聞かせそ**〈古今〉

訳　夏山で鳴くほととぎすよ、思いやりがあるならば、物思いをする私に（悲しそうな）声を聞かせないでくれ。

❸**汝《なんち》は鳥の王なり。我は獣の王なり。互ひに心あるべし。**〈今昔〉

訳　あなたは鳥の王だ。私は獣の王だ。お互いにものの道理がわかるはずだ。

対
□295 **こちごちし**［形］
□296 **かたくななり**［形動］
□**こころなし**［形］
①風流心がない
②思いやりがない

❗例文❷の「ほととぎす」（郭公・時鳥・子規・不如帰などと表記）は初夏の代表的な渡り鳥で、毎年最初の鳴き声（初音）が珍重されました。和歌では多く、橘《たちばな》や卯《う》の花と取り合わせて詠まれます。

□□□

256

よそふ《ウ》

一 装ふ　二 寄そふ

動：一 八四　二 八下二

image
よそおう
よせる

❶ 一 準備する
❷ 二 （AをBに）たとえる・なぞらえる

□□□

一「装ふ」は、現代語「よそおう」のもとになった❶「準備する」という意味。形容詞「よそほし」は「装った感じ」です。
二「寄そふ」は「寄す＋ふ【継続・反復】」＝「Aに、違うBを寄せてA＝Bにする」→❷「AをBにたとえる」という意味です。

入試解法 ❷はAとBを明確にしましょう。

❶**寝殿の簀子《すのこ》に御座《おまし》よそひて、対面して物語聞こえ給ふ。**〈宇津保〉

訳 寝殿の簀子にお席を準備して、対面して世間話を申し上げなさる。

❷**富士の煙によそへて人を恋ひ、松虫の音に友をしのび、**〈古今〉

訳 富士山の煙になぞらえて人を恋い慕い、(「待つ」という名を持つ)松虫の声で友を懐かしみ、

関

□**よそほし**[形]
①立派で美しい

❗例文❶の「簀子」については、第六章「寝殿造」(▼p.292)を参照してください。

257

やすら《(ロ)》ふ《ウ》

休らふ

動・ハ四

image グズグズする

❶たたずむ・ためらう
②休む

「やすむ」＋「ふ【継続・反復】」で、「何度も休み休みしてしまう」→「グズグズ」というイメージをおさえてください。「**グズグズ足をとめてたたずむ**」「**グズグズためらう**」という意味になります。

入試解法 「**立ちやすらふ**」「**思ひやすらふ**」など関連語もよく使われます(下段参照)。

❶**前栽《せんざい》の色々乱れたるを、過ぎがてにやすらひ給へるさま、げにたぐひなし。**〈源氏〉

訳 植え込みが色とりどりに咲き乱れているのを、見過ごしがたくてたたずみなさっている様子は、本当に比類するものなく美しい。

②**岩に腰掛けてしばしやすらふほど、**〈奥〉

訳 岩に腰をおろしてしばらく休むときに、

関

□**たちやすらふ**[動]
①たたずむ

□**おもひやすらふ**[動]
①ためらう

類

□260 **いさ(ざ)よふ**[動]

□**ためらふ**[動]
①心を静める
②病気を養生する
③ためらう

258

なづむ

泥む

動：マ四

image ドロドロに苦しむ

❶こだわる
❷悩み苦しむ
③打ち込む（＝近世の用法）

「なづむ」は、おおむねマイナス㊀の意味で用いる語です。漢字をあてると「泥む」で、現代語でも「こだわる」ことを**「拘泥《こうでい》する」**と言うのですよ（「こだわる」は最近はプラス㊉の意味でよく使われますが、もともとはマイナス㊀の言葉です）。③は「男女の仲にはまり込む」という状況で用います。**「水気の多いドロドロの泥に足をとられる」**というイメージで、「『なづむ』はドロドロ～」と唱えて覚えましょう。

❶**師の説なりとて、必ずなづみ守るべきにもあらず。**〈玉勝間〉
訳 師の学説だといって、必ずしもこだわり守らなければならないわけではない。

❷**この君、なづみて、泣きむつかり明かし給ひつ。**〈源氏〉
訳 この若君は、悩み苦しんで、泣きむずかって夜をお明かしになった。

③**いつとなく女郎なづみて、わが黒髪も惜しからず切るほどの首尾になりて、**〈永代蔵〉
訳 いつのまにか遊女も（男に）打ち込んで、自分の黒髪も惜しまず切るほどの仲になって、

類 □259 なづさふ［動］

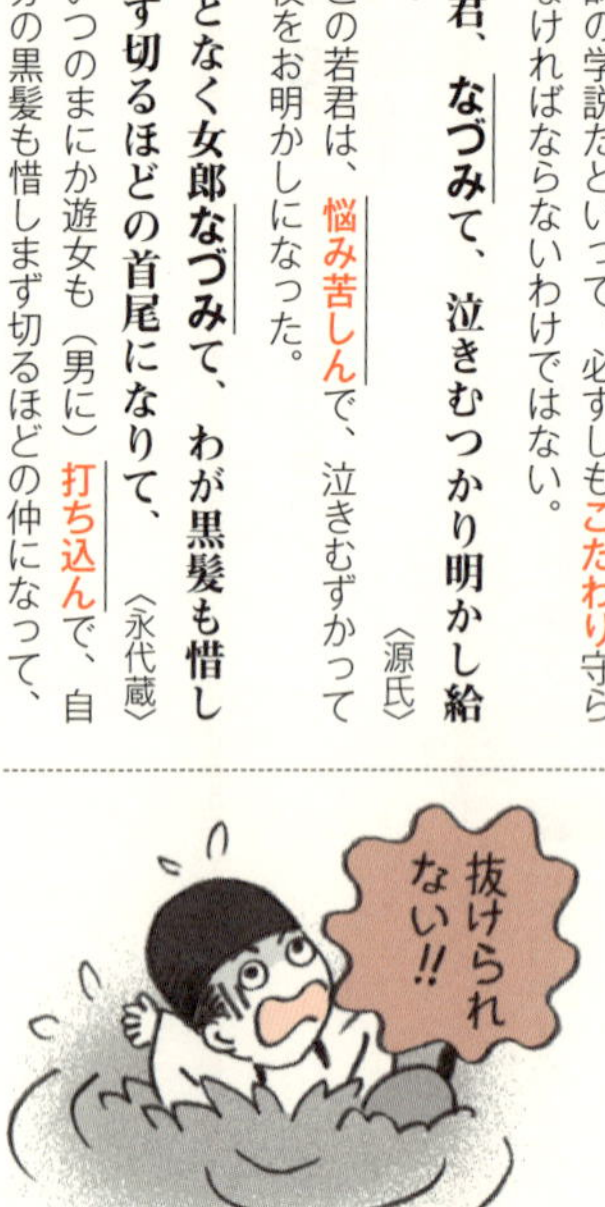

259

なづさ《（ソ）》ふ《ウ》

動：ハ四

image なじみ親しむ

①水に浮かぶ・漂う
❷慣れる・親しむ・なつく

「258なづむ」と同語源で、「**水気が多いものに関わる**」イメージ。そこから①「**水に浮かぶ**」→❷「**水に浸されるように慣れる**」と派生しました。「なづむ」がマイナス⊖イメージの語であるのに対して、「**なづさふ**」は**おおむねプラス⊕のイメージ**で用いられます。

①**やくもさす出雲《いづも》の児《こ》らが黒髪は吉野の川の沖になづさふ** 〈万葉〉

訳 出雲の乙女の黒髪は、吉野の川の沖で漂う。

❷**常に参らまほしく、なづさひ見奉らばやとおぼえ給ふ。** 〈源氏〉

訳 （源氏は）いつも（藤壺中宮のそばに）参りたい、親しみ（お姿を）拝見したいとお思いになる。

類 □258なづむ［動］

260 いさ(ざ)よふ《ウ》

動・ハ四

image グズグズ 迷う

① ぐずぐずして進まない
❷ ためらう

□□□

副詞「198いさ」と同様の「いさ（＝否定する気持ち）」＋「ただよふ」という語の「よふ」がついた語です。「**どうだかわからずグズグズただよう気持ち**」を表します。

入試解法 「**月**」とセットになることが多く、「**いさ(ざ)よひの月**（**陰暦十六日の月**）」は**迷いの心情と絡められる**こともあります。

①**もののふの八十《やそ》宇治川の網代木《あじろき》にいさよふ波の行くへ知らずも** 〈万葉〉

訳 宇治川の網代木のあたりで漂ってぐずぐずして進まない川波の行方もわからないことだ。

❷**いさよふ月に誘はれ出《い》でなんとぞ思ひなりぬる。** 〈十六夜〉

訳 （出ようとして）ためらう月に誘われて出ていこうと思うようになった。

関
□いさ(ざ)よひのつき［名］
①日没後ためらうように出てくる月
→陰暦十六日の月

類
□257やすらふ［動］
□ためらふ［動］
①心を静める
②病気を養生する
③ためらう

261

もだす

黙す

動：サ変

image

も〜だんまり…

❶**黙る**

❷**見捨てておく**

「もだ」とは**「黙っていること」**という名詞です。**「もだ」＋「す（サ変）」＝「もだす」**。古語にも現代語にも「見捨てておけない＝黙っていられない」という意味の「もだしがたし」（現代語「もだしがたい」）という言い回しがありますが、知っていたらヒントになりますね。

入試解法　**単に言葉を発しない**❶で訳すか、**行動を起こさない**❷まで踏み込んで訳すか、文脈を見極める必要があります。

❶**世の人あひ逢《あ》ふとき、しばらくももだするこ****となし。**〈徒然〉

訳　世間の人々が互いに会うとき、少しの間も黙ることがない。

❖世間の人々の会話は、うわさ話や悪口ばかりで、損失が多く利益が少ないが、話している本人はそれを理解していないと兼好法師は述べています。

❷**「げにも山門の訴訟はもだしがたし。」**と**仰せける。**〈平家〉

訳　「本当に比叡山の訴訟は見捨てておくことができない。」とおっしゃった。

❗例文❷の「山門」とは、「山」と呼ばれた比叡山《ひえいざん》延《えん》暦《りゃく》寺《じ》のことです。武士が活躍した鎌倉・室町時代、延暦寺は独自に武装化を進め、仏の名のもと、武力によって要求を押し通そうとしました。これが「訴訟」です。

強大な権力を誇った白河法皇は、自分の思い通りにならないものとして「賀茂川の水、双六《すごろく》の賽《さい》、山法師」をあげました。

□□□

262

かこつ

託つ

動：タ四

image

グチる

①**他のせいにする・かこつける**

❷**嘆く・ぐちを言う**

□□□

現代語の「かこつける」と同じく**「原因を他人や他のことのせいにする」**動作。そういうときは**「ぐちっぽくなる」**ものですね。現代でも「不遇をかこつ」と言います。

入試解法　頻出の❷の意味をまず覚えましょう。名詞**「311 かごと（＝ぐち・言い訳）」**も要チェック！

①**酔《ゑ》ひにかこちて苦しげにもてなして、明くるも知らず顔なり。**〈源氏〉

訳　酔いにかこつけて苦しそうに振る舞って、夜が明けるのにも気づかないふうだ。

❷**逢《あ》はでやみにし憂さを思ひ、あだなる契りをかこち、**〈徒然〉

訳　契らないで終わってしまったつらさを思い、むなしい約束を嘆き、

関

□311 **かごと**［名］

□**かこちがほ**［名］　①恨めしそうな顔

263 およす（ず）く（ぐ）

動：カ下二（ガ下二）

image　およよと老いる

❶成長する・大人びる

❷老成する・地味に見える

□□□

語源が「およ（←老ゆ）」であることをおさえましょう。状況に応じて二つの意味で訳し分けます。**「子供が老いる」なら❶「成長する」。老いた感じの状態を表すなら❷「老成する・地味に見える」**になります。

入試解法　**頻出なのは❶**の意味です。類義語**「121 ねぶ」**もあわせて復習してください。

❶**若君のいとうつくしうおよすけ給ふままに、**〈源氏〉

訳　若君がたいそうかわいらしく成長しなさるにつれて、

❷**昼は、ことそぎ、およすげたる姿にてもありなん。**〈徒然〉

訳　昼間は、簡略で、地味に見えている姿でもよいだろう。

類

□121 **ねぶ**［動］

□**おとなぶ**［動］　①大人らしくなる

第四章

264

おほ《オ》したつ

生ほし立つ

動：タ下二

「生ほす（=成長させる）」＋「立つ」で「おほしたつ」なので、「すくすく（しっかり立つほど）育てる」という意味が簡単に類推できます。「はぐくむ」は同義語で、「120かしづく」もほぼ同じ意味です。

image

スクスク育てる

❶育て上げる

❶すべて男《をのこ》をば、女に笑はれぬやうに**おほしたつ**べしとぞ。〈徒然〉

訳 一般に男というものは、女に笑われないように**育て上げ**なければならないということだ。

類

□120かしづく［動］

□いつく［動］

①神をまつる ②大切にする

□はぐくむ［動］

①大切に育てる

265

あざる

戯る

動：ラ下二

語源の「ざる＝さる〈戯る〉」には、(1)ふざける→現代語「じゃれる」、(2)洗練されている→現代語「しゃれている」の二つの意味があります。この(1)の意味を受け継いでいるのが「あざる」です。

image

あ、じゃれる

❶ふざける

❶さらぬ人だに、**あざれ**たるもの覗《のぞ》きは、いと便なきことにするを、〈大鏡〉

訳 たいしたことのない人でさえ、**ふざけ**た覗き見は、たいそう不都合なことだとしているのに、

関

□さ(ざ)る【戯る】［動］

①ふざける

②洗練されている

266

こぼ(ほ)つ

毀つ

動：タ四

image デストロイ

❶ (…を)壊す・破る

「こぼつ・こほつ」は他動詞（目的語をとる動詞）で、「(…を)壊す」の意の四段動詞。「こぼる・こほる」は自動詞（目的語をとらない動詞）で、「壊れる」の意の下二段動詞です。セットで覚えましょう。

❶**頼むかたなき人は、自らが家をこぼちて、市に出《い》でて売る。**〈方丈〉

訳 頼るあてのない人々は、自分の家を壊して（薪にして）、市に出て売る。

関 **こぼれたる家にて、いといたく漏りけり。**〈大和〉

訳 壊れた家で、たいそうひどく雨が漏った。

関 □**こぼ(ほ)る** [動]
①壊れる

類 □**やる【破る】** [動]
①〈四段〉破る
②〈下二段〉破れる

267

やつす

窶す

動：サ四

image やつれさせる

❶ 地味な格好にする・僧の姿にする

「身をやつす」という現代語のイメージと重ねて覚えましょう。**わざとみすぼらしくして、自らの（高い身分などの）素性がバレないようにする**ときや、**出家して僧の姿になる**ときに用います。

❶**自らの御直衣《なほし》も、色は世の常なれど、ことさらにやつして、無紋を奉れり。**〈源氏〉

訳 ご自身のお直衣も、色は普通だけれど、ことさらに地味な格好にして、無地のものをお召しになっている。

関 □**やつる** [動]
①地味な格好になる・衰える

！他動詞の語尾が「る」になると自動詞になるパターンです。

→266 **こぼ(ほ)つ・こぼ(ほ)る**

268

あきる

呆る

動：ラ下二

image

ボーゼン

❶ **呆然とする**

現代語の「あきれる」という意味ではありません。漢字をあてると、**「呆る」→「呆然とする」**という意味になることが連想できます。なお、**「あきれる」の意の古語は「あさむ・あさましがる」**です。

❶ **左京の大夫《かみ》も客人《まらうど》も、あきれて目も口もあきてゐたり。**〈宇治〉

訳 左京職《さきょうしき》の長官も客も、呆然として目も口も開きっ放しになっていた。

❖「左京職」は、左京（京の東半分）の司法・行政・警察を担当した役所です。

類 □**あさむ・あさましがる**［動］ ①驚きあきれる

269

いなぶ

否ぶ

動：バ上二（バ四）

image

「否」と言う

❶ **断る・辞退する**

「いな〈否〉」は「NO」。「いなぶ」と動詞化し**「NOと言う＝断る」**の意になりました。ちなみに人に呼ばれて「はい」と答えるとき、男は「よ」、女は「を」と言います。男女で違うのがおもしろいですね。

❶ **悪《あ》しきことにても、殿のしかのたまはせむは、いなび聞こえさすべきにもあらず。**〈落窪〉

訳 よくないことであっても、大臣殿がそのようにおっしゃるのは、断り申し上げるべきではない。

類 □107**すまふ**［動］

270

くんず

屈ず

動：サ変

「くんず〈屈ず〉」と類義語の「こうず〈困ず〉」の二つは、「漢字の感じ」でバッチリ覚えられます。**「くつす〈屈す〉」が撥音便化して「くんず」、「こんず〈困ず〉」がウ音便化して「こうず」**となりました。

image　ココロが屈する

❶ ふさぎこむ

❶ **うちしめりくんじてゐ給へるほど、おさなげにらうたし。**〈増鏡〉

訳（帝の急死に、女御が）物思いに沈みふさぎこんでいらっしゃる様子が、幼い様子でいじらしい。

類

□**こうず【困ず】**〔動〕
①疲れる・弱る

271

ゐ《イ》ざる

居去る

動：ラ四

「居る」という動詞には「座る」という意味もあります。**「居＋去る」**で、**「座ったまま移動する」＝「膝で進む」**。平安時代、特に女性は、貴人の前に進み出る際、シュルシュルと膝で進むことが一般的でした。

image　座ったまま進む

❶ 座ったまま膝で進む・膝行《しっこう》する

❶ **端近くゐざり出《い》でて、物語などし給ひつつながめ給ふ。**〈寝覚〉

訳 縁先近くに膝行し進み出て、世間話などなさりながら（月を）ぼんやりと眺めていらっしゃる。

272

くちを《オ》し

口惜し　形：シク

image 残念無念

❶**残念だ**
❷**物足りない・つまらない**
❸**情けない**

□□□

語源は「朽ち惜し」とも言われます。自分ではどうすることもできない原因により**夢や希望が崩れ去ったときの残念な気持ち**を表し、主に❶の意で、**運命や出来事の成り行き**に使われました。一方、類義語「くやし」は自分の行為を後悔するときに用いられました。鎌倉時代以降は「くちをし」も自身の行為に使われることが増えます。

入試解法　現代語の「くちおしい」と混同して**「悔しい」と訳さないようにしましょう。**

❶**いとわろき名の、末の世まであらむこそ口惜しかなれ。**〈枕〉
訳 大変よくない評判が、末代まで続くのは残念なことだという。

❷**家のうちをおこなひをさめたる女、いと口惜し。**〈徒然〉
訳 家の内を切り回して処理している女は、たいそう物足りない。

❸**あはれ、弓矢取る身ほど口惜しかりけるものはなし。**〈平家〉
訳 ああ、弓矢を取る身の上（＝武士）ほど情けないなあと思うものはない。

類
□**くやし**［形］
①後悔せずにいられない

❗例文❶の「口惜しかなれ」は、次のように形が変化したものです。

A **口惜しかる・なれ**（口惜しかる：連体形　なれ：伝聞・推定）
⬅撥音便化
B **口惜しかんなれ**
⬅撥音「ん」の無表記
C **口惜しかなれ**

273

あたらし

惜し　形：シク

image MOTTAINAI！

❶**惜しい・もったいない**

□□□

プラス⊕のものが失われるのを**「もったいない」と惜しむ気持ち**を表します。現代語でも、語幹「あたら」のみで「あたら（もったいないことに）若い命を散らし…」と使われていますよ。「新しい＝NEW」の意味の単語は、「あらたし〈新たし〉・あたらし〈新し〉」なので注意。

❶**風荒らかに吹きたる夕つ方、乱れ落つるがいと口惜しう<u>あたらしけれ</u>ば、**〈源氏〉

訳 風が荒々しく吹いた夕方、（花が）乱れ散るのがたいそう残念で<u>もったいない</u>ので、

関 **いかが要なき楽しみを述べて、<u>あたら</u>時を過ぐさん。**〈方丈〉

訳 どうして不要な楽しみを述べて、<u>もったいないことに</u>時間を費やそうか。

関

□**あたら**［副・連体］ ①もったいない（ことに）

□**あらたし【新たし】・あたらし【新し】**［形］ ①新しい

274 こちたし

言（事）甚し　形：ク

image 言葉・事が多い

①**うるさい・うっとうしい**
❷**おおげさだ・はなはだしい**

語源は**「言・事＋甚し」**。とても言葉が多い、とても事物が多い、そんな**うるさく感じられるうっとうしさ**を表します。①は主に奈良時代の用法で、**平安時代以降は❷の意味**で用いられました。

入試解法 もともとマイナス⊖の語ですが、**単に程度の大きさを表す場合**もあります。

①**人言《ひとごと》はまこと<u>こちたく</u>なりぬともそこに障《さは》らむ我にあらなくに**〈万葉〉

訳 人のうわさが本当に<u>うるさく</u>なったとしても、それに妨げられる私ではないのに。

❷**葉の広ごりざまぞうたて<u>こちたけれ</u>ど、異《こと》木《き》どもと等しう言ふべきにもあらず。**〈枕〉

訳 （桐《きり》は）葉の広がり方が嫌で<u>おおげさだ</u>が、他の木々と同列に論ずべきではない。

類

□132 **おどろおどろし**［形］
□136 **ところせし**［形］
□150 **ことごとし**［形］

▶桐の葉（五百円硬貨表面）

275 はかばかし

果果し　形：シク

image はかどる！

❶ てきぱきしている
❷ はっきりしている
❸ しっかりしている

「**はか**」は「はかどる」と語源が同じで「**成果**」なので、「**○○し**（＝**とても○**）」（▼p.61）にあてはめると「**とても成果が出る感じ**」が「はかばかし」。現代語でも否定を伴って「仕事がはかばかしくない（＝うまくいっていない）」などと用います。

入試解法 **場面に合う「成果」とはどのようなこと**かを文脈からつかみ、意味を考えましょう。場合によっては語源通り「成果が出ている」と訳してもうまくいきます。

❶ **宮いと苦しうて、はかばかしう**ものも**聞こえさせ給はず、**〈源氏〉

訳 宮はたいそう苦しくて、てきぱきと（はきはきと）ものも申し上げなさらず、

❷ **「今は耳もはかばかしく聞こえず。」と仰せられて、**〈讃岐典侍〉

訳 （病床の帝は）「今は耳もはっきりと聞こえない。」とおっしゃって、

❸ **後見《うしろみ》と頼ませ給ふべき伯父などやうのはかばかしき人もなし。**〈源氏〉

訳 後見人としてお頼りになれそうな伯父などのようなしっかりしている人もいない。

類 □141 しるし 形
□147 けやけし 形

対 □142 はかなし 形

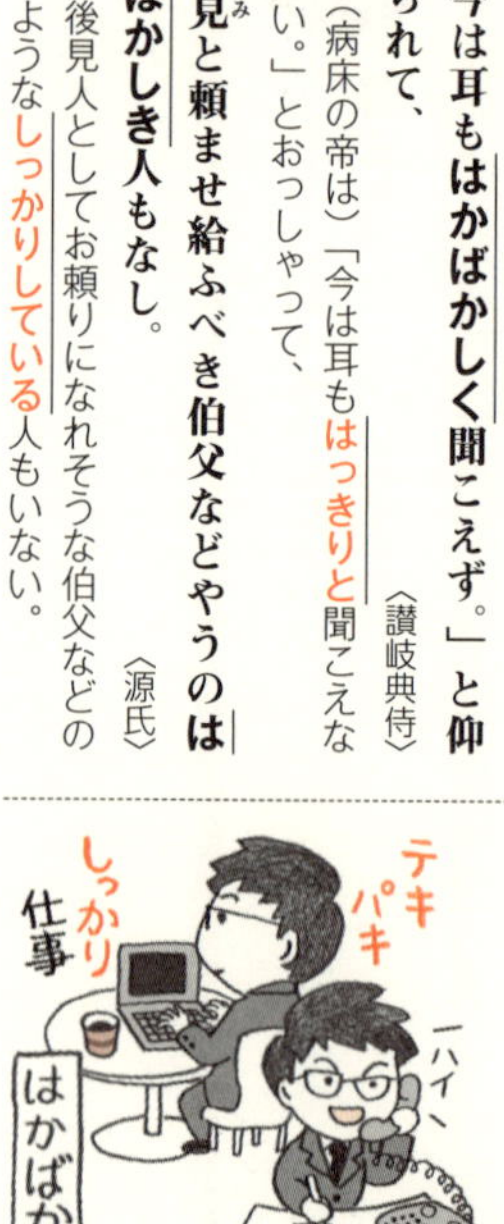

□□□

276 ねたし

妬し　形：ク

image ムカ〜ッ

❶ しゃくにさわる・憎らしい（マイナス⊖の意味）
❷ 妬ましいほど立派だ（プラス⊕の意味）

□□□

現代語「ねたましい」の「嫉妬・ジェラシー」とは違います。「恋人が来ない！」「失敗！」などマイナス⊖の状況で、❶「**しゃくにさわる（腹が立つ）**」という「**主観的心情**」を表します。**マイナス⊖の気持ちを持つほど対象がプラス⊕という**「**客観的評価**」を表す❷の意味もできました。

❶**掃《はら》ひ得たる櫛《くし》、あかに落とし入れたるもねたし。**〈枕〉

訳 きれいにし終えた櫛を、垢《あか》の中に落とし入れてしまったのも**しゃくにさわる**。

❷**これはあくまで弾き澄まし、心憎くねたき音ぞまさされる。**〈源氏〉

訳 この人は（琴を）どこまでも見事に弾き、奥ゆかしく**妬ましいほど立派な**音色がすぐれている。

277 うるせし

形・ク

image うまくてウルッ

❶**利口だ・気が利く**
❷**上手だ**

□□□

「うるせし」は、よく「149うるさし」と混同されますが、**語源は「心狭し」**で同じ。「うるさし」が主にマイナス⊖の意味で用いられるのに対し、「うるせし」は、「**こちらの心がキュッとするほど、対象がうまい・賢い**」というプラス⊕の意味で用いられます。

❶**この童《わらは》も心得てけり。うるせきやつぞかし。**〈宇治〉

訳 この子供もわかっているなあ。**利口な**やつだよ。

❷**宮の御琴の音は、いとうるせくなりにけりな。**〈源氏〉

訳 宮のお琴の音は、たいそう**上手に**なったなあ。

うるさし（－）		うるせし（＋）	
うっとうしい	わざとらしい	利口だ	上手だ

278

さがなし

性甚し

形：ク

image

性質が悪い

❶意地悪だ・口やかましい

❷いたずらだ

「さが」とは、「どうにもならないもともとの性質」という意味。そこから「悪い⊖性質」という意味になりました。形容詞化した「さがなし」には、二つの意味があります。まず「性格が悪い」→❶「意地悪だ」。現代語でも「口さがない（＝悪意をもって言いふらす）」という言葉にその感じが残っています。もう一つは、「悪い子ね！」→❷「いたずらだ」の系統です。主に子供を修飾します。

❶北の方《かた》さいなみだちにたり。**さがなく**ぞおはすべき。〈落窪〉

訳 北の方が（あなたを）いじめている。**意地悪で**いらっしゃるのだろう。

❷**さがなき**わらはべどもの仕まつりける、奇怪に候ふことなり。〈徒然〉

訳 **いたずらな**子供たちがいたしましたことで、けしからぬことでございます。

関 典侍《ないしのすけ》は、人に心おごりせさせてもの言ふ**さがな者**なり。〈宇津保〉

訳 典侍は、人を有頂天にさせて物事を言う**意地悪な人**だ。

関

□さが［名］
①性格
②運命

□さがなめ［名］
①意地悪な目

□さがなもの［名］
①意地悪な人・口やかましい人

□□□

279

あらまほし

有らまほし

㊀連語 ㊁形：シク

image

「あり」＋「まほし」

❶㊀あってほしい・あることが望ましい

❷㊁理想的だ

□□□

動詞「あり」＋願望の助動詞「まほし」**【二語】**で、❶「あってほしい」が原義。そこから❷「あってほしいほど理想的だ」**【一語】**の意が派生しました。

入試解法 「あら（動詞）＋まほし（助動詞）」と二語に分解できる❶か、一語の形容詞❷かの判別方法は、下段でチェック！

❶**少しのことにも、先達《せんだち》はあらまほしきことなり。**〈徒然〉

訳 ちょっとしたことにも、（その道の）案内人はあってほしいものだ。

❷**心ばせおほどかにあらまほしうものし給ふ。**〈源氏〉

訳 気だてはおおらかで理想的でいらっしゃる。

！「あらまほし」の判別

❶ A →あら＋まほし

「Aがある」という文が成立する

❷ A ←あらまほし

Aに対する「理想的」という判断

280 いぶせし

形・ク

image いぶされて狭い

❶胸がふさがる・心が晴れない

❷不愉快だ

現代語の「いぶし銀」や「いぶす」の「いぶ」に「せし」＝「狭し」がついた語です。もうイメージがつかめたでしょう。心配事があるとき、心が心配などの黒い煙で「いぶされ」て、せっかくの青空も灰色に見えるほど気持ちがふさがることとありますよね？ そんな気持ちです。

❶**さまざま乱るる心の中をだに、え聞こえあらはし給はず、いぶせし。**〈源氏〉

訳 あれこれ乱れる心中をさえ、あらわに申し上げなさることができず、胸がふさがる。

❷**やがてその興つきて、見にくく、いぶせく覚えければ、**〈徒然〉

訳 すぐにその興味がさめて、見苦しく、不愉快だと思われたので、

類

□038むつかし［形］

□いぶかし［形］

①気がかりだ ②不審だ

□こころやまし［形］

①不愉快だ

281

おほけ《オ》なし

形：ク

image 身のほど知らず

❶身のほどをわきまえない
❷おそれ多い

□□□

「おほけ」の語源は、一説に「負ふ気」。基準に対してとても**「負けている」のに気がつかないで図々しい感じ**…ととらえると覚えやすいかもしれません。「おほけなし」はマイナス㊀の意味で❶**「限度を超えている」**言葉で、そこから❷**「おそれ多い」**という意味も生まれました。

入試解法 「おそれ多い・もったいない」という「かたじけなし」と違い、**マイナス㊀の意味❶がメイン**なので注意。

❶**頼朝《よりとも》が世尽きて、九郎が世になれとや。あはれおほけなく思ひたるものかな。**〈義経〉

訳 頼朝の世が終わって、九郎（＝義経）の世になれと言うのか。ああ身のほどをわきまえず思ったものだなあ。

❷**いかなる人の妻かは知らねど、腹なる児《ちご》はおほけなくも琉球《りうきう》国王の世子《よつぎのみこ》と仰がれ、**〈椿説〉

訳 どのような人の妻かはわからないが、お腹にいる子はおそれ多くも琉球国王の皇子と尊敬され、

類
□**かたじけなし**[形]
①おそれ多い
②ありがたい

❗例文❶は、静御前（義経が愛した遊女）が、敵の頼朝の前で「しづやしづ賤《しづ》のをだまき繰り返し昔を今になすよしもがな」（静や静と義経様が繰り返し呼んでくださった昔のように今をしたいものだ）と歌ったことに対する頼朝の反応です。

282

かどかどし

㊀才々し ㊁角々し

形：シク

image 頭・態度がシャープ

❶㊀機転がきく（プラス㊉の意味）
❷㊁とげとげしい（マイナス㊀の意味）

□□□

「かど」は「角」。「かどかどし」は**「とても角がとがっていて、シャープな感じ」**ですので、**「頭がシャープにキレる」**という、❶の意味が生まれました。**他人に対してとがっている❷**の意味もあります。

入試解法 **プラス⊕の意味❶**なのか、**マイナス⊖の意味❷**なのかの判別が重要です。

❶この**命婦**《みやうぶ》こそ、ものの**心得**て、**かどかどしくははべる人なれ**。〈紫〉

訳 この命婦は、ものの道理を心得ていて、機転がきく人でございます。

❷**さしもあるまじきことに**、**かどかどしく癖**をつけ、〈源氏〉

訳 それほどでもなさそうなことに、とげとげしく難癖をつけ、

関 □**かど【才】** 名 ①才能・才気

類 □**ざえざえし** 形 ①いかにも学識がありそうだ

283 らうらう《ロウロウ》じ

労労じ 形：シク

image 苦労＋苦労→洗練

❶物慣れている・洗練されている

□□□

「苦労」を重ねて、とても労力をかけてきたという感じから、**「年齢を重ね、苦労を積んで、洗練された」**という意味になります。**苦労の末に到達した「名人」な感じ**、と考えると覚えやすいですね。「らうあり」も「物慣れている」という意味です。「030らうたし」と混同しないように注意！

❶**手などの、いとわざとも上手と見えで、らうらうじくうつくしげに書き給へり**。〈源氏〉

訳 字などは、それほどわざとらしく上手ぶっているとも見えず、洗練されてかわいらしい様子に書きなさっている。

関 **玉淵**《たまぶち》**はいとらうありて、歌などよく詠みき**。〈大和〉

訳 玉淵（＝人名）はたいそう物慣れていて、歌などを上手に詠んだ。

関 □**らうあり** 動 ①物慣れている

284

らう《ロウ》がはし

乱がはし

形：シク

「乱《らん》がはし」がウ音便化して「らうがはし」になりました。とにかく「乱!」と覚えてしまい、後は、文脈に合わせて、どう「乱」なのか（乱雑なのか、乱暴なのか、うるさいのか）を考えましょう。

image 乱!

❶乱雑だ・やかましい

❶大小のことをも申し合はせむと思う給ふれば、無礼《むらい》をもえはばからず、かく**らうがはしき**方に案内《あない》申しつるなり。〈大鏡〉

訳 大小さまざまなことを相談申し上げたいと思いますので、失礼をも顧みることができず、このように乱雑なところへご案内申し上げたのです。

類
□**みだりがはし**［形］ ①乱雑だ・乱暴だ
□**かまびすし**［形］ ①うるさい

! 例文❶の「給ふれ」は、下二段活用の謙譲の補助動詞（p.205）です。

285

あつし

篤し

形：シク

漢字をあてると「篤し」で、「**危篤**」の「**篤**」の字を書きます。病気のときには、菌やウイルスとの戦いで大抵熱が高くなりますね。その連想から、**体が**「**熱い**」→「**あつし＝病気が重い**」と覚えましょう。

image 危篤で熱い!

❶病気が重い・病気がちだ

❶いと**あつしく**て、大将をも辞し給ひてき。〈大鏡〉

訳 たいそう病気が重くて、大将も辞任なさってしまった。

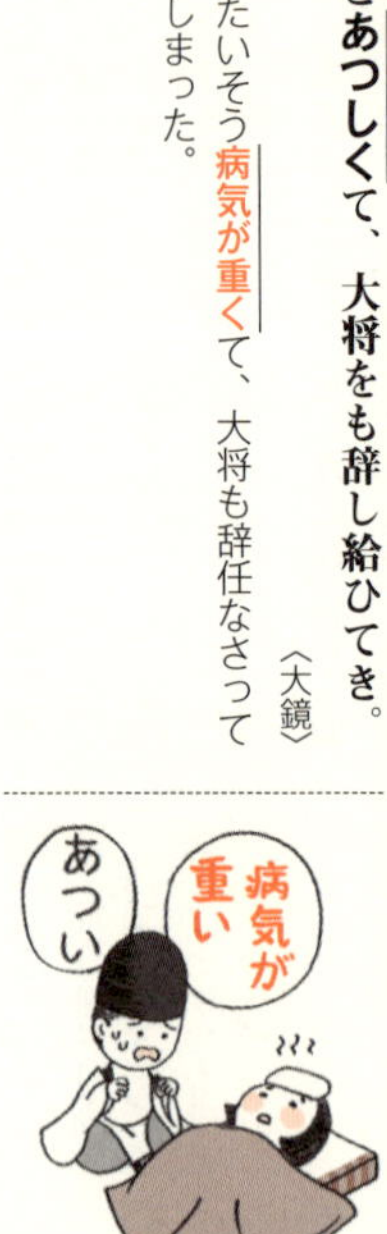

286 こころにくし

心憎し

形：ク

image 心ニクい気配り

❶（妬ましいほど相手が）優れている・奥ゆかしい・立派だ

「こころにくし」の**「にくし」**は、現代語でもつい感動したときに**「あ〜、ニクイなぁ！」**と言ってしまうときと同様、**プラス⊕の気持ち**です。何気なさのなかに、「深み」を感じたときに用います。

❶**木立、前栽《せんざい》などなべての所に似ず、いとのどかに心にくく住みなし給へり。**〈源氏〉

訳 木立や、植え込みなど普通の家とは違って、たいそうゆったりと奥ゆかしくお住まいになっている。

類

□054 **ゆかし**［形］

□061 **なつかし**［形］

□276 **ねたし**［形］

287 むくつけし

形：ク

image ムクムク不気味

❶気味が悪い・恐ろしい・荒々しい

「むくむく」という擬音には何か気味の悪い感じをもちますよね。**古語の「むく」も「気味が悪い動きをしている」**の意味があります。「むくつけなし」（「なし」＝非常に〈very〉▼p.98）も同じ意味です。

❶**いとあさましく、むくつけきことをも聞くわざかな。**〈堤〉

訳 まったくあきれた、気味が悪いことを聞くものだな。

関

□**むくめく**［動］ ①うごめく

□**むくむくし**［形］ ①気味が悪い

□**むくつけなし**［形］ ①気味が悪い

288 いぎたなし

寝汚し

形・ク

image 眠りに汚い

❶寝坊だ・ぐっすり寝込んでいるようだ

「い〈寝〉」は名詞で**「寝ること」**。その「い」に「汚し」がついた**「いぎたなし」**は**「寝坊だ」というマイナス㊀の語**。寝坊の人はたしなみがなく、マイナス㊀とされました。対義語は「いざとし」です。

❶「**いぎたなく**て、出《い》で給ふべきけしきもなきよ。」と心やましく、声《こわ》づくり給ふも、〈源氏〉

訳「ぐっすり寝込んで、起き出しなさろうとする様子もないことよ。」と不愉快で、せき払いをなさるのも、

関 □いもぬ・いをぬ［動］

①寝る

対 □いざとし［形］

①目が覚めやすい

289 ゆくりなし

形・ク

image ゆっくりじゃない

❶突然だ・思いがけない

この語は**「ゆっくりじゃない」→「突然！」**と覚えましょう。「299うちつけなり」も同じ意味です。

入試解法 主に**「ゆくり〔も〕なく」**という**連用形**で用いられます。

❶**ゆくりなく**風吹きて、漕げども漕げども、後《しり》へ退《しぞ》きに退きて、ほとほとしくうちはめつべし。〈土佐〉

訳突然に風が吹いて、（船を）漕いでも漕いでも、後ろに下がり続けて、危うく（海に）はまり込んでしまいそうだ。

類

□298とみなり［形動］

□299うちつけなり［形動］

□にはかなり［形動］

①突然だ

290

あやなし

文無し

形：ク

「あや」とは、あやとりの「あや」のような「糸」や「紋様」のこと。**「あやなし」**は**「つながる筋や糸がない」**。そこから、**言動に「筋が通っていない」**→**「わけがわからない」**という意味になります。

image

筋道がない

❶ わけがわからない・筋道が通らない

❶ **春の夜の闇はあやなし梅の花色こそ見えね香やは隠るる** 〈古今〉

訳 春の夜の闇はわけがわからない。梅の花の（美しい）色は見えないが、香りは隠れるだろうか、いや隠れたりしない。

関

□ **あやめもしらず** ［連語］ ①分別がない

□ 034 **わりなし** ［形］

類

□ **よしなし** ［形］ ①理由・手段・風情がない ②つまらない

□□□

291

うらなし

心無し・裏無し

形：ク

「裏」とは「表から見えない部分」ですよね。だから、**「うら」**とは**表面の言葉や態度の裏に隠れた「心」**。**「うらなし」**は、「裏の心がない」ということなので、**「心の隔てがない」**という意味なのです。

image

ウラオモテがない

❶ 心の隔てがない

❶ **うらなく申さば、よも心置き給はじとて申し出《い》づるぞ。** 〈著聞集〉

訳 心の隔てなく申し上げれば、（あなたは）まさか気にかけなさるまいと思って申し出るのだよ。

□□□

292

ずちなし

術無し

形：ク

「ずち」に「術（＝方法）」をあてましょう。「術無し」は「する方法がない」→「どうしようもない」とすぐに意味がわかります。「せむかたなし」「ちからなし」「いかがはせむ」も、ほぼ同じ意味です。

image
すべがない

❶ **どうしようもない**

❶**世こぞりて騒げども、人の御命はずちなきことなりければ、五月《さつき》十八日に失《う》せ給ひぬ。**〈栄花〉

訳 世間はみな騒ぐけれども、人のご寿命はどうしようもないことだったので、五月十八日にお亡くなりになった。

類

□059 **かひなし** 形

□ **せむかたなし・せんなし・ちからなし** 形

①どうしようもない

□ **いかがはせむ** 連語

①どうしようか

②どうしようもない

293

まさなし

正無し

形：ク

「正無し」と漢字をあてて「正しくない」というマイナス⊖の意味を覚えましょう。

入試解法 抽象的な語なので「具体的にどの点で正しくないのか」ということを、文章のトピックに注目しておさえましょう。

image
正しくない

❶ **正しくない・みっともない・思いがけない**

❶**これほど汚く濁り、まさなき心にては、いかでか本願に相応すべき。**〈沙石〉

訳 これほど汚く濁り、正しくない心であっては、どうして（阿弥陀仏の）本願にかなうことができようか、いやできない。

類

□057 **わろし** 形

□143 **びんなし** 形

294 ものし

物し

形：シク

image ものの けが いる！

❶ 不気味だ・不愉快だ

この場合の**「もの」**とは**「見えないけれど、何かいる…」という存在**、つまり「もののけ」です。「ものし」は「物（の怪）し」ということになり、**「不気味だ・不愉快だ」**という意味になりました。

❶をかしき古言《ふること》をもはじめより取り込みつつ、すさまじき折々詠みかけたるこそ、**ものしき**ことなれ。〈源氏〉

訳 趣のある古歌を初句から取り入れては、興ざめな折々に（歌を）詠みかけているのは、不愉快なことだ。

類

□**けうとし**［形］

①親しみにくい

②気味が悪い

□**うとまし**［形］

①いやだ

②気味が悪い

295 こちごちし

骨骨し

形：シク

image ゴツゴツ している

❶ 無風流だ・無骨だ

「〇〇し＝とても〇」なので（▼p.61）、**「骨骨《こちごち》し」**は**「とても骨だ」**→**「ゴツゴツして洗練されていない」**というイメージになります。「スムーズではなく、ゴツゴツぶつかる固さ＝無風流」を表した語です。

❶船君《ふなぎみ》の病者《ばうざ》、もとより**こちごちしき**人にて、かうやうのことさらに知らざりけり。〈土佐〉

訳 船主である病人は、元来無風流な人で、このようなこと（＝和歌を詠むこと）をまったく知らなかった。

類

□296 **かたくななり**［形動］

□**こちなし**［形］

①不作法だ・無骨だ

□**こころなし**［形］

①風流心がない

②思いやりがない

第四章

問一　傍線部の現代語訳として最も適当なものを選びなさい。

標 ①今日は何某《なにがし》の国より貢物《みつきもの》贈るとて、**さりあへぬまで行きかひたり**。〈上智大／岡部日記〉

ア 避けることができないくらい多くの人が行き違った。
イ やむをえず、行ったり来たりした。
ウ ことわりきれないくらいに、往来には人がいた。
エ さりげなく、たがいに道をゆずりあっていた。

標 ②蛍はたぐふべきものもなく、景物の最上なるべし。水に飛びかひ**草にすだく**。〈青山学院大／鶉衣《うずらごろも》〉

ア 草に集まる　**イ** 草から飛び立つ
ウ 草のあたりで鳴く　**エ** 草のあたりを上下する
オ 草のあたりに巣を作る

問二　傍線部を現代語に訳しなさい。

基 ③流れ流れ行く水を**むすびあげて**、食物《じきもつ》なんどかまへて、女にも食はせ、我等なども食ひてけり。〈立教大／今昔物語集〉

標 ④心ざしありて、（川ヲ）渡らむとあらむに、**渡し守、などてかいなび申さむ**。〈関西学院大／俊頼髄脳《としよりずいのう》〉

標 ⑤人のとりえたらむものを、**あやなくとりなんも**罪深しと思ひて、〈明治大／鬼神論〉

難 ⑥（姫君タチハ）いと心細き古里にながめすごしたまひしかど、**はかばかしく御乳母《めのと》だつ人**もなし。〈千葉大／堤中納言物語〉

難 ⑦泉の大将、故左のおほいどのにまうでたまへりけり。ほかにて酒などまゐり、酔ひて、夜いたくふけて、**ゆくりもなくものしたま**

入試解法

① 【246 あふ】「あふ」は、多く「あへず（…しきれない）」という形で使われます。「さり」は「避る」の連用形。ラ変の「さり（そうである）」という指示語の場合もあるので注意。

② 【251 すだく】「すだく」は「集《しゅう》だく」と覚えるとすぐ解けます。**ウ**「鳴く」の意もありますが、蛍は鳴かないので不正解。

③ 【254 むすぶ】他動詞は目的語とセットでとらえましょう。「水を」と目的語が明記されていますね。「食物を用意する」ことと並列されている動作ととらえれば、自然と「水をすくいあげる」ことだとわかるはずです。

④ 【269 いなぶ】「などてか」は「どうして」という意味で、疑問・反語どちらにもとれます。この文は、前半が「志がある」とプラス⊕の内容なので、後半が「いなぶ＝NOと言う・断る」というマイナス⊖の内容のままだと矛盾します。そこで、「などてか」を反語ととらえ、「打消」にパラフレーズすると、前半・後半ともにプラス⊕になり、内容に整合性が出ます。

⑤ 【290 あやなし】「あやなし」は「わけがわからない」の意ですが、ここは「他人が取ることができたものを奪う」にかかっているので、「わ

へり。

〈中央大・改／大和物語〉

問三　空欄Xに入る「もったいない、惜しい」の意の語を選びなさい。

標⑧若くて失《う》せにし、いといとほしく［X］なん。〈南山大／増鏡〉

ア うたてしく　**イ** ゆゆしく　**ウ** おほけなく

エ いたはしく　**オ** あたらしく

現代語訳・解答

①今日はどこそこの国から貢ぎ物を贈ってくるということで、ァ**避けることができないくらい多くの人が行き違った。**

②蛍は比類するものもなく、景物の最上のものであろう。水辺に飛び交いァ**草に集まる。**

③流れ流れ行く水を**すくいあげて**、食べ物などを用意して、女にも食べさせ、自分たちも食べた。

④志があって、（川を）渡ろうとしたなら、**渡し守は、どうして断り申し上げるだろうか、いや断らないだろう。**

⑤他人が取ることができたものを、**わけもなく奪ったとしたらそれも〔奪ってしまうようなことも〕**罪深いことだと思って、

⑥（姫君たちは）たいそう心細い実家で物思いにふけって過ごしなさっていたが、**しっかりと世話する乳母のような人**もいない。

⑦泉の大将が、故左大臣のところに参上なさった。よそで酒など召し上がり、酔って、夜がひどく更けてから、**突然いらっしゃった。**

⑧若くして亡くなってしまったのは、とても気の毒でォ**惜しい**ことです。

けもなく」などとしましょう。「なん」は連用形に接続しているので、「ぬ」の未然形＋「ん（む）」。下に名詞を補えば「…ようなことも」、補わないなら「ん」は仮定で「…たとしたらそれも」となります。

⑥**【275はかばかし】**「乳母」は、昔の貴族の子女にとって大切な存在でした。高貴な女性は自分では子供にお乳をやらなかったので、貴族の子女は、乳母を本当の母以上に頼ったのでした。乳母が「はかばかしき（しっかりした）」人物であることは、特に、家にいて外界との接点のない姫君たちにとっては、よい結婚相手を選ぶための大切なファクターだったのです。

⑦**【289ゆくりなし】**「ゆくり（も）なし」は「突然」。「ものす」は、ここでは、最初の文に出てきた「故左のおほいどのにまうで」の代動詞です。第一文で何が起きたかをザックリ述べています。そして、第二文で、そこに至るまでの状況を細かく説明し、第一文と同じ「左大臣のところに突然参上なさった」という内容に戻るわけですが、同じ言葉を繰り返さず、「ものす」と言い換えたわけです。

⑧**【273あたらし】**「若くして亡くなった」人は「あたらしく（惜しく）」思えるものです。

296 かたくななり

頑ななり

形動：ナリ

image 偏屈

❶愚かだ・見苦しい・ねじけている

❷風流・道理・情趣を理解しない

「かた」は「片」で「不完全なこと」。「くな」は「くなっと曲がっていること」。つまり、**「不完全で片寄って曲がったまま、カチンと固くなった感じ」**なのです。そこから❶**「愚かだ・見苦しい」**が「かたくな」という意味が生まれました。現代語の「かたくなだ＝頑固だ」の意味とは少し違いますね。また、**「風流」**は「風のように柔軟に流れる心」あってこそ理解できるので、**「かたくな」な人には理解できません。**

❶**翁、門《かど》をえ開けやらねば、寄りてひき助くる、いと<u>かたくななり</u>。**〈源氏〉

訳 老人が、門を開けきることができないので、（女が）近寄って引っ張り助けるのが、とても<u>見苦しい</u>。

❷**ことに<u>かたくななる</u>人ぞ、「この枝、かの枝散りにけり。今は見所なし。」などは言ふめる。**〈徒然〉

訳 特に<u>情趣を理解しない</u>人は、「この枝も、あの枝も散ってしまった。今は見るところがない。」などと言うようだ。

類

□295 **こちごちし** 形

□**こちなし** 形 ①不作法だ・無骨だ

□**こころなし** 形 ①風流心がない ②思いやりがない

□□□

297 むげなり

無下なり

形動：ナリ

image これ以下がない

❶ひどい・最悪だ・身分がとても低い

❷〈連用形「むげに」で〉ひどく・やたらと

□□□

「無下」は当て字ですが、**「下が無い」**という意味を覚えるにはピッタリの漢字。**「下がないほど最悪・最低」**という意味ですが、どのような点でマイナス㊀であるかは、文脈で判断しましょう。

入試解法 **「身分」**に使われる場合もあります。**連用形「むげに」の形❷も頻出**です。

❶弓矢取る者の矢一つにて死なんずるはむげなることぞ。〈義経〉

訳 弓矢を取る者（＝武士）が矢一本で死ぬのは最悪なことだよ。

❷急ぎ寄りて見れば、むげに弱くなりて頼もしげなし。〈今昔〉

訳 （僧が母のもとに）急いで近寄ってみると、（母は）ひどく衰弱して頼りない様子だ。

298 とみなり

頓なり　形動・ナリ

❶ **急だ**

❷ 〈多く下に打消表現を伴い、「とみに」の形で副詞的に〉**急に・急には**

image 急!

「とみ」は**「とん〈頓〉」**。現代でも「頓死（＝急死）」などで使われる漢字で、**「急」**という意味があります。

入試解法 頻出なのは、**語幹用法「とみ＋の＋体言（＝急ぎの…）」**の形と、**副詞的な用法「とみに＋動詞＋打消（＝急には…ない）」**の二つです。

❶十二月《しはす》ばかりに、とみのこととて御文あり。〈伊勢〉

訳 十二月頃に、急ぎのことといってお手紙が届く。

❷殿に帰り給ひても、とみにもまどろまれ給はず、〈源氏〉

訳 お邸にお帰りになっても、急にはお眠りになれず、

類

□ 289 **ゆくりなし**［形］

□ 299 **うちつけなり**［形動］

□ **にはかなり**［形動］

①突然だ

299

うちつけなり

打ち付けなり

形動：ナリ

image
突然の打撃！

❶ 突然だ
❷ 軽率だ

何かをいきなり打ちつけたときのように、**瞬間的で、心が衝撃を受ける様子**を表した語です。相手の都合もおかまいなしに**突然何かをする**❷「**軽率さ**」を表す場合にも用いられます。

入試解法　「088**やがて**」「089**すなはち**」など「**すぐに**」の意になるグループと、「298**とみなり**」「**うちつけなり**」など「**突然だ・急だ**」の意になるグループを混同しないように注意しましょう。

❶**うちつけに海は鏡のおもてのごとなりぬれ**ば、〈土佐〉

訳 **突然に**海は鏡の表面のように（波がなく）なったので、

❷ものや言ひ寄らましと思せど、**うちつけに**や思さむと**心恥づかしくて、やすらひ給ふ。**〈源氏〉

訳（源氏は姫君に）何か言って近寄ろうかしらとお思いになるが、（姫君が）**軽率だ**とお思いになるだろうかと気が引けて、ためらいなさる。

類
□289**ゆくりなし**〔形〕
□298**とみなり**〔形動〕
□**にはかなり**〔形動〕
①突然だ

□□□

300

あやにくなり

生憎なり

形動：ナリ

image
ああ憎い！

❶ 意地が悪い・ひどい
② あいにくだ・都合が悪い

□□□

感動詞「あや（＝ああ）」＋形容詞「憎し」の語幹で、**「ああ憎い！」**が原義です。そこから❶**「意地が悪い」**、現代語と同様の②**「あいにくだ」**の意が生まれました。

入試解法 ②は**プラス⊕の理想・予想に反するマイナス⊖の状態を表す**ので、両面（⊕・⊖）の内容を考えてみましょう。

❶さらに知らぬよしを申ししに、**あやにくに**強《し》ひ給ひしことなど言ひて、〈枕〉

訳 まったく知らない旨を申し上げたのに、意地悪く無理強いなさったことなどを言って、

②**あやにくなる**雨はいかがはせむ。〈落窪〉

訳 あいにくの雨ではどうしようもない。

関

□**あやにくがる**［動］

①いやがる・意地を張る

理想⊕＝晴れ

⬍

現実⊖＝雨

301 はつかなり

僅かなり

形動：ナリ

image 「はつか」は「わずか」

❶ **ほんの少しだ**

❷ 〈連用形「はつかに」で副詞的に〉**ほんの少し**

□□□

「はつか」の「はつ」は「初」。**物事をはじめたばかりなので、少ししか進んでいない状態**です。同義語に「わづかなり」（現代語では「わずか」）があります。「はつか」と「わづか」は音も似ているので、**「はつか」は「わづか」**と唱えれば簡単に覚えられます。

❶物越しに、**はつかなり**つる対面なむ、残りある心地する。〈源氏〉

訳 物を隔てて、ほんの少しだった対面が、名残惜しい気持ちがする。

❷蓬葎《よもぎむぐら》の中より秋の花**はつかに**咲き出《い》でて、池広きに月おもしろく映れり。〈宇津保〉

訳 蓬や葎の中から秋の花がほんの少し咲き出て、広い池に月が美しく映っている。

類

□165 **あからさまなり**［形動］

□**わづかなり**［形動］

①ほんの少しだ

302

おぼろけなり

形動：ナリ

image
ボンヤリ平凡→非凡！

❶〈多く下に否定表現を伴って〉**普通だ・並一通りだ**

❷〈「おぼろけならず」からの影響で〉**普通ではない・並々でない**

入試解法

❶と❷の関係に注目。**一語のうちに正反対の意味を持っています。主に「おぼろけならず（＝普通ではない）」の形で用いた**ので、「おぼろけなり」自体に「おぼろけならず」と同じ意味が生じました。「なにげなく」の打消を除き「なにげに」と言ったり、逆に、本来「負け嫌い」なのに「負けず嫌い」と言ったりするように、「打消」が意味をなさなくなった例は現代語にもあります。

「おぼろけの」の形も頻出です。

❶「**誰《たれ》ならむ。おぼろけにはあらじ。**」とささめく。〈源氏〉

訳「（源氏が迎えた女は）誰だろうか。**普通の**人ではあるまい。」とうわさをする。

❷**おぼろけの願《ぐわん》によりてにやあらむ、風も吹かず、よき日出《い》で来て、漕ぎゆく。**〈土佐〉

訳**並々でない**祈願によってであろうか、風も吹かず、よい日和になってきて、（船を）漕いで行く。

❖この「おぼろけ」は「おぼろけなり」の語幹用法（▼p.98）です。

関

□**おぼろけならず**［連語］

①普通ではない・格別だ

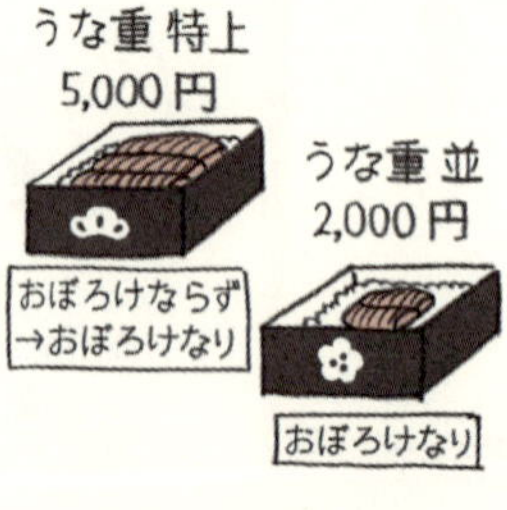

303

なのめなり

斜めなり

形動：ナリ

image
斜めは普通→格別！

❶**普通だ・いいかげんだ**

②〈「なのめならず」からの影響で〉**格別だ**

「ななめなり」とも言います。**「斜め」**はもともと**「いいかげん」**という意味。人間は、多少いいかげんなのが「普通」ですよね？ そこから❶の意味が出現しました。**「なのめならず」と打消を伴って用いられることが増えた**結果、「302 おぼろけなり」と同じように②の意味が生まれました。

❶**なのめに**かたほなるをだに、人の親はいかが思ふめる。〈源氏〉

訳 **いいかげんで**未熟な子でさえ、その人の親はどう思うだろうか（愛しく思うだろう）。

②主《あるじ》**なのめに**喜びて、またなき者と思ひける。〈文正〉

訳 主人は**格別に**喜んで、またとない者だと思った。

関 □**なのめならず**［連語］ ①普通ではない・格別だ

304

うべなり・むべなり

宜なり

形動：ナリ

image
うん、納得！

❶**もっともだ**
❷〈「うべ」「むべ」で〉**なるほど**

□□□

「うべ」は**「うん!」と納得すること**で、「うべなり」はそれが形容動詞化した語です。ちなみに、「うべなふ」は「承諾する（うん!と言う）」の意の動詞です。「うべ」は平安中期以降**「むべ」**とも記されました。**語幹「うべ」「むべ」**のみで❷**「なるほど」**という意味でも使われます。

❶熊の棲《す》む苔《こけ》の岩山おそろしみ**むべなりけり**な人も通はぬ〈山家集〉

訳 熊が棲む苔が生えた岩山は恐ろしいので、**もっともだ**なあ、人も通わないのは。

❷**うべ**、かぐや姫好《この》もしがり給ふにこそありけれ。〈竹取〉

訳 **なるほど**、かぐや姫が欲しがりなさりそうなものだなあ。

関 □**うべうべし・むべむべし**［形］ ①もっともらしい

類 □095 **げに**［副］

！例文❶「おそろしみ」の「み」は「…ので」という意味を表す接尾辞です。

305

まほなり

真秀なり・真穂なり

形動：ナリ

image 完全無欠

❶ 完全だ・整っている

□□□

「片」が「欠けている不完全な状態」なのに対して**「真」**は**「完全な状態」**のこと。**「ほ」**は「穂」のように**「際だつ部分」**なので、「まほなり」は**「完全だ」**という意味のプラス⊕の語です。

入試解法 **対義語「かたほなり」**もよく問われます。セットで覚えましょう。

❶ **山の端《は》の光やうやう見ゆるに、女君の御容貌《かたち》のまほにうつくしげにて、**〈源氏〉

訳 山の端の日の光が次第に見えてくると、女君のお顔立ちは整っていてかわいらしい様子で、

対 **いまだ堅固《けんご》かたほなるより、上手の中にまじりて、**〈徒然〉

訳 まだまったく未熟なうちから、上手な人の中にまじって、

対

□ **かたほなり**［形動］

① 不完全だ・未熟だ

306

ほだし

絆

名

image 束縛するもの

❷ ① 束縛
(出家などの) 障害・妨げ

□□□

もともとは馬の足につけて逃げないようにする綱のこと。そこから❷**「出家などの障害・妨げ」**という意味でよく使われ、内容把握に大変重要な役割を果たします。

入試解法 「出家」は文字通り「家を捨てる」ので、**「妻子・親」などへの愛情が決心を鈍らせます。「ほだし」が「具体的に何を表しているか」**と問われたら、文中で妻子などの**「愛する人」**の記述を探しましょう。

❷**まづ思し立たるることはあれど、またさまざまの御ほだし多かり。**〈源氏〉

訳 （源氏は父桐壺帝の死後）まず自然と思い立たれなさること（＝出家）はあるが、またさまざまなご障害が多い。

❖この場面での源氏にとっての「ほだし」とは、義母・藤壺中宮、結婚したばかりの妻・紫の上、長男・夕霧など、周囲のなじみ深い人々を指しています。

関 □**ほだす**［動］①束縛する

307 ものがたり

物語 名

image おしゃべり

❶世間話

□□□

「もの」とは「実体のないもの」、「かたる」とは「相手へ説得力をもってさまざまな場面で発する言語行為」です。つまり、**何となくする「おしゃべり」が「ものがたり」**。〈story〉ではありません。

❶**御前に人のいと多く候へば、廂《ひさし》の柱に寄りかかりて、女房と物語などしてゐたるに、**〈枕〉

訳 （中宮様の）御前に人がとても多く伺候《しこう》しているので、廂の間の柱に寄りかかって、（同僚の）女房と世間話などをして座っていると、

308

よろこび

喜び・悦び 名

image 任官のお礼

❶お礼（をすること）
❷国司などの任官・官位の昇進
③祝い事・祝辞

□□□

現代語と同じ「うれしい気持ち」を表す「よろこび」。古語の「よろこび」にはそれに加え、**うれしい気持ちをもたらした存在に対する「お礼」**の意味、特に**「任官のお礼」**という意味があります。国司の地位を得ることは収入増大を意味したので、大臣以下の官吏を任命する行事「除目《じもく》」は一大イベント。希望の国の地方長官「受領《ずりょう》」になった人は**「よろこびまうし（＝任官などのお礼を申し上げること）」**をしました。

❶**必ず参れ。この柑子《かうじ》のよろこびをばせんずるぞ。**〈宇治〉

訳 必ず（京の住まいに）参上せよ。このミカンのお礼をしようよ。

❷**たのむ人のよろこびのほどを、心もとなく待ちなげかるるに、**〈更級〉

訳 あてにする夫の任官のときを、じれったく待ちわびずにいられないでいると、

③**いとありがたきことなれば、親しき疎き、よろこびを言ふ。**〈十訓〉

訳 本当にめったにないことなので、親しい者も疎遠な者も、祝辞を言う。

類 □175こころざし［名］

関 □よろこびまうし［名］ ①任官などのお礼を申し上げること

よろこび
任命していただき
ありがとうございます

309

ふるさと

古里・故郷 名

image 古なじみの場所

❶旧都
❷昔なじみの土地
③故郷

□□□

❶は「**昔都があった場所**」の意です。③は出題がまれです。

入試解法 ❶が頻出です。また、「なみださへしぐれにそへてふるさとはもみぢのいろもこさぞまされる」の和歌の掛詞は「**降る**」と「**古**」ですが、「故郷」と書かないように注意しましょう（早稲田大で出題）。

❶**ふるさととなりにし奈良の都にも色は変はらず花は咲きけり** 〈古今〉

訳 旧都となった平城京にも、色は変わらず花は咲いていることだなあ。

❷**住みなれしふるさと、かぎりなく思ひ出《い》でらる。** 〈更級〉

訳 住み慣れた昔なじみの土地が、この上なく（懐かしく）思い出される。

類 □**さと**〔名〕 ①実家・生家・自宅

❗宮中の女性が病気や出産などで実家に戻ることを「里下がり」と言います。また、皇子や后《きさき》が女方の実家で過ごすことを、「内裏《うち》住み」に対して「里住み」と言いました。

310 おこたり

怠り 名

image 怠慢→ミス→謝る

❶ 過失・怠けること

❷ 謝罪・過失をわびること

□□□

動詞「020 おこたる」が名詞化した語です。現代語の感覚で「**怠けること**」とわかりますね。「**怠け**」たので❶「**過失**」**が生じ**、❷「**謝罪**」**するはめになった**、とストーリーを作ったら、もう覚えられましたね！

入試解法 現代語にない❷の意味が狙われやすいです。

❶**久しく訪れぬ頃、いかばかり恨むらんと、わが怠り思ひ知られて、** 〈徒然〉

訳 長い間（女のもとを）訪れなかった頃、どれほど恨んでいるだろうかと、自分の過失が自然と思い知られて、

❷**われ悪《あ》しく心得たりけるぞと、怠り申しにまうでたるなり。** 〈無名〉

訳 私の方がまちがって理解していたのだなあと、謝罪を申し上げに参上したのです。

第四章

311 かごと

託言

名

動詞「262かこつ」＋「言」で、**「かこつける言葉」**の意味。つまり「他者に責任転嫁して、かこつける言葉」→**「ぐち・言い訳」**のことです。

image 責任転嫁の言葉

❶ぐち・言い訳

❶**いたう濡《ぬ》れにたるかごとも聞こえさせむかし。**〈源氏〉

訳 （霧のために）たいそう濡れてしまったぐちも（姫君に）申し上げたいよ。

関

□262**かこつ**［動］

□**かごとがまし**［形］ ①ぐちっぽい

□**かごとばかり**［連語］ ①申し訳程度に

312 こころばせ

心馳せ

名

「対象に向かって心を馳《は》せること」を意味します。相手の思いに心を馳せることが❶**「機転・気配り」**、またそのようなことができる心のありさまが❷**「気だて・性質」**です。❷は特に、**人間のよい性質**について用います。

image 行きわたる心

❶機転・気配り
❷気だて・性質

❶**心ばせある人だにも、物につまづき倒るることは、常のことなり。**〈宇治〉

訳 機転がきく人でさえも、物につまずいて倒れることは、当たり前のことである。

❷**姫君は、心ばせ静かによしある方《かた》にて、**〈源氏〉

訳 姫君は、気だてが穏やかで奥ゆかしいお方で、

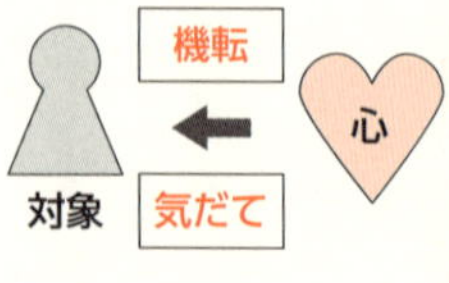

313 こころばへ《エ》

心延へ　名

「心の働きが外に現れること」を表します。「延長されて周囲を漂う心」→❶**「人の気だて・性質」**、❷**「(物事に表れた)趣・風情」**という意味です。「312こころばせ」とは異なり、人間以外の物事についても用いる言葉です。

image　外に延びる心

❶気だて・性質
❷趣・風情

❶**この大将は、御心ばへもかたちも、人にすぐれてめでたくおはせし人なり。**〈大鏡〉

訳 この大将は、お気だても容貌も、人よりすぐれて立派でいらっしゃった人である。

❷**巌《いは》に生《お》ひたる松の根ざしも、心ばへあるさまなり。**〈源氏〉

訳 岩に生えている松の根の張り具合も、趣がある様子である。

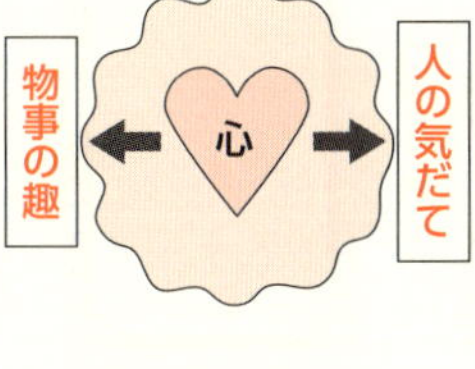

314 こころづくし

心尽くし　名

現代語の感覚だと「心をつくす」→「努力」というプラス⊕イメージがわきますが、まったく違い**「物思い(マイナス⊖の気持ち)の限りをつくすこと」**です。

image　消耗する心

❶物思いの限りをつくすこと

❶**木《こ》の間より漏り来る月の影見れば心づくしの秋は来にけり**〈古今〉

訳 木の間から漏れてくる月の光を見ると、物思いの限りをつくす秋が来たことであるよ。

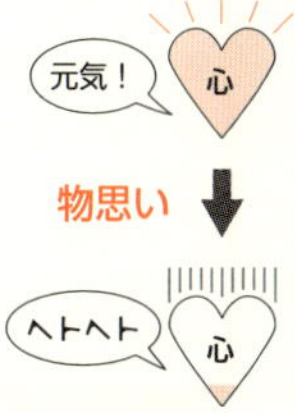

315

おもておこし

面起こし 名

image 顔が立つこと

❶**光栄・面目をほどこすこと**

「おもて」は「社会に対して見せている表面の顔」のこと。「おもておこし」とは**「面を社会に向けて起こしておける、顔が立つように感じる状態」**を表します。対義語は「おもてぶ(ふ)せ〈面伏せ〉」です。

❶**何ごとにもはかばかしからぬみづからのおもておこしになむ。**〈源氏〉

訳 何ごとにおいてもぱっとしない私自身の面目をほどこすことに（なるでしょう）。

関 □**おもだたし**[形] ①光栄だ

対 □**おもてぶ(ふ)せ**[名] ①不名誉・面目が立たないこと

316

たづき

方便 名

image 手がかり

❶**手段・生活の手段・仕事**

「たづき」は**「手付き」**で、**「手がかり」**という意味。そこから**「手段」**→**「生活していく手段」**→**「仕事」**と派生しました。

入試解法 **「世を渡るたづき（＝生計を立てる手段）」**というフレーズで頻出です。

❶**ある者、子を法師になして「学問して因果の理《ことわり》をも知り、説教などして世渡るたづきともせよ。」と言ひければ、**〈徒然〉

訳 ある人が、子供を法師にして「学問をして因果応報の道理をも知り、説教などをして生計を立てる手段ともせよ。」と言ったので、

関 □**たづきなし**[形] ①手段がない・よりどころがない

類 □174 **よすが**[名] □178 **たより**[名]

317

あらまし

有らまし・粗まし

名

「まし」は「現状と異なる状況を仮に想像してみる」という**反実仮想の助動詞**です。**「こうあったらいいな」**から❶の意味が生じます。「粗まし」という漢字があたる②は、「粗く＝ざっくり」述べることです。

image
仮想プラン

❶予期・計画
②粗く述べること・概略（＝現代語）
③〈副詞的に〉おおよそ

❶**かねてのあらまし、みな違《たが》ひゆくかと思ふに、おのづから違はぬこともあれば、いよいよ物は定めがたし。**〈徒然〉

訳 かねてからの計画は、すべて外れてしまうのかと思うと、偶然に外れないこともあるので、ますます物事は予定しにくい。

関
□**あらましごと**［名］
①予期（願望）する事柄
□**あらます**［動］
①予期する・願望する

318

ひな

鄙

名

「宮殿〈宮〉がある所」＝**「みやこ」から遠い所**を「ひな」と言います。「都」はプラス⊕の価値を持つので、**マイナス⊖の意味で使われることが多い**語です。「人の国」も「田舎・地方」「外国」を表します。

image
ひなびた場所

❶田舎

❶**慣らはぬひなの草の庵《いほ》、何にたとへん方もなし。**〈平治〉

訳 慣れない田舎の草ぶきの庵は、何にたとえようもない。

類 **男、人の国の守《かみ》になりて下りければ、**〈大和〉

訳 男は、地方の長官になって下っていったので、

関
□**ひなぶ**［動］
①田舎びる
□**ひとのくに**［名］

類
①田舎・地方
②外国

319 さるは

然るは

接

image

A＋B

A⇔B

❶**それというのも実は**（A＋B）

②**その上**（A＋B）

❸**それなのに・けれども**（A⇔B）

「さるは」の「さる」は、「さり（＝そうである）」というラ変の指示語の連体形で、前の情報を表します。**「AさるはB」**で**「Aに書かれていることを取り上げて、Bで隠れた面を強調する」**のが❶、**「AにBをプラスする」**のが②、**「Aに対して逆の情報Bを与える」**のが❸と考えましょう。

入試解法 ❸は**AとBが逆接**になるので、B**に重要な内容や主張**が置かれやすく、文章読解のキーポイントになります。

❶**少し涼しう風も吹き出《い》でなむ。さるは、今日秋立つ日にこそあれ。**〈宇津保〉

訳 少しは涼しく風も吹き出してほしい。**それというのも実は**、今日は立秋なのだ。

❸**うち解くまじきもの。えせ者。さるは、よしと人に言はるる人よりも、うらなくぞ見ゆる。**〈枕〉

訳 油断できないもの。いやしい身分の者。**それなのに**、立派だと人に言われる人よりも、心の隔てがないように思える。

関

□**さりとて**［接］ ①そうであっても

□**さりとも**［接］ ①そうはいっても

□**さる**［連体］ ①そのような ②立派な

□**さるを**［接］ ①それなのに

□**されど**［接］ ①そうではあるが

□**されば**［接］ ①そうだから

□□□

320 うたて

副

image

打たれてイタタ～

❶**いやだ**

❷**情けなく**

□□□

イヤな気分を表すマイナス㊀の言葉。語源は「うたた」。イヤなことがあったときや、気にくわない人や物に対して、「あ、痛たた～」「イタいね～」という、そんなイメージでとらえましょう。

入試解法 **「うたてあり」「うたてし」などの派生語も頻出。**下段でおさえましょう。

❶**篳篥《ひちりき》はいとかしがましく、（中略）うたてけぢかく聞かまほしからず。**〈枕〉

訳 篳篥（の音）はたいそうやかましく、（中略）いやで間近では聞きたくない。

❷**このたび世のありさま、げにいとうたて口惜しきわざなり。**〈増鏡〉

訳 このたびの世の中のありさまは、本当にたいそう情けなく残念なことである。

関

□**うたてあり**［動］
①いやだ・不快だ

□**うたてし**［形］
①いやだ
②気の毒だ

▲篳篥

321 ここら

副

image うじゃうじゃ

❶たくさん
②たいへん

□□□

「ここら」は**「たくさん」**。同様の形の語に、「ここだ」「そこら」などがあり、みな同じ意味です。「ら」は、現代語の「これ、いくら?」の「ら」と同じで、量を表します。類義語に「094あまた」があります。

入試解法 **「ここら辺」という意味ではない**ので注意しましょう。

❶**思ひあまりてこそ、ここらの人の御中に、君にしも聞こゆれ。**〈宇津保〉

訳 思案にあまったからこそ、たくさんの人の中で、特にあなたに申し上げるのだ。

②**ここら多くおはする宮たちの御中に、**〈栄花〉

訳 たいへん多くいらっしゃる宮様方の中に、

類

□094**あまた**［副］

□**ここだ・ここだく**［副］
①たくさん
②たいへん

□**そこら・そこばく**［副］
①たくさん
②たいへん

第四章

322

やはワら・やをオら

副

「やはら・やをら」は、「やわら〈柔〉」という語と同じ**「そっと」**という意味です。「やわら」は**ソフトで静かなイメージ**がありますよね。「やおらはやわら♪」と唱えて覚えましょう。

image
ソフトで静か

❶ **そっと・静かに**

❶二日ばかりありて、女車のさまにて、**やをらおはしましぬ。**〈和泉〉

訳 二日ほどたって、（恋人の敦道《あつみち》親王は）女車の装いで、**そっと**いらっしゃった。

❖昼間に和泉式部の家を訪れた親王は、人目につかぬよう、女性用の牛車を使ったのです。

類 □069 **みそかなり**〔形動〕

❗現代語でも「やおら」は「そっと」の意で用いますす。「突然」の意で用いるのは誤りなので注意！

□□□

323

かつ〔は〕

且つ〔は〕 副

「〔かつ〔は〕〕A、かつ〔は〕B」の形で用います。A・Bの関係は**「連鎖（→）」「対立（⇔）」**の二つのパターンがあります。

入試解法 「かつ〔は〕」には**必ずA・B二つの要素が存在**します。その関係に注目！

image
A ➡ B
A ⇔ B

❶ **一方では**

❶**蕨《わらび》を折り、木《こ》の実を拾ひて、かつは仏に奉り、かつは家づとにす。**〈方丈〉

訳 蕨を折り、木の実を拾って、**一方では**仏様にお供えし、**一方では**家への土産にする。

❗類似の表現

A【つ・ぬ・たり】、B【つ・ぬ・たり】
（Aしたり、Bしたり）

例 浮きぬ、沈みぬ

訳 浮いたり、沈んだり

□□□

324

かつがつ

克つ克つ・且つ且つ

副

「かつがつ」は、もとは「克つ克つ」。**「こらえ、こらえて克つ」**という原義から、**「どうにかして・やっとのことで」**の意になりました。「不十分ながら一応」という文脈で**「とりあえず」**と訳す場合もあります。

image こらえて こらえて

❶どうにかして・やっとのことで
❷とりあえず・ひとまず

❶**思ふこと、かつがつかなひつる心地して、涼しう思ひゐたるに、**〈源氏〉

訳 願っていたことが、やっとのことでかなった気がして、すがすがしいと思っていたところ、

❷**かつがつ式神《しきがみ》一人、内裏《だいり》へ参れ。**〈大鏡〉

訳 とりあえず式神一人、宮中へ参上せよ。

関 □323 **かつ〔は〕**〔副〕

類 □**からくして**〔副〕
①やっとのことで

□□□

325

おのがじし

己がじし

副

「おの〈己〉」とサ変動詞「す」の連用形が重なって生まれた「おのがしし」が語源。**自分でそれぞれのことをする、**というところから、**「おのおの・めいめい」**という意味になりました。

image それぞれ

❶おのおの・めいめい

❶**言ふかひなくて、若き人々、おのがじし心憂がりあへり。**〈堤〉

訳 言っても仕方がなくて、若い女房たちは、おのおのつらいことだと思いあった。

関
□**おのがどち**〔名〕
①仲間同士
□**おのがよよ**〔名〕
①男女が別れてそれぞれ別々の生活をすること

□□□

326

ふりはへ《エ》て

振り延へて

副

「ふりはふ」は、「振り（＝人目を引くようにフリをする）＋這ふ（＝遠くへやる）」→**「わざわざ（振りまくように）何かをする」**という意味ですので、副詞「ふりはへて」は、**「わざわざ」**という意味になります。

image
労力をかけて

❶ わざわざ

❶ **くす師ふりはへて、屠蘇《とうそ》・白散《びやくさん》、酒加へてもて来たり。**〈土佐〉

訳 医師が**わざわざ**、屠蘇・白散（＝漢方薬の一種）に、酒を添えて持ってきた。

関

□ **ふりはふ** 動
①わざわざ…する

類

□ **わざと** 副
①わざわざ

□□□

327

あな

感

感動を表す語で、**「あな＋語幹（＋や）」**の形で用います。語幹は形容詞の場合、**ク活用なら「し」を除いた形、シク活用なら「し」まで（＝終止形）**なので注意しましょう。「330 あなかま」など連語もチェック！

image
感動・感嘆

❶ ああ（…だなあ）

❶ **あなあさましや。などかく奥《あう》なきわざはせさせ給ふ。**〈源氏〉

訳 **ああ**驚きあきれたことだなあ。どうしてこう浅はかなことをなさるのか。

関

□ 330 **あなかま** 連語

□ **あなかしこ** 連語
①ああおそれ多い
②〈下に禁止表現を伴って〉決して…な

□ **あなや** 感
①ああ・あれえ

□□□

328 いで

感

「出《い》づ」の連用形「出で」が語源。**「思い立った！」**というときに使う語で、**主に自分の決意を表す**ときに用います。決意とは「今までぬくぬくしていた自分の枠や殻」から「出る」ことなのです。

image 出でよ！さあ！

❶〈自分の軽い決意を表して〉さあ（…しよう）

②〈他人を誘って〉さあ（…しよう）

❶「下《お》るるか。**いで**、送らむ。」とのたまへば、〈枕〉

訳 （大納言が清少納言に）「退出するのか。さあ、送ろう。」とおっしゃるので、

329 いざ

感

「328いで」が主に自分に向かって「さあやるぞ！」という気持ちを表すのに対し、**「いざ」は主に他者に向かって誘う気持ち**を表します。「いざなふ〈誘ふ〉」の「いざ」と同じです。

image さあ！と勧誘

❶〈他人を誘って〉さあ（…しよう）

❶**いざ**、ただこのわたり近き所に、心やすくて明かさむ。〈源氏〉

訳 さあ、ほんのこのあたりの近い場所で、安心して夜を明かそう。

関 □335 いざたまへ［連語］

第四章

問一　傍線部の現代語訳として最も適当なものを選びなさい。

基①ここは**むげに**人気《ひとげ》も遠くて、故なく心細く思ひ続けられて、〈立教大／今昔物語集〉

ア　むやみに　イ　むなしく　ウ　ちょっと
エ　思いがけなく　オ　まさしく

標②かしこに怪しき桜あり。根は五またにわかれて、囲《かこみ》は牛もかくしつべし。《中略》**ここらのたくみ**の斧《をの》をもれて、いかでかうつつがなく生ひなりけん。〈西南学院大／大原記〉

ア　数多くの大工　イ　熟練した庭師
ウ　由緒ある材木商　エ　近在の刀鍛冶

問二　傍線部を現代語に訳しなさい。

標③（戸ヲ打ツ音ガシテ）むくと起き出《い》でて、**やをら戸を開き見るに**、目にさへぎるものなし。〈京都府立大／新花摘《しんはなつみ》〉

標④れいのあだごともまことしきことも、さまざまをかしきやうにいひて、我も人も**なのめならず笑ひつつ**、はてはおそろしき物語りどもをしておどされしかば、〈宮崎大／建礼門院右京大夫集〉

標⑤昔、徳言といふ人、陳氏ときこゆる女にあひ具したりけり。かたちいとをかしげにて、**心ばへなど思ふさまなりければ**、互ひに浅からず思ひかはして年月を経るに、〈群馬県立女子大／唐物語〉

難⑥昔、伊勢と聞こえし歌読みの女、**世の中すぎわびて、都にも住みうかれなんどして、世にふべきたづきもなく侍りける**が、〈上智大・改／撰集抄《せんじゅうしょう》〉

入試解法

① 【297 むげなり】「むげなり」は「ひどい・最悪だ」などというマイナス㊀の意味ですが、このように連用形で用いられると、「むやみやたらに」という意味になることがほとんどです。

② 【321 ここら】「ここら・そこら」などはすべて「たくさん」という意味。「たくみ」は、通常「職人」ですが、この場合、「ここら」の意味で**ア**を選ぶと、「大工」のことだとわかります。

③ 【322 やをら】「やをら」は「やはら」、つまり「ソフト」の意。「に」は、名詞を上に補わないで訳す「接続助詞」です。「見る（　）目にとまるものはない」という内容なので、「逆接⇕（が）」で訳しましょう。

④ 【303 なのめなり】「なのめなり」は「普通だ」の意ですが、たいてい「なのめならず」で用います。ここでは「ず」が連用形なので、副詞的に訳しましょう。「格別に」とすると、プラス㊉の内容にかかる意になってしまいますが、ここは「おかしいことを言って笑い合っている様子」が甚だしいということなので、違和感がありますね。「並々でなく・尋常でなく」などと訳すとよいでしょう。

⑤ 【313 こころばへ】陳氏という女性が、「かたち

問三　傍線部の意味を表す現代語を漢字二字の熟語で書きなさい。

標⑦**とみ**のことなどの出《い》で来たらむに、（従者ガ主人ニ）告げ知らせざらむ、またいふかひなし。

〈明治大／十訓抄〉

現代語訳・解答

①ここはァ**むやみに**人の気配も遠くて、わけもなく心細く自然と思い続けられて、

②あそこに不思議な桜がある。根は五またに分かれて、周囲（の太さ）はきっと牛も隠してしまうだろう。《中略》ァ**数多くの大工**の斧から逃れて、どうやってこう無事に成長したのだろうか。

③（戸を打つ音がして）むっくりと起き出して、**そっと戸を開けて見るが**、目にとまるものはない。

④いつものように冗談もまじめな話も、いろいろとおかしいように言って、私も人も**並々でなく笑い続けて**、ついには恐ろしい話などをして脅かしなさったので、

⑤昔、徳言という人が、陳氏と申し上げる女と連れ添っていた。（陳氏は）容貌がたいそう美しく、**性格なども理想的だったので**、互いに深く愛し合って年月を過ごしていたが、

⑥昔、伊勢と申し上げた歌詠みの女が、**世の中で暮らしていくのに困窮して、都にも落ち着いて住めなくなって、世の中で生きていくことができる手段もありませんでした**が、

⑦**緊急**の用事などが出てくるようなときに、（従者が主人に）告げ知らせないのは、また情けないことだ。

（容貌）」が美しく㊉、なおかつ（接続助詞「て」の前後は矛盾がないので）、「心ばへ（性質・性格）」もプラス㊉だという内容になります。接続助詞「ば」の前後も必ずリンクさせて、矛盾のない解答を作りましょう。「お互いに深く愛し合って長年一緒にいる」のですから、陳氏の性格が「男性の望み通り」でないといけません。「思ふさまなり」は、「理想的だ」という意味で、よく使われる言い回しです。

⑥**【316たづき】**「世の中すぎわぶ」の「動詞の連用形＋わぶ」は「…しかねる」の意です。現代語で、「身過ぎ世過ぎ」という言葉がありますが、ずばり「生計（生活していく手立て）」のこと。伊勢という歌人が、暮らしに困っていて、都でも「住みうかる（浮くように住む＝落ち着いて住めない）」状態で、世間で生きる「たづき（生計を立てる手段）」もなかったという「困窮した状態」にあることを一貫して述べています。その後、彼女は石清水八幡宮に歌を奉納して、その功徳で豊かな男性と結婚するという、いわゆる玉の輿《こし》に乗ります。このようなパターンの説話を「歌徳説話」と言います。

⑦**【298とみなり】**「とみ」は「急」なので、字数指定に合わせて、「緊急」とします。

入試トライ④「言葉」は人をつなぐ道具！（302「おぼろけなり」）

☆次の文章を読んで、後の問に答えなさい。

忠盛《ただもり》また仙洞《せんとう》に最愛の女房をもてかよはれけるが、ある時その女房のつぼねに、端《つま》に月いだしたる扇を忘れていでられたりければ、かたへの女房たち、「(1)これはいづくよりの月影ぞや。いでどころおぼつかなし」とわらひあはれければ、かの女房、

〔A〕雲居よりただもりきたる月なればおぼろけにては言はじとぞおもふ

とよみたりければ、いとどあさからずぞ思はれける。薩摩守忠度《さつまのかみただのり》の母これなり。似るを友とかやの風情に、忠盛もすいたりければ、かの女房も優なりけり。

〈筑波大／平家物語〉

＊忠盛…鳥羽院の近臣であった平忠盛。　＊仙洞…院の御所。

問　傍線部(1)「これはいづくよりの月影ぞや。いでどころおぼつかなし」とあるが、これとAの歌とのやりとりのおもしろみはどのようなところにあるのか、説明せよ。

入試解法

①「問と答」をセットでとらえる。

月の絵が描かれた扇についての問答です。

【問】傍線部(1)「これはいづくよりの月影ぞや（どこから出た月か？）」「おぼつかなし」

【答】女房の和歌Ａ「雲居よりただもりきたる」「おぼろけにては言はじ」

②設問からヒントをつかむ。

設問から、このやりとりにおもしろみ⊕があるということがわかります。物事のおもしろみは、「裏がある」ことから生じます。同僚の女房たちは「笑って」質問しているので、「女房の恋人は忠盛」だと知っていて、月に託して忠盛のことを問いかけたと考えられますね。

③和歌の掛詞をおさえる。

「月」を用いて恋人のことを問われたのを受けて、女房は「ただもり」を「（月の光が）ただ漏り」と「忠盛」の掛詞として答えたのです。問の「おぼつかなし（はっきりしない→恋人を知りたい）」に対し、女房は和歌で「302おぼろけなり＋打消」と答えています。つまり、「天からまっすぐに漏れてきた月なので、並たいていのことでは言うまい」と表面的には回答を拒絶しているのですが、実は「雲

Lucky item ④　玄武（げんぶ）

北の守護神。五行思想では「水」をつかさどる。

【訳】忠盛はまた院の御所に最愛の女房をもってお通いになっていたが、あるときその女房の部屋に、端に月が出ている（＝月が描かれている）扇を忘れてお出になったので、そばの女房たちは、「これはどこから出た月か。出所がはっきりしない（＝あなたの恋人のことを知りたいものだ）」と笑い合いなさったところ、この女房は、

　天からまっすぐに漏れてきた月なので、宮中から忠盛様がいらっしゃったとは、並たいていのことでは言うまいと思います。

と詠んだので、（忠盛はその女房を）ますます深く愛しなさった。薩摩守忠度の母がこの人である。

　似ている人を友とするとかいうような趣で、忠盛も風流であったので、この女房もみやびやかだった。

「平家物語」は「信濃前《しなののぜん》司《じ》行長《ゆきなが》」と言われる人物により書かれたとされる鎌倉時代の軍記物語。琵《び》琶《わ》法師が歌って語ったということから「語り物」と言われます。平忠盛は、平家を全盛に押し上げた平清盛の父。和歌に堪能な人物であり、この話に登場した女房の間に生まれた第七子の忠度も歌人として有名です。

居（＝宮中）から来た忠盛」と裏できちんと答えているのです。この二面性がおもしろいポイントです。

解答

傍線部⑴で女房たちが、月の描かれた扇を忠盛のものと知りつつ、「月の出所はどこか」という質問に託して、女房の恋人がどんな男か知りたいとからかって問いかけたのに対して、Aの女房の歌は、「並たいていのことでは言うまい」と表面的には強く否定しつつ、「ただもり」に「ただ漏り」と「忠盛」の名を掛けて、機知に富んだ返答をしたところ。

◉入試問題攻略のツボ◉

「言葉」はコミュニケーションの道具！人と人のやり取りの中で「有機的なつながり」を見つけよう！

重要古語や文法を覚えただけでは、ハイレベルの入試問題を解くことはできません。「言葉は人間のコミュニケーションの道具である」ということを忘れないでください。文章は「パーツ」の組み合わせではありません。登場人物どうしのやり取り、文章の作者と出題者のやり取り、出題者とあなたのやり取りの中で、一つ一つの言葉や文も生きています。あなたはそのつながりを答案に表現するのです。そして、それを数値化したものが「点数」となります。

解法コラム④　傍線部訳問題の解き方

「訳」というと「何となく」訳し始めてしまう人がいますが、きちんと手順を踏めば、せっかく覚えた「文法」や「単語」の知識が生かせて驚くほど点数がアップします。

① **【分解】品詞分解をする。**

② **【分析】重要ポイントを発見する。**

重要構文（副詞の呼応など）、**重要古語**、**助動詞**や**助詞**、**敬語**に○をつける。助動詞ならば、元の形と文法的意味、敬語ならば敬語の種類をメモ。

③ **【＋α】「具体性に欠ける箇所」などを補う。**

わからない単語や**指示語の内容**、および、**補わなければ文として成立しない箇所**など。わからない単語は漢字をあてたり、周囲のプラス⊕・マイナス⊖を参考にしたり、他の箇所での「同語反復」を見つけて参考にしたりして類推する。また、「て・連用形」「ば」の前後は同じような意味になることや「逆接」の前後は反対の意味になることもヒントになる。「指示語の指示内容を明らかにして訳せ」という設問条件がある場合は、本文の指示内容箇所に傍線を引き、簡潔にまとめておく。

④ **【訳す】解答欄の大きさ、字数制限などに注意して訳す。**

では例題の傍線部を訳してみてください。わからない所も空けずに「文」として完成させましょうね。記述問題は「採点する方へのラブレター」という意識を持つと得意になりますよ！

問　傍線部をわかりやすく現代語訳せよ。

〈東京大／成尋《じょうじん》阿闍梨《あじゃり》母《のはは》集《しゅう》〉

《息子・成尋阿闍梨は母に別れも告げずに行ってしまった。すると母は嘆いて言った。》

「あさましう、見じと思ひ給ひける心かな。あさましう」

解説・解答

① 【古語】あさまし／【敬語】給ふ（四段・尊敬↓息子への敬意）／【助動詞】じ（打消意志）／【助詞】かな（詠嘆）

② 【構文】「文頭の形容詞・形容動詞の連用形、」＝文修飾。「…ことに」と訳す。

③ 「見じ（＝会うまい）」について「誰に」を、「心」が「誰の心か」を明らかにして具体性を出す。

④ **あきれたことに、「母に会うまい」と思いなさった息子の心だなあ。（情けないことに、私に会うまいと思いなさった阿闍梨の心だなあ。）**＝解答

慣用表現や連語は、意味を覚えておけば得点に直結しやすいものです。数ある中から試験で特に狙われやすい表現を厳選しました。ただし、なぜこの表現がこの意味になるのか、解説で語源を確認するようにしましょう！

第５章

頻出慣用表現

21語

CONTENTS

330

あなかま

あな囂

感動詞「327あな」にク活用形容詞「かまし」の語幹がついたイディオムです。

入試解法 **「ああうるさい」が原義**ですが、入試問題の選択肢では、多く**「静かに（しなさい）」**と訳されています。

❶ああうるさい・しっ、静かに

❶**あなかま。かかることは忌むわざなり。殿に聞かせ奉りそ。**〈栄花〉

訳 しっ、静かに。このようなこと（＝人の死の知らせ）は忌みはばかることだ。殿に聞かせ申し上げないでください。

関

□327**あな** 感

□**かまし** 形

①やかましい

＝かしかまし・かまびすし

【シク活用】

□□□

331

あらぬ

在らぬ

「022あり」＋「打消の助動詞『ず』連体形」からできたイディオムです。

入試解法 **特定のAに対して「他の」Bを提示する語**なので、**「Aは何か？」**と考えることも必要な場合があります。

❶他の・違う

❶**まことに我をしのぶ心深く、あらぬ国にても忘れ給ふまじくは、今宵あだの命を失ひて、必ず後《のち》の世の契りを結ばむ。**〈松浦宮〉

訳 本当に私を思い慕う心が深く、他の国でも忘れなさらないようなら、今夜はかない命をなくして、必ず来世の夫婦の縁を結ぼう。

！例文は、中国に渡った日本の貴公子に、相思相愛の仲になった中国皇帝の妹がかけた言葉です。A＝中国に対し、他国Bは日本のことです。

□□□

332

ありし

在りし

①**昔の・以前の・生前の**

「022あり」＋「過去の助動詞『き』連体形」からできたイディオムです。**「き」は通常「直接体験した過去」**ですが、**「ありし」はそれに限りません。**また「あり」には「生きている」の意があるので、**「生前の」**という意味にもなります。

❶わが**心地**は**心細**うなりまさりて、いとどやるかたなく、**人**はかう**心細**げなるを**思**ひて、**ありし**よりはしげう**通**ふ。〈蜻蛉〉

訳 私の気持ちは心細さが募って、ますます慰めようもなく、人（＝夫の兼家）はこのように心細そうなのを心配して、以前よりは頻繁に通ってくる。

「し」＝過去
（昔にあった）

□□□

333

ありつる

在りつる

①**さきほどの・前述の**

「022あり」＋「完了の助動詞『つ』連体形」からできたイディオムです。**「332ありし」が遠い過去**に用いるのに対し、**「ありつる」は比較的近い過去**に用います。

❶**御前**に**参**りて、**ありつる**やう**啓**すれば、〈枕〉

訳（中宮様の）御前に参上して、さきほどのありさまを申し上げると、

「つる」＝完了
（今終わった）

□□□

334

あれか〔にもあらず〕

我か〔にも非ず〕

「あれ」は、「われ」（【一人称】我＝私）」で、「あれかにもあらず」とは、**「自分か他人かわからない→自分を忘れるほど気持ちを乱しているさま」**です。気絶したり、死亡している状態ではありません。

❶茫然《ぼうぜん》自失・無我夢中

❶**粟田《あはた》殿、御色真青《まあを》にならせ給ひて、あれかにもあらぬ御けしきなり。**〈大鏡〉

訳 粟田殿は、お顔色が真っ青になりなさって、茫然自失のご様子である。

類

□**あれかひとか・われか〔のけしき〕**【連語】

①茫然自失・正気を失っているさま

335

いざたまへ《エ》

いざ給へ

感動詞「329 いざ」＋「たまへ（「給ふ」の命令形）」で、**補助動詞「給ふ」の上にあるはずの動詞が省略された表現**です。

入試解法 「こちらに来てください」など、**状況によって柔軟に訳出**してください。

❶さあいらっしゃい・さあ行きましょう

❶**いざ給へ、出雲《いづも》拝みに。かいもちひ召させん。**〈徒然〉

訳 さあいらっしゃい、出雲神社を参拝しに。ぼたもちをごちそうしよう。

関

□329 **いざ**【感】

□241 **たまふ**【動】

! 例文の「出雲」は島根県の出雲大社ではなく、分霊した京都府亀岡市の出雲大神宮（現在）です。

336 いまは《ワ》かぎり

今は限り

❶ もはやこれまで・これで最期・臨終

「**今が限度**」という原義から、花や紅葉について「盛りが終わりだ」という状況にも用いますが、多くは、**「生涯の終わり」**つまり**「臨終」**を表すときに用います。「**いまは**」＝「**臨終**」と覚えましょう。

❶**堀河殿、御病重くならせ給ひて、今は限り**
にておはしまししほどに、〈大鏡〉

訳 堀河殿が、ご病気が重くなりなさって、臨終でいらっしゃったときに、

類 **世の中は今はかうと見えて候ふ。**〈平家〉

訳 世の中はもはやこれまでと思えます。

類

□**いまはかく（う）**［連語］
①もはやこれまで・これで最期

□**いまはのとき**［連語］
①最期の時

337 か《コ》う《ウ》しまゐ《イ》る

格子参る

❶ 格子を上げて差し上げる・格子を下ろして差し上げる

この「**参る**」は**謙譲語**で「**（…を）して差し上げる**」という意味です（▼p.206）。朝は格子を開けるので「**上げて差し上げる**」、夜は格子を閉めるので「**下ろして差し上げる**」と状況により訳を変えます。

❶**雪のいと高う降りたるを、例ならず御格子**
参りて、〈枕〉

訳 雪がたいそう高く降り積もっているのに、いつもと違って御格子を下ろして差し上げて、

❖普段なら、雪見のために格子は上げてあるべき場面です。

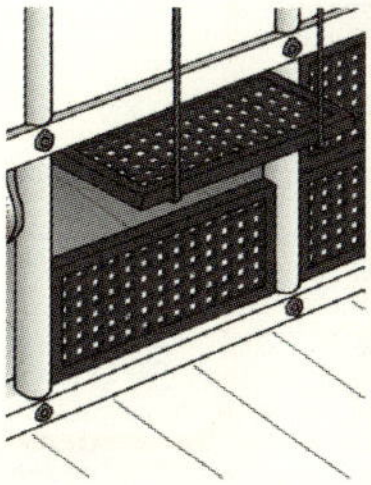

▶格子（蔀《しとみ》）

338 かずならず

数ならず

この場合の「数」は**「数えるだけの価値がある存在」**を表します。「数に入らない・取るに足りない」という意味のイディオムで、**「こんなマイナス⊖の私」**と**「自己卑下」****する場面**でも多く使われます。

❶ **物の数にも入らない・取るに足りない**

❶ **我らは大将軍にもあらず。数ならぬ雑兵なり。**〈平治〉

訳 私たちは大将軍ではない。物の数にも入らない雑兵だ。

関

□**かずなし**［形］ ①取るに足りない ②数え切れないほど多い

□**かずまふ**［動］ ①一人前に扱う

339 こころのやみ

心の闇

もとは「煩悩に迷う心」を表したのですが、**「人の親の心は闇にあらねども子を思ふ道にまどひぬるかな（藤原兼輔）」**という歌から**「子を愛すると物が見えず（闇）理性を失う」状況**を表すようになりました。

❶ **（子を愛するがゆえの親の）心の迷い**

❶ **惜しからぬ身一つはやすく思ひ捨つれども、子を思ふ心の闇はなほしのびがたく、**〈十六夜〉

訳 惜しくもないわが身一つは簡単に見捨てるけれども、子を思う心の迷いはやはり耐えがたく、

340 こころをやる

心を遣る

「心」を使ったイディオムは多数ありますが、**「こころをやる」**は、現代語にもある「こころゆく」と同様、**気が晴れる様子**を表します。名詞「こころやり」も「気晴らし」という意味で覚えておきましょう。

❶ 気を晴らす・得意になる

❶ おのが**心をやり**て、**東《あづま》の調**べを、**爪《つま》**さはやかに**調**ぶ。〈源氏〉

訳 自分の気を晴らして、あずま琴の曲を、つま弾く音もさわやかに奏でる。

関 □**こころやり**［名］ ①気晴らし

類 □**おもひやる**［動］ ①気を晴らす ②思いをはせる

□□□

341 さながら

然ながら

副詞**「さ」＋接尾辞「ながら」**で、❶**「そのまま」**という意味を表します。そこから「数量がそのまま」→❷**「全部」**の意味が生まれました。❶は**「以前A→（変化せず）→A」**という状況を表します。

❶ そのまま ❷ 全部

❶ たえて**言伝《ことづて》**もなし。**さながら六月《みなづき》**になりぬ。〈蜻蛉〉

訳 まったく伝言もない。そのまま六月になった。

❷ **七珍万宝さながら灰燼《くわいじん》となりにき。**〈方丈〉

訳 （火事で）多くの財宝が全部灰になった。

類 □**しか〔し〕ながら**［連語］ ①そのまま ②全部

□□□

第五章

342

さは《ワ》（ば）れ

然は（ば）れ

「さもあらばあれ」の短縮形です。「さもあらば」は「そうであるなら」、「あれ」は**命令形の放任法**で**「（そうなって）構わない」**の意味です。切羽詰まったときに使われるので、どんどん短くなりました。

❶ どうにでもなれ・ままよ

❶ つごもりより、なに**心地**にかあらむ、そこはかとなくいと苦しけれど、**さはれ**とのみ思ふ。〈蜻蛉〉

訳 月末から、何の病気であろうか、どことということもなくとても苦しいけれど、どうにでもなれとばかり思う。

類

□ **さもあらばあれ・さもあらばれ**［連語］

①どうにでもなれ

343

さるべき・しかるべき

然るべき

直訳の①から、❷「しかるべき」→「立派な」というプラス⊕の意味へ。また、仏教的な「輪廻転生《りんねてんしょう》」の思想から、❸「今の状態は前世からそうなるはずだと決まっていた」という意味が生まれました。

①そうなるはずの

❷しかるべき・立派な

❸そうなるはずの前世の因縁の

①**四月《うづき》**つごもりがた、**さるべき故**ありて、**東山**なる**所**へうつろふ。〈更級〉

訳 四月の月末頃、そうなるはずの理由があって、東山にある家に移り住む。

❷**さるべき人**は、とうより**御心《こころ》** **魂《だましひ》**の**猛《たけ》**く、御守りも**強《こは》**きなめりとおぼえ侍るは。〈大鏡〉

関

□ **さる**［連体］

①そのような

②立派な

入試解法　❸は「さるべきにや〔あらむ・ありけむ〕」など、文中に感想をはさむ**〈挿入句〉の形でも頻出**です。また、**「さる〈指示語〉」の具体的な指示内容**を考えさせる問題も出ます。

訳 立派な人は、はやくからご精神が勇ましく、神仏のご加護も強いようだと思われますよ。

❸**かくめでたき人を、わが養ひ奉るも、しかるべき縁にこそ。**〈十訓〉

訳 こんなに立派な人を、私が育て申し上げるのも、そうなるはずの前世の因縁であろう。

! 完了（強意）の助動詞「ぬ」が挿入された「さりぬべき」の形でも用いられます。意味は「さるべき」と同じです。この「ぬ」を打消だと誤解しないように！

344 さるものにて

然るものにて

❶ 言うまでもなく・もちろん

❷ それはそれとして

□□□

「Aはさるものにて B」は、❶の場合は「**A+B**」となり、**Aを重視した上にBを加える表現**です。それに対し、❷の場合は「**A＜B**」であり、**Aは「一応もっともだが」としながらもBを重視している表現**になります。

入試解法　**前後のA・Bの重要度を比較**して、訳を決めるようにしましょう。

❶**わざとの御学問はさるものにて、琴、笛の音にも雲居を響かし、**〈源氏〉

訳 （源氏は）本格的な漢学は言うまでもなく、琴や、笛の音色でも宮中で評判を立て、

❷**思す人ありとても、それをばさるものにて、御文など奉り給へ。**〈落窪〉

訳 お思いになる人がいるといっても、それはそれとして（別の姫君にも）お手紙など差し上げてください。

! 「言うまでもない」を表すフレーズ

□**言ふもおろかなり**
□**言へばおろかなり**
□**言ふもさらなり**
□**言へばさらなり**
□**さらなり**
□**さらにも言はず**
□**さらにもあらず**

345

さればこそ・さればよ

然ればこそ・然ればよ

❶ **やっぱり・思った通りだ**

指示語「され（「さり」の已然形）」＋接続助詞「ば」で、「確定条件」を表します。**「そうであるから」という意味が原義**で、予想と現実が一致した**「以前の予想A→現実A」**という状況を表します。

❶ **さればこそ、行綱《ゆきつな》はまことを言ひけり。**〈平家〉

訳 やっぱり、行綱は本当のことを言ったのだなあ。

関

□**されど**［接］
①そうではあるが

□**されば**［接］
①そうだから

346

さらぬわかれ

避らぬ別れ

❶ **死別**

「さらぬ」は「そうではない」という意味の「さらぬ」（「さり」**【ラ変】**＋「ず」）ではありません。**「さる【四段】」**は**「避ける」**という意味で、**「生きているなら避けられない別れ」＝「死別」**を表します。

❶ **老いぬればさらぬ別れのありといへばいよいよ見まくほしき君かな**〈伊勢〉

訳（私は）年老いてしまったので、死別があるということだから、ますます会いたいあなたであるよ。

347

そでをしぼる

袖を絞る

古文で「袖」「袂《たもと》」という言葉が使われていたら、**多くは「涙」とセット**になります。「袖の雨」「袖の白玉」「袖の露」など、**【袖＋水＝涙】**ととらえましょう。

❶涙を流す

❶**兄弟二人のありさまを伝へ聞く人々、袖を絞らぬはなかりけり。**〈曽我〉

訳 兄弟二人のありさまを伝え聞く人々で、涙を流さない者はいなかった。

類

□**しほたる**［動］
①しずくが垂れる
②涙を流す

□**つゆけし**［形］
①しめっぽい
②涙がちだ

□□□

348

ただならず

常ならず

ここでの「ただ」は「普通」の意。**「女性の体の状態が普通ではない」**というところから、❷「妊娠」の意味が派生しました。

入試解法
❷は**文章全体のテーマ**に関わり、**現代語訳も頻出**です。同じように体調が普通ではない**「れいならず」**もチェック！

①普通ではない
❷妊娠している

①**風の音さへただならずなりゆく頃しも、**〈源氏〉

訳 風の音までも普通ではなくなっていく頃に、

❷**中宮には、またただならずならせ給へれば、よにめでたきことに聞こえさす。**〈栄花〉

訳 中宮は、また妊娠なさったので、実に喜ばしいことだと申し上げる。

類

□**れいならず**［連語］
①いつもと違う
②病気だ

ただならず

□□□

第五章

349

ひとやりならず

人遣りならず

❶ **自分の意志ですることだ・自分のせいだ**

「他者がやらせていることではない」という原義から、**「自分で進んでやることである」**という意味になりました。

入試解法 **「自ら恋に落ちてしまったゆえに物思いに苦しむ場面」**などで用いられます。

❶ **人やりならず**、ものさびしげにながめ暮らし給ふ。〈源氏〉

訳 自分のせいで、何となく寂しそうに物思いにふけって過ごしなさる。

対

□**ひとやり**［名］

①他から強制されてすること

350

れいの

例の

❶ **いつものように**

② **普通の・いつもの**

格助詞「の」の「連用格」を用いたイディオムで、**用言にかかります**。ただし、体言に直接かかって、「例の人」などと使われる場合、「普通の・いつもの・先に述べた」などと訳します。

❶ 日暮るるほど、**例の**集まりぬ。〈竹取〉

訳 日が暮れる頃、いつものように（かぐや姫への求婚者たちが）集まった。

② 船君、**例の**病おこりて、いたく悩む。〈土佐〉

訳 船主は、いつもの病気が起こって、たいそう苦しむ。

対

□**れいならず**［連語］

①いつもと違う

②病気だ

350＋α

死・出家の婉曲表現

人の死は直接言うことがためらわれる事態です。出家も、世間との関わりを断つ、人目をはばかることでした。そこで、これらは、遠回しな表現（婉曲表現）が発達しました。現代語でも、「死ぬ」と直接言わずに、「亡くなる」「逝く」「永眠する」などとぼかして表現しますよね。

死と出家は人生の一大事なので、これを読み取れるかどうかで文章の理解度に大きな差が出ます。350語の学習を終えた今、プラスαとしておさえておきましょう！

死の婉曲表現

★「…なる」系

□はかなくなる　□いたづらになる　□むなしくなる
□あさましくなる　□ともかくもなる　□いかにもなる
□かひなくなる　□いふかひなくなる

★「存在しなくなる」系

□隠る　□身罷《みまか》る　□失《う》す　□果つ
□絶ゆ　□絶え入る　□消ゆ　□消え入る

＊「絶え入る」「消え入る」には「気絶する」の意味もあります。

出家の婉曲表現

★「世を…」系

□世を背く　□世を遁《のが》る　□世を厭《いと》ふ
□世を捨つ　□世を離る

★「姿・かたち」系

□様を変ふ　□かたちを変ふ　□267 やつす（▶p.227）

★「頭・髪」系

□頭《かしら》おろす　□御髪《みぐし》おろす　□飾りおろす　□髻《もとどり》切る

＊「御髪おろす・飾りおろす」は高貴な人の出家に用います。
＊「髻」とは、髪を頭上で束ねた所。「髻切る」は主に軍記物語など武士が登場する文章で多く見られる表現です。

★その他、出家・僧・仏教に関わる語

□018 おこなふ（＝仏道修行をする ▶p.39）
□306 ほだし（＝出家などの障害・妨げ ▶p.252）
□まことの道（＝仏道）
□墨染《すみぞめ》・苔《こけ》の衣・苔の袂《たもと》（＝僧衣）
□善知識（＝人を仏道に導く機縁・高僧）
□前世《ぜんぜ》・先の世（＝この世に生まれる前の世）
□後世《ごせ》・後《のち》の世・黄泉《よみ》（＝死後の世界・あの世）
□蓮《はちす》の上・西方《さいはう》（＝極楽浄土）

☆次の文章を読んで、後の問に答えなさい。

《若い少将が、父大納言には隠したまま、いとこの姫君と関係を結んでいたところ、関白（おとど）から大納言に、別の申し出があるという場面。》

その頃、関白殿、この少将を婿がねにと月ごろ心ざし給ひ、内裏《うち》参りのついでに参り給ひて、いにしへ今の物語など聞こえ給うて、「かかること申し出《い》づるはかたはらいたきことながら、(1)姫のあやしきをものし侍れど、いまださるべきよすがなくて、心苦しくなむ覚え侍る。少将の、生ひ先たのもしげなる人にてあめるを、あづけ聞こえて、(2)心やすく世をも思ひ離ればやとなむ思ふ」とのたまはす。大納言、いとかたじけなく、よろこびかしこまりて、「これに過ぎたる面目《めいぼく》やさぶらふべき。ただとく仰せに従ふべきなり」と、うけひき申し給ふ。《中略》明くれば、大納言、少将を御招きありて、「おとど、ただ一人かしづかるらむ姫のいはけなきを、いと捨てがたく、そこに譲りてむとのたまひつるほどに、いなび申しがたく、「かしこまり侍る」と申せしなり。よき日して、御消息などほのめかし給へ」と聞こえ給へば、少将とみに物も言はれ給はず。

〈お茶の水女子大／宇治物語〉

入試解法

①繰り返される表現に着目して、語の具体的な意味をつかむ。（問一）

「[123]ものす」は、さまざまな動詞の代わりに用いられます。具体的内容をつかむため、「前後の関係」を接続助詞「順接・逆接」や「比較・対比・並列」からとらえ、さらに「繰り返される表現」がないかチェックしましょう。関白は「あやしき㊀」姫が、「さるべき㊉」縁がなくて気の毒なので、少将を「婿候補（注）」と考えています。そこで、少将の父大納言に「少将との結婚」を申し出た（リード文）と理解できます。父大納言が、そのことを少将本人に伝える会話の中で、関白の言葉の内容を繰り返しているのです。姫に関して伝える文は、同格の「の」が使われて、そっくりの構造であることに注意しましょう。

関白「（私＝関白は）姫のあやしきをものし侍れど、…」
大納言「おとど（＝関白）、ただ一人かしづかるらむ姫の
いはけなきを、…」

つまり大納言は、関白が自分の姫を卑下して「あやし㊀」と表現した言葉を、「いはけなし」に言い換え、「ものす」を「かしづく」に言い換えているのです。主語はともに関

Lucky item ⑤　黄龍（こうりゅう）

中央の守護神。五行思想では「土」をつかさどる。

＊婿がね…婿候補

問一　傍線部(1)を、「ものし」の意味を明らかにしつつ現代語訳せよ。

問二　傍線部(2)を、適切に言葉を補いつつ現代語訳せよ。

【訳】その頃、関白殿は、この少将を婿候補にと数ヶ月来心に決めなさり、宮中参上の機会に（大納言のもとへ）参上なさって、昔や今の世間話などを申し上げなさって、「このようなことを申し上げるのはきまりが悪いことであるが、姫で未熟な姫を育てておりますが、まだふさわしい縁がなくて、気の毒に思っております。少将は、将来が期待される人でいらっしゃるらしいので、（娘を妻として）預け申し上げて、安心して出家して俗世のことを考えずにいたいと思う」とおっしゃる。大納言は、たいそうおそれ多く、喜び恐縮して、「これに勝る名誉がございましょうか、いやございません。とにかく早くおっしゃることに従うつもりです」と、引き受け申し上げなさる。（中略）夜が明けると、大納言は、少将をご招待して、「関白殿が、ただ一人大切にお育てになっている姫で幼い姫を、まったく放っておけず、あなたに譲ってしまおうとおっしゃったので、断り申し上げるのが難しく、「謹んで承ります」と申し上げたのだ。日柄のよい日に、お手紙などをそれとなく送ってください」と申し上げなさると、少将はすぐには何もおっしゃれない。

白ですが、前者は関白自身が話者なので、尊敬語は使っていません。一方、後者は大納言が話者なので、関白に対して敬意を払い、「る〈尊敬〉」を用いています。

② 「出家関係の言葉」（▼p.283）をおさえる。（問二）

「願望」は、当人にとって、まだ成し得ていないプラス⊕のこと。古文の世界では、人生の最終的な願望は、たいてい極楽往生するための出家＝「世を離る」ことでした。自己願望の終助詞「207ばや」にも注意しましょう。

解答

問一　姫で未熟な（ふつつかな・たよりない）姫（者）を育てておりますが

問二　私は安心して出家して俗世のことを考えずにいたい

◉入試問題攻略のツボ◉

「繰り返し」をチェックして、語の内容を具体的に把握しよう！

傍線部の内容を具体的につかめない場合は、「繰り返されている表現」を探してみましょう。「同じ言葉」「構造が似ている文」などが見つかれば、それが大きなヒントになります。そのためには、前屈みの姿勢になりすぎず、高い所から文章を俯瞰《ふかん》する癖をつけましょう。

第五章

解法コラム⑤　古文の勉強法

問「単語は覚えたけれど…古文は、どうやって勉強すればいいの?」

答 **まず「形」をおさえて、「内容」を入れてあげましょう。**

①「活用する語」のシステムをおさえる!

活用する（変化する）語は**動詞・形容詞・形容動詞**（＝用言三兄弟）と**助動詞**です。本書の見返しで、まずはざっくりと形が変化するシステムをおさえましょう。

②「主語」をおさえる!

ダラダラ読むと「主語の取りまちがい」をして内容がわからなくなるので、**「おおむね一つの主語でまとまっている単位」で印（／）を入れて、その都度「主語は誰?」と考え、主語を補う癖をつける**と上達します。脳は質問に答えようとする性質があるので、わからない箇所は「ここに主語が入るマーク」をつけて先を読んでいくと、後になってわかることもあります。敬語の印（▼p.186）もつけるとヒントが増えます。**まず「印」をつけて「形」を作り「内容」を考える!** そのうち不思議と、速く正確に内容をつかんで読めるようになります。

❖「接続助詞」などによる「印」の入れ方

A：赤信号タイプ…「ば、」「ど・ども、」「に、」「を、」「が、」

主語が前後で変わりやすいので、「／」マークを入れて「主語は?」と考える。特に主語が変わりやすい形は、

a〔は・が〕b〔を・に〕**他動詞已然形**＋ば、／b は…（主語が変わった!）

B：青信号タイプ…「て、」「で、」「つつ、」「連用形、」

主語が前後で変わることが少ないので、さらっと読む。「て、」「連用形、」の前後は「共通点のある単語」が並ぶので、意味の類推がしやすい。

例 彼女はかわいく⊕て、やさしい⊕。

③「テーマ」と「自分」との関わりを意識する!

文章を読み終えたら、背筋を伸ばして、**高いところから文章を見渡しましょう。** そして、「恋、死、親子の愛…」など文章のテーマと、その話から受けた「あなたの feeling」を書いてみましょう。「いいな～」「かわいそう…」など。抽象化能力がつき、出てきた単語、文法なども一緒に心に残りますよ。

昔の人々がどういう暮らしをしていたのかを知っていれば、古文をよりリアルに味わうことができます。人生の必須ツールだった和歌についても詳しく解説しました。現代とは異なる古人の価値観や感性を学びましょう！

第6章

古典常識

付録

CONTENTS

1 人生

①誕生

平安時代は現代に比べて出産における死亡率が高く、無事を祈って加持祈祷《かじきとう》が行われました。産後も健やかな成長を願う儀式や無事を祝う儀式が行われました。

□**うぶやしなひ《イ》【産養ひ】** 生まれてから三、五、七、九日目に行う誕生のお祝い。

□**いか【五十日】・ももか【百日】** 生後五十日、百日のお祝い。五十日の祝いでは、子供用のお膳を用意して、父や祖父が子供の口に餅を含ませました。

②成人

貴族の子供は、幼年期に袴着《はかまぎ》（現在でいう七五三）の儀式を経て、七歳頃から学問をはじめ、現代の中学・高校生ぐらいの時期から一人前の大人として扱われました。

□**げんぶく【元服】・うひ《イ》かう《コウ》ぶり【初冠】** 男子の成人式。皇族なら十一～十七歳で「冠」をつける儀式を行います。

□**もぎ【裳着】** 女子の成人式。十二歳～十四歳で裳を身につけ、髪を結い上げる儀式（「髪上げ」）を行います。

③恋愛・結婚

平安時代は、基本的に「通い婚」。男性がうわさを聞きつけ、女性に手紙を送り、よきところで通い始め、結婚が成立しました。男性は複数の妻を持つ「一夫多妻」が普通です。男性がしばらく通ってから女性を家に迎えて同居することもありましたが、財産権は女性が持っていたので、男性の家に入った女性にも力がありました。しかし、武士が権力を握ると、男性が家に妻を迎える「嫁取り婚」になり、財産権も失われ、女性の地位が低い時代になっていきます。

□**かいまみ【垣間見】** 物の隙間からこっそりのぞき見ること。平安貴族社会では、女性は顔を見せません。男性は垣根の隙間から気になる女性をのぞき見て、情報をゲットしたのです。現代と違い、一般的に認められた行為でした。

□**きぬぎぬ【後朝】** 男女が共に寝た翌朝。男性は意中の女性に和歌が含まれた手紙を送り、和歌のできばえや字で結婚相手にふさわしいと認められると、女性の家に泊まりに行きます。男性は夜訪れ、朝まだ暗いうちに帰るのがマナー。その朝を「きぬぎぬ」と言い、男性は帰ったらすぐに「後朝の文」（＝「別れるのがつらい」といった内容の歌を詠み込んだラブレター）を送らねばなりません。

□**ところあらは《ワ》し【所顕し】** 結婚披露宴。女性の家に男性が泊まりに行き始めてから、三日は連続して通わなければ不吉とされていました。三日目の夜は二人で「三日夜《みかよ》の餅《もちい》」を食べ、四日目の朝に、「所顕し」をして、新婦の家が婿と従者をもてなし、婿は初めて新婦の両親や親族と対面したのです。

□**よがれ【夜離れ】** 男性が女性のもとに通わなくなること。「017かる」からできた言葉です。平安時代は、結婚も離婚も、比較的自由でした。感情的な行き違いで自然消滅するカップルも多かったようです。

④死

人が亡くなると、都では主に「鳥辺野《とりべの》」や「化野《あだしの》」という火葬場で荼毘《だび》（火葬すること）にふされました。「死」は、火葬の折の「火」や「煙」という言葉で象徴されることもあります。

□**ちゅういん【中陰】・ちゅうう【中有】・なななぬか【七七日】** 人の死後四十九日のこと。現代でも初七日、四十九日と七の倍数で死後の法要を営みます。特に四十九日の間は死者の魂はこの世とあの世の中間にいるとされ、喪の期間でも大切な日々になります。七×七で四十九日なので、「七七日」とも言われます。

2 身分

①皇族

天皇の血をひく皇族が全員天皇になれるわけではありません。男性である「親王」だと、式部省など八省の長官になる者もいれば、臣籍に下って源姓など名乗る者もいました。女性の「内親王」だと、天皇をはじめとする皇族の妻になったり、伊勢神宮の「斎宮」や賀茂神社（今の上賀茂神社と下鴨神社）の「斎院」として仕えたりする者もいました。

□**みや【宮】** 皇子・皇女など皇族の敬称。男女どちらに対しても用いられます。

□**とうぐう【東宮・春宮】・まう《モウ》けのきみ【儲けの君】** 皇太子。特に摂関政治が行われた時代では、貴族が娘を天皇の后《きさき》として、その産んだ子を東宮に据えて、将来孫が天皇となった際に外祖父として権勢を得ようという試みが頻繁に行われました。

□**さいぐ(く)う【斎宮】** 伊勢神宮の神に奉仕する女性。天皇が替わるたびに、未婚の皇族女性から選ばれました。

□**さいゐ《イ》ん【斎院】** 賀茂神社の神に奉仕する女性。選ばれ方は斎宮と同様です。

□**じやう《ジョウ》くわう《コウ》【上皇】** 退位した天皇の敬称。出家すると「法皇」となります。「院」とも呼ばれました。平安時代末期以降は、あえて皇太子が幼いうちに譲位し、陰で政治の実権を握る「院政」が敷かれることも多くなります。

②貴族

貴族にも等級がありました。「地下」は二軍選手、「殿上人」は一軍選手、「上達部」はオールスター選手、というイメージで覚えましょう。一軍の中からオールスターが選ばれるので、オールスター（上達部）は一軍（殿上人）も兼ねています。

□**かんだちめ（べ）【上達部】・くぎやう《ギョウ》【公卿】** 摂政・関白・太政大臣・左大臣・右大臣・内大臣・大納言・中納言・参議及び三位以上の者（ただし、参議は四位でもこの中に入る）。とてつもない高位貴族で、よく「最高敬語」（▼p.185）の対象になります。「上達部」は漢字の読みが頻出。

□**てんじやう《ジョウ》びと【殿上人】** 清涼殿の「殿上の間」に「昇殿」することを許された者で、通常、四位・五位の者の一部。別名「うへびと」。たいてい敬語対象になります。

□**きんだち【公達・君達】** 上流貴族の息子や娘。「きみたち」の撥音便化。「たち」は尊敬の意を表す接尾辞です。

□**くらう《ロウ》ど【蔵人】** 天皇のそば近くに仕え、文書の処理などを担当した役人。官位は六位からで、長官の「蔵人の頭《とう》」になると四位です。帝の秘書のような存在だったので、六位であっても昇殿が許されました。

□**ぢげ【地下】**「昇殿」を許されない、通常、六位以下の貴族。地方官などの場合は、四位・五位であっても、昇殿が許されない家柄の者もいました。まれに公卿でも昇殿が許されない者もおり、「地下の公卿」と呼ばれました。

③家来・従者

皇族や貴族は多くの家来・従者を使っており、基本的に自分自身で雑用をすることはありません。

□**ずいじん【随身】** 貴族のお供をする者。漢字の読みが頻出。

□**さき【前駆】** 貴族の外出時に、道にいる通行人を追い払う人（または追い払うこと）。「さきおひ〈先追ひ〉」「さきばらひ〈先払ひ〉」の略です。

□**とねり【舎人】** 雑役にあたる者。本来は天皇や皇族の近くで雑役にあたる官人を指す言葉ですが、一般の貴族の家では、牛車の牛飼いなどの雑人を指しました。

□**こどねりわらは《ワ》【小舎人童】** 雑用をする少年。「わらは〈童〉」というと、単なる「子供」ではなく、多くは「貴族の家で雑用をする少年・少女」を指すので注意！

□**げらふ《ロウ》【下﨟】** ①官位の低い人。②身分がいやしい人。②は「下衆《げす》」「賤《しず》」とも言います。

□**にようばう《ボウ》【女房】** 宮中や貴族の家で仕える女性。宮中の描写では単に「人」と書かれることもあるので注意。「妻」の意味で用いられるのは、江戸時代頃からです。

□**めのと【乳母】** ①母親の代わりに貴族の子を養育する女性。②幼い主君の後見人。漢字の印象から、乳児期に養育するだけと考えがちですが、成人するまで一家をあげて育て上げます。「乳母子《めのとご》（＝乳母の実子）」は、養育される貴人の子とともに育つので、強い主従関係で結ばれ、生涯忠実に仕えます。

3 年中行事

①春…一月〜三月

□**じんじつ【人日】** 一月七日。五節句の一つ。七草粥《ななくさがゆ》を食べて長寿を祝います。

□**あを《オ》うま【白馬】** 一月七日に宮中で天皇が馬を見る儀式。もとは青みがかった黒馬で行われましたが、醍醐《だいご》天皇の頃に白馬になり、読みだけが残りました。「正月行事」であることと、読みを問う問題が頻出。

□**あがためしのぢもく【県召の除目】** 春に地方官吏を任命する儀式。「春の除目」とも言われます。

□**じやう《ジョウ》し【上巳】** 三月初めの巳《み》の日（のち、三月三日）。桃の節句、雛《ひな》の節句。五節句の一つ。平安時代には雛遊びなどが行われました。

②夏…四月〜六月

□**ころもがへ《エ》【衣更へ】** 四月一日に装束や調度を夏物に替えること。十月一日には冬物への更衣が行われます。

□**たんご【端午】** 五月五日。五節句の一つ。菖蒲《しょうぶ》や蓬《よもぎ》を軒に挿して邪気を祓《はら》います。「菖蒲」と「尚武＝武道を重んじる」の音通より男子の成長を祝うようになりました。

□**なごしのはらへ《エ》【夏越しの祓へ】** 六月最後の日に宮中や諸社で半年間の穢《けが》れを祓う神事。翌日七月一日より秋になるため、「夏越し」と言います。

③秋…七月〜九月

□**たなばた【七夕・棚機】** 七月七日。牽牛《けんぎゅう》と織女《しょくじょ》の二星が年に一度天の川を渡って会うという伝説に基づいて星を祭ります。五節句の一つ。「織女」にあやかり、裁縫の上達を祈る日でもありました。早稲田大で別名「乞巧奠《きこうでん》」を選択させる問題が出たことがあります。

□**ちようやう《ヨウ》【重陽】** 九月九日。菊の節句。五節句の一つ。陰陽道に基づくめでたい陽数「九」が重なるので、「重陽」と言います。菊に綿をかぶせておき、朝それにしみた露で体をふくと長寿になると信じられていました。

□**つかさめしのぢもく【司召の除目】** 秋に中央官吏を任命する儀式。「秋の除目」とも言われます。

□**うらぼんゑ《エ》【盂蘭盆会】** 七月十五日に祖先や死者の霊を家に迎えてまつり、冥福を祈る行事。現在の「お盆」の各行事はこの盂蘭盆会から派生したものです。

④冬…十月〜十二月

□**にひ《イ》なめまつり【新嘗祭】** 十一月に天皇が新穀を神に供えてそれを食する儀式。「新嘗会《しんじょうえ》」とも。天皇が即位後初めて行う新嘗祭を特に「大嘗祭《だいじょうさい》・大嘗会《だいじょうえ》」と言います。

□**ついな【追儺】** 大晦日の夜に鬼を追い払う儀式。別名「鬼やらい」。大晦日の夜、宮中で行われ、鬼に扮した者を矢で追い払って、無病息災を願います。現代の節分行事のもとになった儀式で、室町時代に豆をまく形になりました。

4 住居・調度

平安貴族の住居は「寝殿造」と呼ばれます。住居やそこで使われる調度品（家具など）の名称は、文学作品にもしばしば登場し、入試で読みが問われることもあります。

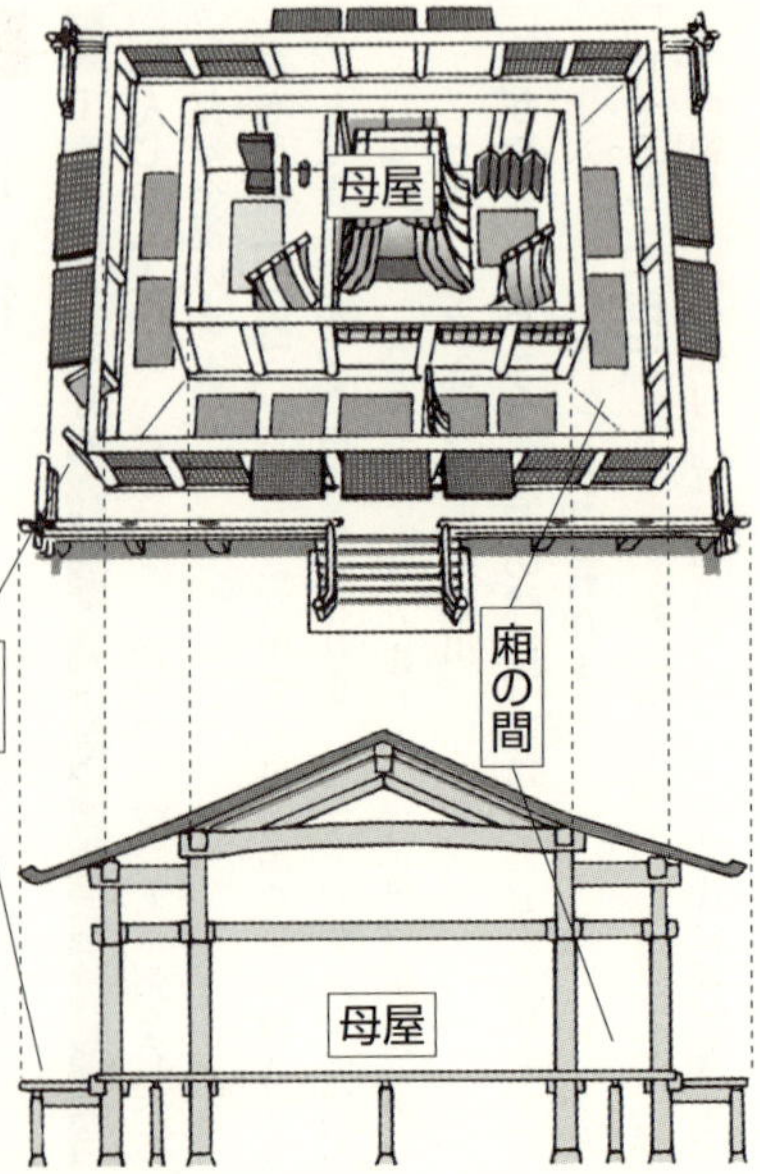

▶寝殿平面図

▶寝殿断面図

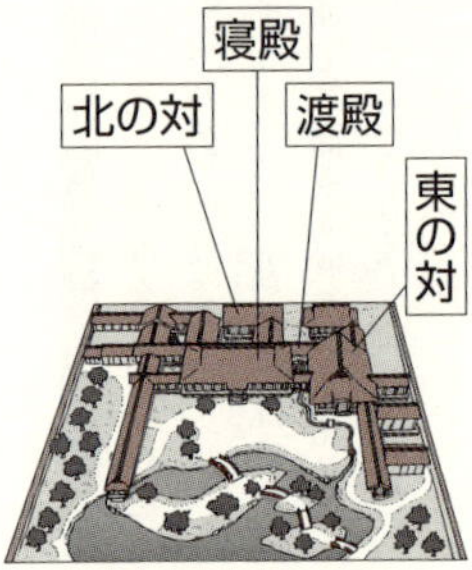

□**しんでん【寝殿】** 儀式や応接など公的な用件に用いられる主人の正式な居室。南向きで池のある庭に面しています。

□**たいのや【対の屋】** 家族の日常的な生活スペースとなる離れ。東にあれば「東の対」、西にあれば「西の対」と呼ばれます。「北の対」には正妻が住んだことから、貴族の妻を敬って「北の方《かた》」と呼ぶようになりました。

□**もや【母屋】** 寝殿の中心部。主人の居室や寝室として使われました。

□**ぬりごめ【塗籠】** 「母屋」の一角を壁土で厚く塗り固めて造った部屋。収納スペースや寝室として用いました。

□**つぼね【局】** 宮中や邸宅で、上級女官・女房に当てられた部屋。その部屋を持つ女官・女房を指すこともあります。

□**わたどの【渡殿】・ほそどの【細殿】** 建物と建物をつなぐ渡り廊下。壁際を仕切って、女房の「局」が置かれることもありました。

□**ひさしのま【廂の間】** 母屋の周囲の細長い空間。几《き》帳《ちょう》や衝《つい》立《たて》で仕切って、部屋のようにして使われました。

□**すのこ【簀子】** 廂の間の周りにめぐらされた外縁。廊下として使用されるほか、客への応接の場ともなります。

□**かう《コウ》らん【高欄】** 「簀子」や廊下に設置された欄干。

□**はし／きざはし【階】** 庭から寝殿へと上がるための階段。

□**やりみづ【遣水】** 庭の池に水を引き入れるための小川。

□**せんざい／せざい【前栽】** 庭に植えた草木。読みは「ぜんさい」ではありません！

▲透垣

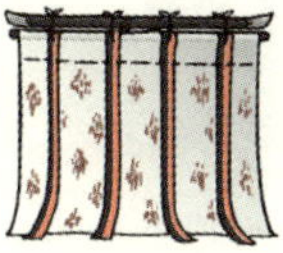

▲几帳

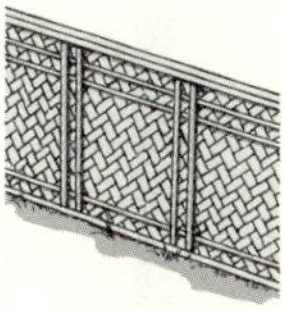

▲檜垣

▲築地

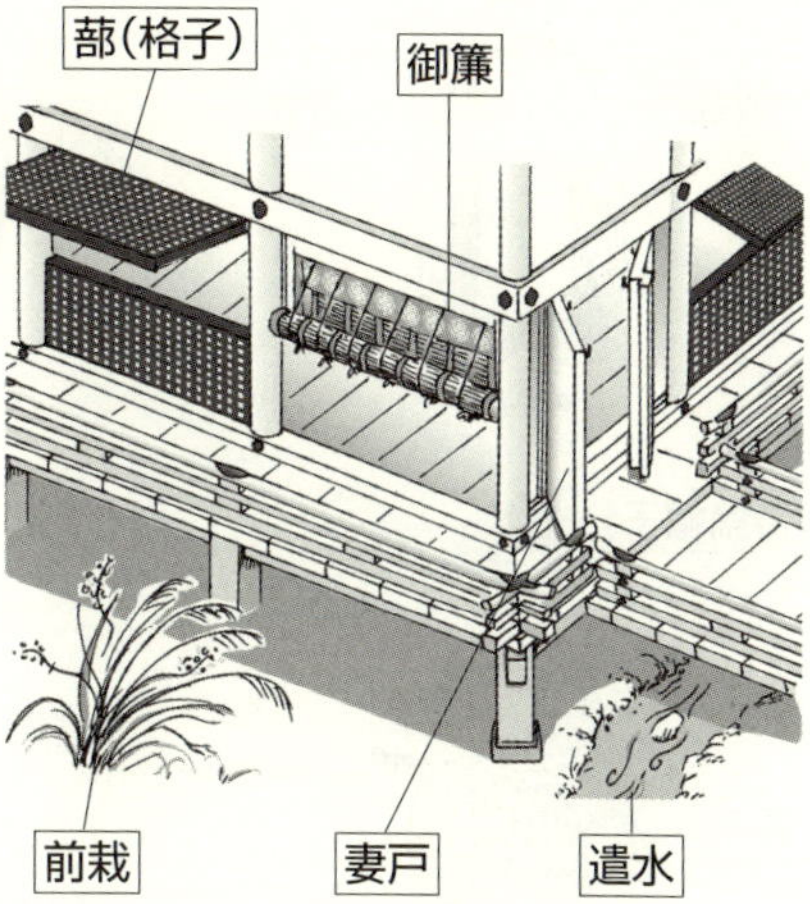

□**しとみ【蔀】** 格子の裏に板を張ったもの。「格子《こうし》」とも呼ばれ、上に釣り上げて開けます。上下二枚から成っていて上半分を開いて用いるものを「半部《はじとみ》」と言います。

□**つまど【妻戸】** 廂の間の四隅にある両開きの戸。

□**みす【御簾】** すだれ。女性は応接の際に顔を見られないために、御簾や几帳を隔てて応対します。

□**きちやう《チョウ》【几帳】** 移動式のカーテン。部屋の仕切りとしても使われました。

□**ついぢ【築地】** 粘土を塗って造った土塀。「ついひぢ」とも言います。

□**すいがい【透垣】** 竹や板を透かせて造った垣根。

□**ひがき【檜垣】** ひのきの薄い板を斜めに組み合わせて造った垣根。

□**とうだい【灯台】** 室内照明用の台。上部のお皿に油を入れ、そこに浸した灯心に火をともします。

□**たかつき【高坏】** お盆に一本の足がついた形の食器。

□**ふせご【伏籠】** 香炉や火桶をおおう籠。上に衣服をかぶせて乾かしたり、香の匂いをしみこませたりしました。

▲灯台

▲高坏

▲伏籠と香炉

5 服装

①男性

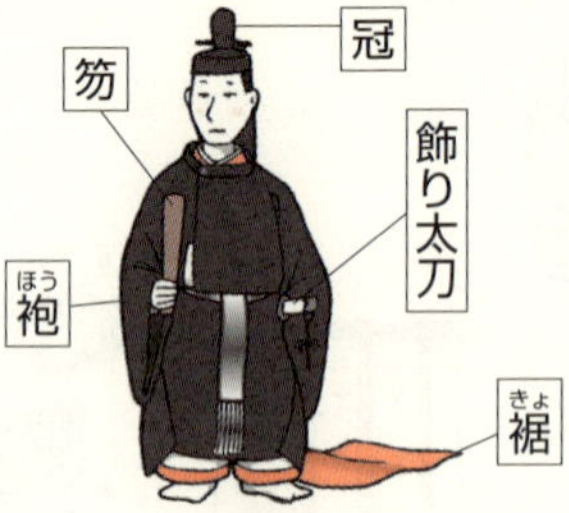

▲束帯姿

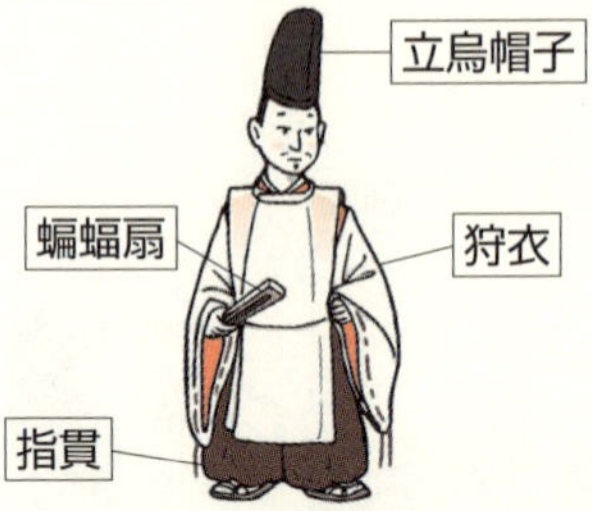

▲狩衣姿

▲直衣姿

▲直垂姿

現代も時と場所によって服装を選んでいますが、昔も同じです。当時は身分や年齢、職による決まりも定められ、今よりも複雑な制約がありました。また、現代にはない常識として、人に頭を見せるのは恥ずかしいこととされていたので、男性は冠や烏帽子《えぼし》をかぶるのが普通でした。

□**そくたい【束帯】** 公式行事で着用する正式な礼装。現代で言うならタキシードにあたります。腰に「飾り太刀」を挿し、手に「笏《しゃく》」を持ち、頭に「冠」をかぶります。

□**なほ《オ》し【直衣】** 高貴な人々の平服。読みは「ナオシ」または「ノウシ」。季節や年齢に応じて約束事が定められていました。手に「檜扇《ひおうぎ》」を持ち、頭に「烏帽子」（宮中に参上する場合は「冠」）をかぶります。現代で言うならブランド物のスーツにあたります。

□**かりぎぬ【狩衣】** 高貴な人々の簡便な服。肩に切れ込みがあり、腕が中から出せるようになっていたり、袖をくくる紐《ひも》がついていたりします。襟は丸襟で、直衣より動きやすい構造です。手に「蝙蝠扇《かわほりおうぎ》」を持ち、頭に「烏帽子」をかぶります。現代で言うならカジュアルスーツ、ブランド物のスポーツウェアにあたります。

□**さしぬき【指貫】** 袴の一種。「直衣」や「狩衣」を着用する際に履きました。裾に紐が通してあり、外出時には動きやすいよう、くくれるようになっています。

□**ひたたれ【直垂】** 武士の平服。もともとは庶民の服でした。江戸時代には礼服として扱われました。

②女性

▲小袿姿

▲女房装束姿（前）

▲衵姿

▲女房装束姿（後）

□**にょうばう《ボウ》しやう《ショウ》ぞく【女房装束】** 成人女性の正装。「裳《も》」「唐衣《からぎぬ》」などからなり、「十二単《ひとえ》」とも呼ばれます。

□**ひとへ《エ》【単衣】** 裏地のない一枚仕立ての衣服。主に肌着として用いられました。

□**うちき(ぎ)【袿】** 女性が唐衣などの中に着た衣服。普段着としては外側に着ることもあり、五枚から七枚重ねます。また、男性装束で、直衣や狩衣の中に着る衣服を指すこともあります。

□**こうちき(ぎ)【小袿】** 宮中女房の略礼装の上衣。下に着る「袿」より小さめに仕立てられています。

□**あこめ【衵】** 上着と下着の間に着る、丈の短い衣服。子供は上衣として着ることもありました。

□**かざみ【汗衫】** ①汗取り用の下着。②童女が正装する際、衵の上に着た裾の長い衣服。

□**かさねのいろめ【襲の色目】** 衣服の表裏の色の配合。衣服を重ねて着るときの上下の色の配合。表地を透かして裏地の色目がうっすら見えるのが美しく、季節や年齢にあわせたルールがありました。特に、女性はこの素養がないと宮仕えすることができませんでした。

□**いだしぎぬ【出し衣】・うちいで【打ち出】** 女房や童が着物の裾や袖の一部を御簾などの下から外に出して見せること。このようにして「襲の色目」の美しさを競い合ったのです。

6 暦・方位・時間

①陰暦

昔は、「月の満ち欠け」をもとにした「陰暦」が使われていました。月の満ち欠けの図と合わせて、時々、実際に月を見てみましょう。

□**ありあけ【有明】** 夜が明けても空に残っている月。

□**いさ(ざ)よひ《イ》【十六夜】** 陰暦十六日の月。漢字の読みに注意。ためらう（「260いさ(ざ)よふ」）ように出る月という意味。

□**ついたち【朔日】** 月の初め。現代の「新月」。「月立ち」がイ音便化したものです。

□**つごもり【晦日】** 月末の日。「月ごもり」の転。大晦日《おおつごもり》は、現代の「おおみそか」で年末の日です。

②月の異称

「陰暦の月の異称」は、まず、先頭の音をとって「むきやうさみふはなかし」と唱えて覚えます（霜月と師走は同じ「し」なので一緒にしています）。これは、「無興三味、譜は長し（おもしろくない三味線の譜面は長い）」という古いゴロ合わせ。陰暦は今の暦と約一ヶ月半ほどのズレがあるので、だいたい「陰暦＋二ヶ月＝現代の暦での感覚」だと考えてください。例えば、「水無月（陰暦六月）＋二ヶ月＝現代の八月ぐらい」となります。このズレを問う入試問題もあります。

例 早稲田大／伊勢集

なみださへしぐれにそへてふるさとはもみぢのいろもこさぞまされる

と書きて、ねずみもち（＝常緑の低樹）に付けて遣りける。Ａばかりのことなるべし。……三月ばかりありけるに、……むつき十一日ばかりなりけり。

問 空欄に入る月の名称として最も適当なものを選べ。

イ うづき　**ロ** しもつき　**ハ** ながつき

ニ ふづき　**ホ** みなつき

答 和歌に「紅葉の色が濃くなった」とあり、「三月ほどあって陰暦一月」になったとあるので、正解は**ハ**になります。**ロ**は「陰暦十一月＋二ヶ月」で、「今の一月頃」。紅葉はないはずです。

③古方位・古時刻・十二支

方位と時刻は「十二支」の図で覚えましょう。時刻は、現代の時計の文字盤の数字×2でわかります（例：丑《うし》の刻＝時計の文字盤の1×2＝夜中の二時頃）。おおよそ「子《ね》」が今の0時、「午《うま》」が今のお昼十二時を指します。（十二時を境に「午前」「午後」というのは、古時刻の名残です。）

十二支は現在でも年賀状でおなじみですが、「子」から「亥《い》」まで順番に漢字で書けるようにしておきましょう。

	月	異名
春	一月	睦月《むつき》
	二月	如月《きさらぎ》
	三月	弥生《やよい》
夏	四月	卯月《うづき》
	五月	皐月《さつき》
	六月	水無月《みなづき》
秋	七月	文月《ふづき》《ふみづき》
	八月	葉月《はづき》
	九月	長月《ながつき》
冬	十月	神無月《かんなづき》《かみなづき》
	十一月	霜月《しもつき》
	十二月	師走《しわす》

▲陰暦月名表

◀陰暦月齢表

月の形	月の名称	月の出時刻
	新　月	6:00
	二日月	7:30
	三日月	8:30
	七日月	11:30
	八日月	12:30
	九日月	13:30
	十日余りの月	14:30
	十三夜月（小望月）	16:30
	望月《もちづき》（満月）	18:00
	十六夜月《いざよいづき》	18:30
	立待月《たちまちづき》	19:00
	居待月《いまちづき》	20:00
	臥待月《ふしまちづき》	21:00
	更待月《ふけまちづき》	22:00
	二十日余りの月	22:30
	二十三夜月	23:00

▼古方位図

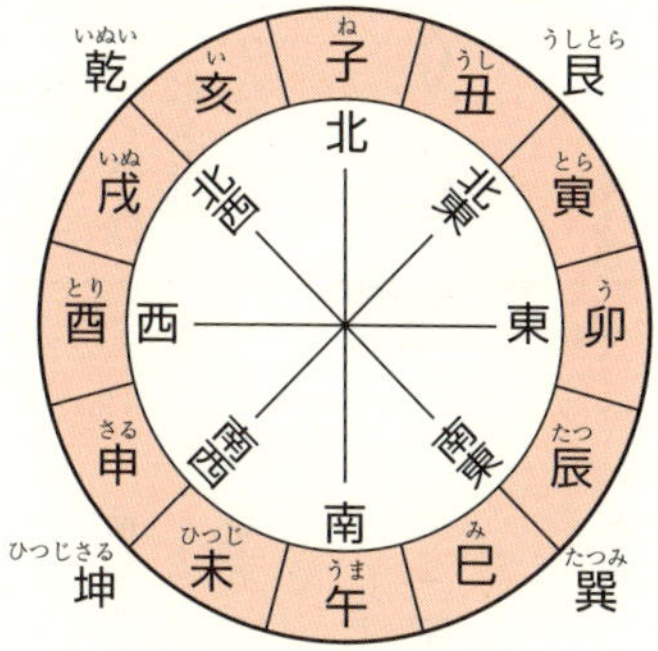

▼古時刻図

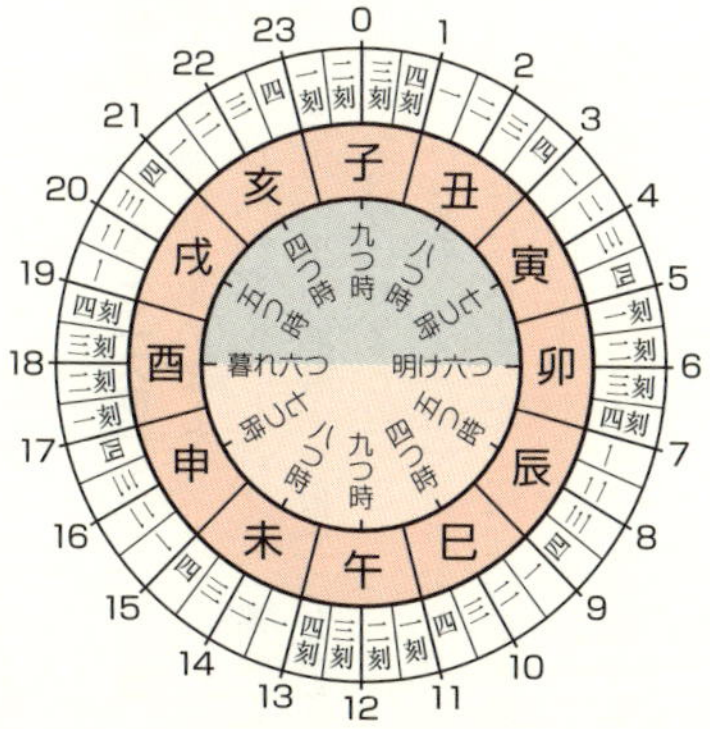

第六章

7 信仰

①陰陽道関連語

□おんようだ《ド》う《ウ》【陰陽道】 古代中国に生まれた「陰陽五行説」に基づいた学問。人々は陰陽道を司る「陰陽師」に日常の細かいこと（爪を切る日や髪を洗う日など）まで吉日を決めてもらい、それに従って生活していました。

□ものいみ【物忌】 一定期間身を清めて家に籠もること。凶事が起きたとき、もしくは陰陽道的に禁忌にあたるときには、門を閉ざして他人に会わないようにしました。

□か《コ》う《ウ》しんまち【庚申待ち】 庚申《かのえさる》の日に徹夜すること。庚申の日は、お腹にいる三匹の虫「三尸虫《さんしちゅう》」が、寝ている間にその人の悪事を天帝に告げて命が奪われるとされていました。それを防ぐために徹夜したのです。呪文を唱え、和歌や管弦などの「あそび」をして夜を明かします。

□かたがへ《エ》【方違へ】 災いを避けるため、別の方角に行き、そこで一夜を過ごして行きたい方角に向かうこと。陰陽道の占いで、目的地の方角に吉凶を司る「天一神《なかがみ》」がいて、「方塞《かたふた》がり」しているとされた場合などに行われます。

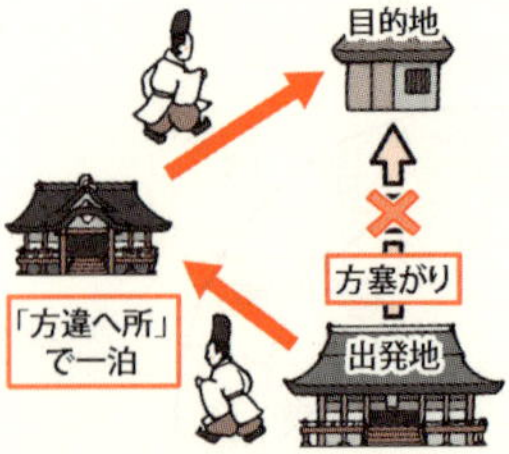

②仏教関連語

□ごふ《ウ》【業】 ①身・口・心によって行われる善悪すべての行為。②前世の善悪の行為によって現世で受ける報い。「業」によって永遠に迷いに満ちた生死を繰り返すことを「輪廻《りんね》」と言います。迷いから「解脱《げだつ》」して、極楽浄土に行くために熱心に仏道修行が行われました。

□み《ミ》や《ヨ》う《ウ》が【冥加】 神仏の加護。前世の行為で現世が影響を受ける「因果応報」という仏教観念から、よいことをすると「神仏の冥加」が得られると考えられました。

□けちえん【結縁】 仏道と縁を結ぶこと。具体的には、写経や法会をすると、悟りを開いて成仏できる因縁が結べると信じられていました。

□あじやり／あざり【阿闍梨】・だいとこ【大徳】 徳の高い高僧。人を悟りに導く存在として尊敬を集めました。

□やま【山】 比叡山延暦寺《ひえいざんえんりゃくじ》。単に「やま」と言うと、都の北東に位置する比叡山と、その山頂の延暦寺を指すことが多いです。「北嶺」「山門」とも呼ばれました。

□てら【寺】 園城寺《おんじょうじ》（三井寺《みいでら》）。延暦寺を「山」と呼んだのに対する呼称で、「寺門」とも呼ばれました。現在の滋賀県大津市にある天台寺門宗の総本山です。

□あまそぎ【尼削ぎ】 少女や出家した女性の髪型。肩のあたりで髪を切りそろえました。

＊その他にも仏教や出家に関連する語をp.283にまとめています。復習しておきましょう！

8 和歌修辞

①和歌の基礎用語

昔、和歌は必須の教養とされていました。和歌の上手下手はその人の感性と教養の程度を表し、周囲からの人格判断、恋愛の成否まで深く関わります。また、すばらしい和歌は神や仏の心までも動かす力を持つとされていました。和歌に感動した神仏が功徳（ご褒美）を授けてくれるという話（歌徳説話）が、古典文学にはよく登場します。

□**みそひともじ【三十一文字】** 和歌。五七五七七の合計数です。

□**もと【本】** 和歌の上の句。「五七五」の部分です。

□**すゑ《エ》【末】** 和歌の下の句。「七七」の部分です。

□**こし【腰】** 和歌の第三句。

□**こしを《オ》れ【腰折れ】** 上の句と下の句の続き具合が悪い、下手な歌。自分の歌を謙遜して言うこともあります。

□**かへ《エ》し【返し】** 返歌。歌を詠みかけられた際は、相手の歌を踏まえて詠み返すことがマナーでした。

□**うたあは《ワ》せ【歌合】** 左方・右方に分かれて、和歌を競う催し。お題にあった歌を各グループから一首ずつ提出し、優劣及び引き分けを判定します。参加者を「方人《かたうど》」、審判を「判《はん》者《じゃ》」と呼び、和歌は「講師《こうじ》」が詠み上げます。

□**かづけもの【被け物】・ろく【禄】** 褒美の品。高貴な人が、褒美の衣類を、上手な歌を詠んだ者の肩にかぶせて（「かづけて」）与えたことから、このように呼ばれます。

②和歌の読解の基本

A…誰から誰に対して詠まれた歌かをチェックします。

B…歌が詠まれた状況を、「詞書《ことばが》き」や、それまでの本文から読み取ります。

C…「句切れ」や「修辞法」に注意して解釈します。

***詞書き**…和歌の前書き。歌の成立事情が記されます。

***句切れ**…和歌の中の文法的な切れ目。終止形・命令形・終助詞・係り結びなどで意味が切れるので、訳出の際にはここで「。」を打ちます。句切れは必ずしも「五七五」と「七七」の境目にくるわけではないので、注意してください。

㊄世の中は　㊆何か常なる（係り結び）　句切れ　㊄＝腰　／　飛鳥川　→本

㊆昨日の淵ぞ　㊆今日は瀬になる（係り結び）　→末

〈古今和歌集〉

訳 世の中では何が常に変わらないだろうか、いやすべてが移り変わっていく。（明日という名を持つ）飛鳥川でも、昨日の深い淵が、今日は浅い瀬になるのだ。

③修辞法

★**掛詞**…同音を利用して、一つの語句に複数の意味を持たせる技法です。事物や景色を描写する語と、人物の動作や心情を描写する語が重ねられることが多いです。

立ち別れいなば「往なば」「因幡」の山の峰におふるまつ「待つ」「松」とし聞かば今帰り来む

訳 お別れして（因幡の国に）行ったとしても、因幡山の峰に生えている松の名のように、（あなたが）待っていると聞いたならばすぐに帰ってこよう。

掛詞発見のコツ

(1) 主要なものは覚えましょう（下段参照）。

(2) 訳して「違和感」のある箇所をチェック！ 掛詞の箇所は二つの意味が重なっているため、一つの意味だけで訳そうとすると流れが滞ります。

(3) 普通漢字で書く語がひらがなになっていたらチェック！

(4) 本文中のキーワード、前に出てきた物・場所をチェック！

覚えるべき主要な掛詞

□**あかし**＝明石／明かし
□**あく**＝開く／空く
□**あふひ**＝逢ふ日／葵
□**あやめ**＝菖蒲／文目
□**いく**＝行く／生野
□**うらみ**＝恨み／浦見
□**かり**＝雁／借り／仮
□**かる**＝枯る／離る
□**くちなし**＝梔子／口無し
□**しか**＝鹿／然か
□**すみよし**＝住吉／住み良し
□**たつ**＝立つ／裁つ／竜田川
□**ながめ**＝眺め／長雨
□**なみ**＝波／無み
□**はる**＝張る／春
□**ひる**＝昼／干る
□**ふみ**＝踏み／文
□**まつ**＝待つ／松
□**みをつくし**＝身を尽くし／澪標

□**あき**＝秋／飽き
□**あふ**＝逢ふ／逢坂／近江
□**あま**＝天／雨／尼
□**あらし**＝嵐／有らじ（＊）
□**うき**＝浮き／憂き／泥土
□**おく**＝置く／起く
□**かりね**＝仮寝／刈り根
□**きく**＝菊／聞く
□**くる**＝繰る／来る
□**しのぶ**＝忍ぶ／偲ぶ／忍草
□**すむ**＝住む／澄む
□**たび**＝旅／度
□**なかる**＝泣かる／流る（＊）
□**ね**＝寝／根／音
□**ひ**＝火／思ひ／恋ひ
□**ふし**＝節／臥し
□**ふる**＝経る／降る／古る
□**みるめ**＝見る目／海松布
□**よ**＝夜／世／節
□**よる**＝夜／寄る

＊和歌では音の清濁を区別しないので、「嵐」と「有らじ」、「泣かる」と「流る」などの掛詞も成り立ちます。

★枕詞…特定の語を導くための「決まり文句」で、主に五音から成ります（三音・四音・六音のものも存在）。「Aといえば B」という連想ゲームのように覚えましょう。和歌の「主意（テーマ）」に関係せず、訳す必要もありません。

ひさかたの光のどけき春の日にしづ心なく花の散るらむ

訳 陽光がのどかな春の日に、どうして落ち着いた心も持たず、桜の花は散っているのだろうか。（「ひさかたの」は「光」を導く枕詞。訳は不要。）

主要な枕詞と導かれる言葉

- □あかねさす→日・昼・紫
- □あづさゆみ→張る・引く・音
- □あらたまの→年・月・春・日
- □いそのかみ→古る・降る・振る
- □うつせみの→命・世・身・人
- □くさまくら→旅・仮・露・結ぶ
- □さざなみの→志賀・近江・寄る
- □しろたへの→衣・袖・紐
- □たまのをの→絶ゆ・長き・乱れ
- □たらちねの→母・親
- □ぬばたまの→黒・夜・闇・髪
- □ももしきの→宮・大宮
- □あしひきの→山・峰
- □あまざかる→鄙・日
- □あをによし→奈良
- □いはばしる→垂水・滝
- □からころも→着る・袖
- □くれたけの→節・世・夜
- □しきしまの→大和
- □たまきはる→命・世
- □たまぼこの→道・里
- □ちはやぶる→神・宇治
- □ひさかたの→空・光・天
- □やくもたつ→出雲

★序詞…特定の語を導くために、枕詞と同じく連想を用いる音数不定の語句。枕詞と違い、詠み手の創意工夫によるので、訳す必要があります。枕詞と同様「主意」には関わらないので、序詞を探す際は、逆にテーマ（主に心情的な部分）を探し、そこに連なる部分を序詞と考えると早いです。

A…比喩的につながる場合

あしひきの山鳥の尾のしだり尾の長々し夜を独りかも寝む

訳 山鳥の垂れた尾のように、長い長い秋の夜を私は一人で（寂しく）寝るのだろうか。

〈――部が主意〉

B…同音の繰り返しでつながる場合

みかの原わきて流るるいづみ川いつ見きとてか恋しかるらむ

訳 みかの原をわけて湧き出て流れる泉川ではないが、（あの人を）いつ見たというのでこんなに恋しいのだろうか。

〈――部が主意〉

C…掛詞でつながる場合

風吹けば沖つ白波たつ田山夜半にや君がひとり越ゆらむ

「立つ」と「竜（田山）」の掛詞

訳 風が吹くと沖の白波が立つ、（その立つという名の）竜田山を、夜中の今、あなたは一人で越えているのだろうか。

〈――部が主意〉

★縁語…ある語を中心にして、それと関係の深い語を一首に散りばめることで統一感を出し、連想の効果によって表現を豊かにする技法です。

からころもきつつなれにしつましあれば
はるばるきぬるたびをしぞ思ふ

＊「なれ」「つま」「はるばる」「き」が「ころも」の縁語。
＊「なれ」は「慣れ（＝慣れ親しむ）」と「褻れ（＝なじんで柔らかくなる）」の掛詞。
＊「つま」は「妻」と「褄（＝着物の縁）」の掛詞。
＊「はるばる」は「遥々」と「張る張る」の掛詞。
＊「きぬる」の「き」は「来」と「着」の掛詞。

訳 唐衣を着続けて、なじんで柔らかくなるのと同じように、慣れ親しんだ妻が（京に）いるので、はるばるやって来た旅をしみじみと思うことだ。

右の例のように、「掛詞」の片方を「縁語」として用いる場合も多々あります。ここでの「褄」「張る張る」「着」のように、縁語を構成するためだけの掛詞は、無理に訳出する必要はありません。

★本歌取り…有名な古い和歌から、語句や趣向を意図的に取り込み、古歌（本歌）の持つ詩情の上に、新しい情趣を加える技法です。鎌倉時代、『新古今和歌集』の時期以降に流行しました。三十一字という限られた字数で奥行きのある表現が可能になりますが、一歩間違えると、単なる「盗作」になる危険性もあり、詠み手の力量が問われます。元ネタを生かしつつ、オリジナルの趣を出すことが重要とされました。散文の中にも見られ、「本歌（注に示される）に留意して訳せ」というパターンの問題がよく出ます。

駒とめて袖うちはらふ陰もなし佐野の渡りの雪の夕暮れ

訳 馬をとめて袖に積もった雪を払う物陰もないことだ。この佐野の渡し場の雪が降りしきる夕暮れは。

本歌（『万葉集』巻三）

苦しくも降り来る雨か神《みわ》の崎狭野《さの》の渡りに家もあらなくに

訳 困ったことに降ってくる雨よ。三輪の崎の佐野の渡し場には雨宿りする家もないのに。

「旅の困難」を詠んだ本歌から、地名（歌枕）を取って詠み込み、本歌の「雨」を「雪」に変えて、新しい情趣を付け加えています。

★体言止め…和歌の終わりを体言（名詞）で結ぶことにより、詠嘆の気持ちを表したり、余韻や余情を感じさせたりする技法です。訳すときには「(体言)は」とすると、詠嘆のニュアンスが出ます。『新古今和歌集』で多く使われており、歌集の特徴の一つになっています。

心なき身にもあはれは知られけり鴫《しぎ》立つ沢の秋の夕暮れ

訳 情趣を解さない私（のような僧）にも、この情景のしみじみとした趣深さはわかることだよ。シギが飛び立つ沢の秋の夕暮れは。

★倒置法…語順を通常とは逆転させることで、内容を強調する技法です。現代でも「おいしいなあ、この料理は。」などと、文章でも会話でもよく使われますね。倒置している和歌は、必ず途中に「句切れ」があります。

しのぶれど色に出《い》でにけりわが恋は物や思ふと人の問ふまで

訳 隠していたけれど、表情に出てしまったよ。私の恋心は。「恋の物思いをしているのですか」と人が尋ねるほどに。

通常の語順ならば「物や思ふと人の問ふまで」↓「わが恋は」↓「しのぶれど色に出でにけり」となるはずです。

★隠し題…和歌の内容とは無関係に、ある「題」を詠み込む技法です。入試では、和歌の前の本文に「○○を詠む」などと題が先に登場しますので、チェックしましょう！

(1) **折り句**…ある物の名前を、五七五七七の最初に置く言葉遊びの技法。前頁の和歌「からころも…」は、各句の冒頭をつなぐと「か・き・つ・は・た（＝かきつばた）」となります。

(2) **物の名**…ある物の名前を和歌中に詠み込む言葉遊びの技法。例えば、次の歌には「すもものはな（スモモの花）」が詠み込まれています。「うぐひす」は和歌の内容として明らかに示されているので、「物の名」とは言いません。

今幾日《いまいくか》春しなければうぐひすも物《もの》はながめて思ふべらなり

訳 もうあと何日かしか春は残っていないので、ウグイスもぼんやりと物思いにふけっているようだ。

★歌枕…和歌に詠み込まれた名所旧跡。通常の地名と同様に、そのまま訳せば大丈夫です。

武蔵野は月の入《い》るべき山もなし草より出《い》でて草にこそ入れ

武蔵野：武蔵国（現在の東京都）の歌枕

訳 武蔵野には月が入ることのできる山もない。（月は）草原から出て草原に入っていく。

初　版
第１刷　平成27年10月１日　発行
第２刷　平成28年２月１日　発行
第３刷　平成28年３月１日　発行
第４刷　平成29年１月10日　発行
第５刷　平成29年４月１日　発行
第６刷　平成30年１月10日　発行

『解法古文単語350』の
一問一答テストができる!!

数研Libraryをダウンロード
http://www.chart.co.jp/sp/qr.html
※ iPhoneをお使いの方は，別途QRコードを読み込むアプリをダウンロードしてください。

解法古文単語350

ISBN978-4-410-34271-4
〈著者との協定により検印を廃止します〉

著　者　西村 雪野

発行者　星野 泰也

発行所　**数研出版株式会社**

〒101-0052　東京都千代田区神田小川町２丁目３番地３
〔振替〕00140-4-118431

〒604-0861　京都市中京区烏丸通竹屋町上る大倉町205番地
〔電話〕代表（075）231-0161

ホームページ　http://www.chart.co.jp/
印刷　河北印刷株式会社

■デザイン
日野哲郎
（デザイン・プラス・プロフ）

■イラスト
いずみ朔庵
山本篤

●助動詞活用表（接続分類による）

接続	助動詞の種類		意味	未然形	連用形	終止形	連体形	已然形	命令形	活用の型	接続
未然形	受身・尊敬 自発・可能	る	受身（…レル／…ラレル） 尊敬（…レル／…ラレル／…ナサル／オ…ニナル） 自発（〈自然ト〉…レル／…セズニハイラレナイ） 可能（…デキル）	れ	れ	る	るる	るれ	れよ	下二段型 ＊自発・可能は命令形がない	ア段音（四段・ナ変・ラ変）の未然形
		らる		られ	られ	らる	らるる	らるれ	られよ		ア段音（四段・ナ変・ラ変）以外の未然形
	使役・尊敬	す	使役（…セル／…サセル） 尊敬（オ…ニナル／…ナサル）	せ	せ	す	する	すれ	せよ	下二段型	ア段音（四段・ナ変・ラ変）の未然形
		さす		させ	させ	さす	さする	さすれ	させよ		ア段音（四段・ナ変・ラ変）以外の未然形
		しむ		しめ	しめ	しむ	しむる	しむれ	しめよ		未然形
	打消	ず	打消（…ナイ）	（ず） ざら	ず ざり	ず	ぬ ざる	ね ざれ	ざれ	特殊型	未然形
	推量	む〈ん〉	推量（…ダロウ） 意志（…ウ／…ヨウ／…ツモリダ） 勧誘（…ガヨイ／…テクダサイ） 仮定・婉曲（…トシタラ／…ヨウナ）	○	○	む〈ん〉	む〈ん〉	め	○	四段型	
		むず〈んず〉		○	○	むず〈んず〉	むずる〈んずる〉	むずれ〈んずれ〉	○	サ変型	
		まし	反実仮想（モシモ…トシタラ…ダロウニ） ためらいの意志（…シヨウカシラ） 実現不可能な希望（デキレバ…ナラヨカッタノニ）	ましか （ませ）	○	まし	まし	ましか	○	特殊型	
	打消推量	じ	打消推量（…ナイダロウ／…マイ） 打消意志（…ナイツモリダ／…マイ）	○	○	じ	じ	じ	○	無変化型	
	希望	まほし	希望（…タイ）	（まほしく） まほしから	まほしく まほしかり	まほし	まほしき まほしかる	まほしけれ	○	形容詞型	
形	過去	き	（直接体験）過去（…タ）	（せ）	○	き	し	しか	○	特殊型	連用形（カ変・サ変未然形＋「し・しか」に注意）
		けり	（伝聞）過去（…タ／…タソウダ） 詠嘆（…タナア／…コトヨ）	（けら）	○	けり	ける	けれ	○	ラ変型	
	完了	つ	完了（…タ／…テシマッタ） 強意（キット…／タシカニ…／テシマウ） 並列（…タリ…タリ）	て	て	つ	つる	つれ	てよ	下二段型	
		ぬ		な	に	ぬ	ぬる	ぬれ	ね	ナ変型	